[監修]
伊藤 建
國富さとみ

[編著]
藤井智紗子
南里俊毅
松本亜土
森本智子
李 桷

新版

司法試験に
受かったら

司法修習って何だろう?

現代人文社

監修者はしがき

『新版 司法試験に受かったら―司法修習って何だろう？』(以下、「本書」)は、司法試験に合格してから、弁護士・裁判官・検察官の法曹になるまでの間に実施される「司法修習」の内容を紹介するものです。

本書は、『司法試験に受かったら―司法修習って何だろう？』(現代人文社、2016年。以下「前著」)を素材として、新たな編集委員の手により大幅な改訂をしたものです。前著の編集代表であった伊藤建と國富さとみは、本書の監修として関与をしていますが、本書を出版することができたのは、実務で多忙な中でも原稿を書き上げた本書の編集委員の努力によるものです。

そもそも、前著自体が、21世紀の司法修習を見つめる会編『修習生って何だろう―司法試験に受かったら』(現代人文社、2000年。以下、「旧著」)のコンセプトを引き継ぐものでした。旧著の編集委員の皆様は、その当時議論されていた「司法制度改革」を考えるための貴重な材料と位置付けておられました。前著出版当時は、法曹人口の増加による弁護士の所得の低下、法曹志願者の減少、法科大学院の相次ぐ募集停止といった司法制度改革の「闇」が取りざたされていたことから、前著では、こうした「闇」の部分のみならず、法曹の活躍するフィールドが広がったという、わずかな「光」の部分も公平に紹介をすることを意識しました。

本書は、前著から約7年半もの歳月が経過をしており、次のとおり司法制度改革の混乱は多少の落ち着きを見せています。

第1に、司法修習手当が創設されました。戦後、司法修習生に給与を支払う「給費制」が採用されていたのですが、司法制度改革に伴い2011年に廃止され、前著の当時は、司法修習に必要な費用を貸与するという「貸与制」が採用されていました。しかし、多くの関係者の努力により、2017年4月19日に裁判所法が改正され、新たに「修習手当」が創設され、事実上、給費制が復活しました。ただし、その金額は月額13.5万円と給費制よりも少なく、貸与制の世代のみ不公平が残るという「谷間世代」の問題が新たに生じています。

第2に、新たに「法曹コース」が設置され、司法試験の法科大学院在学中受験が認められました。旧司法試験が廃止されたことに伴い2011年より予備試験が始ま

2

り、法科大学院ルートの「抜け道」になっていたという背景があります。これに対抗し、法科大学院は、法学部3年間+法科大学院2年間の5年間で修了でき、最終学年次に一定の要件を満たせば司法試験を受験できるようにしたのです。また、2022年までは5月に司法試験、9月に合格発表、11月下旬から司法修習でしたが、2023年からは7月に司法試験、11月に合格発表、3月下旬から司法修習となりました。これにより、法科大学院修了後、空白期間がなく、そのまま司法修習に行くことができるようになったのです。

　第3に、司法試験の合格者数が減少し、需給バランスが安定しました。2013年までは2000人前後であったところ、次第に減少をして、2016年以降は1500人前後で推移しています（ただし、2023年司法試験は、在学中受験が始まり一時的に受験者数が増えたことを受け、合格者数も1781人と若干増えています）。これにより、日弁連による2018年の弁護士実勢調査と2020年の弁護士経済基盤調査を比較すると、弁護士の所得の平均値と中央値は上昇しました。また、前著の出版当時に問題となっていた司法試験合格者の就職難は解消され、むしろ地方の単位会での採用難が指摘されています。

　現在、法曹の活躍するフィールドは、確実に広がっています。日本組織内弁護士協会によれば、組織内弁護士は、2016年6月には1707人でしたが、2023年6月には3184人と大幅に増加しました。また、ファッションロー、スクールロイヤー、子どもの権利といった近年注目が集まる分野だけでなく、起業家として活躍する弁護士も増えています。刑事法廷弁護技術も進化し、司法修習の刑事弁護カリキュラムも、2014年に神山啓史弁護士が刑事弁護教官に採用されてから大きく変わったと言われています。

　こうした時代であるからこそ、法曹を育てる司法修習で何が行われているのかは、国民の重大な関心事です。より多くの人に本書を手に取っていただき、我が国の「司法」のあり方を一緒に考えていただけることを、切に願っています。

2024年6月

監修：伊藤 建、國富さとみ

編集委員はしがき

　司法試験に合格した読者の皆様。まずは司法試験合格、おめでとうございます！

　ここまで、非常に長い苦しい戦いを終えて、やっと一息つき、「司法修習をめいっぱい楽しく過ごすぞ！」と意気込んでいらっしゃることでしょう。

　勉強の合間の息抜きに本書を手に取ってくださった読者の皆様も、「楽しい、楽しい」と噂に聞く司法修習を目指して、日々頑張っていらっしゃることと思います。

　司法試験合格、それは華々しいことです。しかし、それだけでは法曹三者としての仕事を始めることはできません。弁護士・裁判官・検察官として仕事を行い、それぞれの役割を担うためには、司法試験合格後に実施される司法修習を経る必要があります。言わずもがな、裁判官志望者・検察官志望者は司法修習を経てそれぞれの任官が決まりますし、弁護士志望者の多くは修習中に就職活動をすることになります。いずれの志望でも、司法修習を終えれば1人の専門家として仕事をこなさなければなりませんから、実務に出る直前の司法修習の時期をどう過ごすかはとても重要です。

　そして、私たち法曹三者の仕事は、生身の人間を相手にし、誰かの人生の局面に接する仕事です。一人前の法曹となるには、座学で机に向かい合ってきた司法試験の勉強だけでは到底足りません。司法修習で実務についてしっかり学ぶことが、今後の法曹人生の大きな糧となることでしょう。ぜひ、本書を手に充実した司法修習を過ごし、これから始まる法曹人生の華麗なスタートダッシュを切ってください！

　本書『新版　司法試験に受かったら―司法修習って何だろう？』は、司法修習の内容や司法修習生の実情について、皆さんに広く深く知っていただくことが大きなテーマです。前著の発行から約7年半が経ち、この間には修習給付金制度の開始（以前の給費制とは異なります）、コロナ禍のオンライン修習、「3＋2」の法曹コースの創設、法科大学院在学中の司法試験受験開始、司法試験・予備試験の試験日程変更等、さまざまな変化が生じました。こうした中で、私たち編集委員は、前著の編集委員の方々からのバトンを受け取り、より近年の実情に即した内容になるよう、編集作業を行いました。

　司法修習の期間は、かつては2年間でした。しかし、現在は1年間に短縮され、あっという間に終わってしまいます。編集委員である私たち自身、司法修習を経て

法曹になること自体はできましたが、もっと司法修習の際に多くのことを得ることができたのではないか、と今さらながらに振り返ることがあります。本書には、私たちが、司法修習に行く前に知っておきたかった、司法修習でもっと学んでおけばよかった、司法修習をこう過ごせばよかった、という点もふんだんに盛り込みました。本書が、皆様により充実した司法修習生活を送っていただくことの手がかりとなることを願っています。

　また、法曹が活躍できる可能性は無限に広がっています。司法制度改革自体にはさまざまな評価がなされており、前著が「光」と「闇」に触れた通り、功罪いずれもあるところです。それでも、司法制度改革が目指した多様な法曹の育成や法曹の活動領域の拡大は、少しずつ実を結んでいるのではないでしょうか。今や、法曹が活躍できる場は既存の分野に限られませんし、多様なバックグラウンドを有する法曹が活躍しています。それを少しでも知っていただくために、本書では、さまざまな分野で活躍する多くの法曹の方々からも寄稿をしていただきました。いずれの寄稿も、これからの法曹界を担う皆様に向けた熱いエールとなっています。法曹に限らずいろいろな人が、皆様の可能性に関心を持っているはずです。まだ何者でもない司法修習生の間だからこそ、多くの人から話を聞いたり、素朴に疑問をぶつけてみたりしてみてください。是非その立場を活かして、司法修習の枠を超えて、積極的に外に出て、自分の世界を広げてください。そして、皆様が従来の価値観・慣習・実務にとらわれずに、それぞれの価値観・関心・専門性を多分に発揮することを、本書が少しでも後押しすることができればと思います。

　本書が一人でも多くの皆様の手に届くこと、本書を読んでくださった皆様の中から、法曹のさらなる可能性を実現し、新たな分野を開拓していく法曹が生まれること、そして本書をさらに良いものに改訂する次世代の編集委員が誕生することを、編集委員一同、切に願っております。

2024年6月

編集委員：藤井智紗子、南里俊毅、松本亜土、森本智子、李 櫻

CONTENTS

こちらから、前著ストーリーをダウンロードのうえ読むことができます。
※前著ストーリーのダウンロードは都合により削除する場合もありますので、
　その点につきましてはご容赦ください。

> ［凡例］
> ・［→●頁］とは、「本書の●頁以下を参照」を意味する。
> ・判例・裁判例は、たとえば、「最高裁判所令和6年7月30日判決」の場合、「最判令6・7・30」と記した。
> ・年については、原則として西暦で表記した。
> ・原則として、旧司法試験合格、新司法試験合格の別を問わず、修習開始時期の呼称は単に「第○期」とした。

登場人物紹介

主人公 **須磨麗子**
すま・れいこ

兵庫県出身。芯は強いが人前に出ることや目立つことが苦手。何となく法曹を目指してみたものの自分が目指すべき法曹像が見つからず、そんな自分に劣等感を感じている。これといった趣味がないので自己紹介でいつも困ってしまう。

湊 大河
みなと・たいが

東京都出身。検察官志望。留学経験があり英語が得意。飄々としているが、野心家。趣味は麻雀。投資信託に興味あり。

上杉翔吾
うえすぎ・しょうご

新潟県出身。裁判官志望。真面目で優秀。気配り上手。ミニシアターで単館系の映画を見るのが好き。

加賀友香
かが・ゆか

石川県出身。弁護士志望。しっかり者で姉御肌だが、時々暴走する。趣味は一人旅。次に行きたい国はベトナム。

プロローグ

＊本ストーリーは76期（2023年度）の司法修習をモデルとしています。77期（2024年度）の司法修習は3月から開始です。

PROLOGUE
合格通知はポップアップ

　9月某日。ワンルームの真ん中で、小さなテーブルの上のノートパソコンを前にして、一人の女性が司法試験の合格発表を静かに待っていた。この物語の主人公である須磨麗子である。外ではまだ夏の名残をたっぷり残した日差しがベランダをジリジリと焦がそうとしていたが、エアコンの効いたこの小さな部屋は外の暑さとは無縁だった。

　この本を手に取った皆さんの多くは法曹を目指しておられることだろう。法曹を目指す理由は人それぞれであり、社会正義などの熱い気持ちや壮大な野心を抱いていたり、特定の活動を行ったりするなど、明確な目標を持っている人も少なくないだろう。しかし、この物語の主人公である須磨麗子は、皆さんのような熱意も目標も持っているわけではなかった。就職することに何となく抵抗を感じて、就活から逃げるように法科大学院に進み、その流れで司法試験を目指したのだ。しかし、司法試験は「ただ何となく」受けて受かるような甘い試験ではないことは麗子にもわかっており、受けると決めた以上は覚悟を決めて、持ち前の勤勉さで必死に机にしがみついた。司法試験に受かったら、これまで麗子が生きてきた世界とはまったく別の世界を見せてくれるのではないか、という期待もあった。それが具体的にどんな世界なのかは麗子には想像ができなかったが、少なくとも机にかじりついている今の生活からは抜け出せるに違いない。そんな思いで司法試験を受験していた。

　司法試験の合格発表は16時。麗子は昼頃から落ち着かず、法務省のサイトにアクセスしては「合格者受験番号」のリンクが表示されるはずの空白を眺めたり、ネット掲示板の司法試験板で麗子と同様に落ち着かない様子の受験生達が雑談している様子を眺めたりして時が過ぎるのを待っていた。

そんな無為な時間を過ごしているうちに、ようやく合格発表の時間を迎えた。先ほどまで空白だったスペースに「合格者受験番号」の文字が現れる。しかし、あれだけ待ち続けていたはずなのに、いざこの文字を目の前にすると、麗子は急に怖気づいてしまった。この文字をクリックしたら現実が突きつけられる。もうすでに結果は出ており、麗子が見ようが見まいが合否は変わらない。頭ではわかっていても、リンクが貼られた青い文字をクリックする勇気が麗子にはなかった。優に10分ほど逡巡していると、不意に麗子のスマホにLINEの通知が届いた。ロースクールで知り合い、交際を始めた彼氏の島津からだった。

　「おめでとう」

　ポップアップ通知に文字が浮かぶ。続けて「俺も受かったよ」と表示された。島津はいつも「麗子はぼんやりしてるから見ていて危なっかしいよ」と言って何かと麗子の世話を焼こうとする。麗子がなかなか合格者受験番号を見ることができないだろうと見越して結果を知らせてくれたのだろう。子ども扱いされていることに少し反発を覚えながらも、島津から連絡がなければいつまでも逡巡していたことは麗子にもわかっていた。

　島津からのLINEで自分も受かっているらしいとわかったので、麗子はようやく青い文字をクリックした。しかし、アクセスが集中しているせいか、目的のページはなかなか表示されなかった。麗子は、はやる気持ちを抑えながら合格者受験番号がモニターに表示されていく様子を見守った。東京都……大阪市……試験地ごとの合格者の受験番号がゆっくりと現れる。自分の番号はなかなか見つからない。本当に受かっているのだろうか……。島津が見間違えていたということはないだろうか……。麗子が不安になり始めたその瞬間、麗子の受験番号が目に飛び込んできた。

　ようやく長い受験生活が終わったのだ。この夜、麗子は島津を含む合格したロースクールの同期たちと祝杯を交わしながら、これまでの人生で最大の達成感を感じていた。

1 | 「多すぎでしょ！」申請書類の提出

(1) 合格の喜びに浸ったあとは……

　本書の主人公である須磨麗子さんは、彼氏の島津君からのLINEのポップアップ通知で自分の司法試験合格を知ってしまいましたが、多くの受験生は、法務省の合同庁舎などに設置された掲示板か法務省のホームページで、自分の受験番号を確認します。合格者は、この瞬間を境に「司法試験合格者」となって、新たな人生を歩んでいきます。合格者にとって忘れられない瞬間となることでしょう。

　しかし、合格者は喜びに浸ってばかりはいられません。すぐに忙しい日々がやってきます。まずは、「司法修習生」に採用（裁判所法66条1項）されるために、「司法修習生採用選考」に必要な書類を提出しなければなりません（司法試験に合格すればどの年度に司法修習生になるか自由に決めることができるのですが、合格した年に司法修習生になろうとする人が大半です）。

　採用選考といっても書類審査であり、法曹三者と国家公務員の欠格事由がなければ原則として採用されるようですので、書類さえ提出できれば心配することはありません。もっとも、記載する書類も、添付書類も多いため、油断は禁物です。では、司法試験後の慌ただしい日々をのぞいていきましょう。

(2) 「こんなに多いの!?」必要書類

必要書類の取得

　必要書類は、最高裁判所（以下、「最高裁」）のホームページから印刷できます。最高裁のホームページからダウンロードして取得している方が多いと思いますが、自分で印刷をすると何らかの漏れが発生するのでは、と心配がある人は高等裁判所に直接取りに行くとよいでしょう。

　このことは、司法試験の最終日、帰る間際にアナウンスがありますが、大半の受験生はアナウンスを聞く余裕もなく、またメモをとっていても時間が経っているのでよく覚えていない、という方が多いでしょう。

最高裁判所への提出書類

　まずは、表1の書類を合格発表日から1週間以内に、最高裁へ速達書留郵便で

表1：最高裁判所提出書類（77期の場合）（人によっては追加書類あり）

	書類名	取得先	備考
①	提出書類一覧（チェック表）	●各高等裁判所、最高裁ＨＰ	
②	司法修習生採用選考申込書	●各高等裁判所、最高裁ＨＰ	●押印、写真貼付
③	司法試験合格証書のコピー		●平成30年度から令和5年度の司法試験合格者は提出不要
④	戸籍謄本、戸籍抄本または住民票の写し	●市区役所	●コピー不可 ●申込みの3カ月以内に発行されたもの ●本籍地および戸籍筆頭者の記載が必要 ●マイナンバーの記載は不要 ●日本国籍を有しない者については、国籍等、外国人住民となった年月日及び在留資格等が記載された住民票の写し
⑤	登録されていないことの証明書	●法務局・地方法務局（本局）戸籍課窓口 ●東京法務局（郵送による請求の場合。詳しくは東京法務局HP）	●申込みの3カ月以内に発行されたもの
⑥	学校（大学、大学院）の成績証明書	●各大学、大学院	●在学中の場合は卒業・退学後のもの・追完可能 ●時間がかかることが多く早めに申請する必要あり ●法科大学院在学中の受験資格に基づき司法試験を受験し、これに合格した者は、当該法科大学院の証明書に関しては、申込時に取得できる成績証明書を提出すれば足りる
⑦	学校の卒業（退学）年月を証する書面（卒業証明書や卒業証書の写し）	●各大学、大学院	●成績証明書に卒業（退学）年月の記載がある場合は不要 ●追完可能 ●時間がかかることが多く早めに申請する必要あり
⑧	退職証明書	●各職場	●アルバイトも含むが、申込時に退職している場合は不要 ●追完可能
⑨	（隣接士業等の）資格の登録抹消証明書等	●各隣接士業協会（日本司法書士会、日本行政書士会等）など	●追完可能

送る必要があります。

　表1④⑤は郵送による取寄せも可能ですが、合格発表後に取り寄せたのでは間に合わない場合もあるので、各役所や法務局に直接行く人が多いようです。そのため、市区役所に行ったり、法務局に行ったり、大学に行ったりと、（人によっては全国各地を）右往左往することになります。

最高裁としては「事前に配布資料を告知しているから、前もって用意できるでしょ？」ということでしょうが、合格発表前から修習生になるための書類の準備をしている方に私は出会ったことがありません。万が一、間に合わないようなら、それがわかった時点で速やかに最高裁に相談してみましょう。

司法修習生採用選考申込者情報入力フォーム

最高裁へ書類を郵送する以外にも、司法修習生採用選考申込者情報入力フォーム（以下、申込者情報入力フォーム）より入力受付と申込情報を入力しなければなりません。申込情報入力フォームは表2のように4つのフォームに分かれています。入力期間内は何度でも入力内容を修正することができますが、入力期間経過後は入力ができませんので注意してください。

まず、申込情報入力フォームにサインインするために、マイクロソフトアカウントを新規に作成しなければなりません。また、それと合わせて司法修習専用のoutlookフリーメール（outlook.com、outlook.jp、hotmail.comのいずれかひとつ）を新規に取得する必要があります。このアカウントとメールアドレスは、司法修習開始後の修習専用のTeamsでも使用することを想定していますので、セキュリティ上の関係からショッピングサイトで用いるといったプライベートでの使用が禁止されています。

基本情報フォーム（表2①）では、氏名、年齢、住所、経歴、家族構成といったことだけではなく、「自己の性格及び気質」「趣味・嗜好」「資格」「喫煙の有無」といったことも書きます。ここで個性を出すかどうか悩ましいところですが、あと

表2　司法修習生採用選考申込者情報入力フォーム（77期の場合）

	フォーム名	内容	備考
①	基本情報フォーム	●申込者の身上などに関する基本情報（氏名、生年月日など）を入力	●顔写真の画像データ（ファイル形式はJPEG形式〔.jpg〕、画像の縦横比はなるべく縦：横＝4：3に近づけ、ファイルサイズはなるべく2MB以下に抑える）を用意する
②	実務修習希望地調査フォーム	●実務修習地の希望を入力	●具体的な実務修習希望地については表3を参照
③	振込口座フォーム	●修習給付金を振り込むための口座情報を入力	●登録する口座は本人名義の口座 ●振込口座として指定できない金融機関もあるので注意
④	寮許可願フォーム	●導入修習期間中の入寮許可願い	●導入修習期間中の入寮希望者のみ

で恥をかくこともありますので、記載内容は慎重に検討すべきです。司法研修所教官や実務修習地の修習担当の方々は、記載の内容をじっくりと読んで、あなたがどんな人なのか予備知識を入れて指導にあたります（教官によっては単語帳ならぬ「修習生帳」を作成しています）。当然、変わったことを書いていると目に留まりますから、教官ほか実務家と初めて対面するときに話題の種にしてもらえるでしょう。しかし、あなたの書いた個性の部分が受け入れてもらえるとは限りませんし、受け入れてもらったとしても、修習中や修習後も同期会などさまざまなタイミングで、教官や修習同期からネタにされ続けることになります。

実務修習希望地調査フォーム（表2②）には、本人の裁判所職員等歴の有無、親族（配偶者〔内縁の配偶者・婚約者含む〕、父母、義父母、兄弟姉妹、祖父母、伯父・伯母〔叔父・叔母〕、甥姪）に裁判所職員、検察庁職員、現職法曹、司法修習生がいるか、本人等を訴訟当事者とする裁判所の有無の入力欄があります。該当する場合、その実務庁には配属されません。おそらく、その地域で法曹関係者と関わりがあると、公平適切な実務運用ができなくなる可能性があるという考え方ではないかと思います。

また、実務修習希望地調査フォームには、第1希望から第6希望まで記入します。希望地がない場合でも、すべての希望順位に「一任」と入力します。実務修習地には1郡から3郡（表3参照）があるのですが、第1希望から第4希望は1〜3郡から選択できますが、1郡から選択するのは2カ所までしか選択できません。第5希望と第6希望は3郡しか記入できません。入力規則に反している場合は「一任」として取り扱われますので注意してください。また、希望地に関して、「配偶者（内縁の配偶者・修習終了までに婚姻する予定の婚約者を含む。）・子との同居希望」（理由1）、「病気・通院」（理由2）、「親族の介護」（理由3）、「経済的事情」（理由4）、「その他」（理由5）といった理由に該当する場合は、コード番号を入力します（複数選択可）。選択理由があればその具体的事情も記載します。

就職活動に影響することはもちろん、同じ修習地になった同期や、指導担当弁護士など、そこで出会う人たちとは修習終了後も長いつき合いとなることもあり、実務修習地の選択は、修習予定者にとって人生を大きく左右するものです。同じ修習地だったことがきっかけで結婚する人もいます。だからこそ、実務修習地は慎重に選ぶ必要がありますし、できるだけ自分の希望した修習地に配属され

たい、と誰しもが思うものです。そのため、自分たちより先に修習を経験している先輩から、実務修習地選びの戦略や配属してもらうための具体的事情の書き方といった情報を集めておくとよいでしょう。特に選択理由に関する具体的事情は、その記載内容によって希望する修習地に優先的に配属される可能性を高めることになります。その修習地で修習したい事情のある方は、たとえば、「現在、民間企業に勤務している妻および○歳の子と同居して生活しているところ、今後も同居を継続するため、現住所地から通える地を希望する」「法科大学院在学中の奨学金の返済額が1カ月○万円（総額△△△万円）となっているので、現住所地（自宅）から通える地を希望する」などできるだけ具体的に事情を記入しましょう。

表3：司法研修所提出書類（77期の場合）

第1群	東京、立川、横浜、さいたま、千葉、宇都宮、静岡、甲府、大阪、京都、神戸、大津、名古屋、福岡、仙台、札幌
第2群	水戸、前橋、長野、新潟、奈良、和歌山、津、岐阜、金沢、広島、岡山、熊本、那覇、福島、高松
第3群	福井、富山、山口、鳥取、松江、佐賀、長崎、大分、鹿児島、宮崎、山形、盛岡、秋田、青森、函館、旭川、釧路、徳島、高知、松山

修習給付金の支給と修習専念資金の貸与、兼業の可否

司法修習生には、修習のため、最高裁が定める期間、修習給付金が支給されます。修習給付金には、①基本給付金、②住居給付金、③移転給付金があります。まず、毎月指定日に13万5000円が基本給付金として支給されます。この他、みずから住居を借り、家賃を支払っている場合には、給付期間ごとに住居給付金として3万5000円が支給されます。この3万5000円は、家賃や都道府県に関係なく、一律の金額です。そして、修習に伴い住居または居所の移転が必要となる場合には、最高裁の定める路程に応じて、移転給付金として定額が支給されます。②住居給付金および③移転給付金の場合は、最高裁の定める様式による申請が必要ですので、要件に該当する場合には、申請をしてください。

申請により無利息で修習専念資金の貸与を受けることができます。貸与を希望する場合には、最高裁に「貸与申請書」を提出する必要があります。修習専念資金の額は、一月につき10万円です。司法修習生が、扶養親族を有し、貸与額の変更

を希望する場合には12万5000円に変更することも可能です。もっとも、修習専念資金の貸与を受けるにあたっては、自然人２人または最高裁が指定する金融機関のいずれかの者を保証人にしなければなりません。言葉を変えると、保証人になってくれる人がいない司法修習生であっても、最高裁の指定する金融機関を保証人にして貸与を受けることができます。この修習専念資金の返還は、修習終了後５年間は返還を据え置き、その後10年間の年賦により返還することになります。司法修習を終えて働き始めて、早くに返還したいと希望する者は、繰上返還も認められています。

　司法修習生は、最高裁の許可を受けなければ、兼業または兼職をすることができません。司法修習生の中には、最高裁の許可を受けて、兼業・兼職している方もいます。筆者は、2020年当時、司法修習生でしたが、司法試験予備校の添削・採点をしていました。筆者の周りの兼業・兼職をしている司法修習生にも、司法試験予備校の講師・添削・採点・個別指導をしていた人が多かったように思います。経済的事情は、司法修習生それぞれですから、必要があれば、まず一度兼業について司法研修所に相談してください。

2 ｜ 実務修習地の内定

（1）採用内定通知と配属庁の通知

　修習生になるための書類を提出して約１カ月、祝賀会や挨拶回りが一段落した頃に、最高裁から、司法修習生に採用されることが内定したとの通知が届きます。なかなか届かない採用内定通知に、「もしかしたら提出書類に不備があったのではないか」と日々不安が高まる時期ですから、この内定通知を見てほっとする人は多いでしょう。それと同時期に、司法研修所から配属庁についての通知が届きます。いよいよ自分の修習生活地が決定づけられる瞬間です。開封時には受験の合否を知るのと同じくらい緊張が高まります。

　配属庁の通知には、原則として兼業禁止であること、健康保険が原則として国民健康保険になること、修習中の旅費についてや私事旅行に関する制限など、修習後の生活についての各種注意書きも同封されています。

配属庁も決まり、これらの具体的な注意書きを読むと、「いよいよ修習生になる日が近づいてきた」と実感が湧いてくることでしょう。それと同時に、修習生という立場が、1人の社会人であることの責任や義務の重さを感じさせます。

　採用内定通知から約1週間後、実務修習地での班分けについての通知が届きます。これによって、民事裁判修習、刑事裁判修習、検察修習、弁護修習をどの順番で受けるかがわかります。いつ、どの実務庁で修習するかがわかると、1年間の修習生活についてより現実味を持ってイメージすることができるようになってくるのではないでしょうか。

　前述のとおり、修習の配属先結果は、修習予定者のその後の生活に大きく影響します。実家から実務庁に通うことになる人もいれば、見知らぬ土地で1年間の生活をすることになる人もいます。

(2) 配属庁が決まったら……

　配属庁がわかったら、なるべく早くに、その配属庁で修習を受けた先輩に、その配属庁での修習の特色や出来事などの情報収集をしておくと修習生活に役立ちます。私は、配属庁の通知書が届いてから修習開始までの約3週間は、法律家団体が主催しているプレ研修に参加しました。プレ研修とは、修習予定者を対象に弁護士事務所で数日から数週間研修をさせてもらえるものです。私は、これがきっかけで、プレ研修先の法律事務所に内定をいただきました。また、この時期に就職活動をしている同期もいました。

---

3 ｜ 事前課題の提出

---

(1) 司法研修所からのお届け物

　修習地の配属が決まったあと、段ボール箱いっぱいの荷物が届きます。何か通販で買い物をしただろうかと受け取った瞬間は疑うような大きさですが、そうではありません。司法研修所からのお届け物です。

　段ボールの中には、修習中に学ぶ5科目(民事裁判、民事弁護、刑事裁判、検察、刑事弁護)の各教科書(いわゆる「白表紙」)や、修習前の課題(事前課題)などが詰

まっています。白表紙や問題文がすべて入っているか送付書を見ながら確認しましょう。本当に「どさっ」と音がする大量の白表紙や事前課題を目の前にして、ようやく司法修習生になるということを実感する人も多いかもしれません。

（2）事前課題の提出

　事前課題は、司法修習で取り扱う問題や資料をコンパクトにしたものです。それまで解いてきた司法試験の問題とは内容も量も異なります。

　基本的には過去の事件をベースにした事件記録があり、それを読んで判決文や起訴状を書くにあたっての推認過程を書いたり、弁護の科目では最終準備書面（民事訴訟の最終段階で訴訟代理人弁護士が作成する当該訴訟での主張をまとめた書面）や弁論要旨（刑事訴訟の最終段階で検察官の論告の後に当該事件についての弁護人の見解を述べた書面）そのものを書いたりします。過去に実際にあった具体的事件が問題のベースであることから、事件記録も起案も外部への流出は厳禁です。

　司法研修所からは「他人と相談しないように」との注意書きがされていますが、友人同士で勉強会を開き、課題に取り組む人もいるようです。なお、司法研修所は事前課題での点数については採用選考の対象外だと修習生に告げていますが、修習生としては初めて教官に見られるものですから、今後の印象を考えて手を抜くわけにはいきません。特に裁判官や検察官志望者は、起案と呼ばれる司法研修所で書く答案の点数が重視されることから、どのような起案も手を抜くことはできません。

　事前課題は、修習開始直前に郵送で提出します。これが終わると、後は修習が始まるのを待つのみです。

司法修習費用ってなんだろう?

橋本祐樹 はしもと・ゆうき 札幌弁護士会

はじめに

2023（令和5）年になって、青Tが議員会館に戻ってきました。

青Tとは、司法修習生の給費制維持のための若手ネットワーク「ビギナーズ・ネット」が活動するときに着用していた青色のTシャツのことです。ビギナーズ・ネットは、給費制が廃止された後も、その復活を目指して日弁連、市民連絡会とともに活動を継続し、2017（平成29）年の裁判所法改正の原動力となりました。

この裁判所法の改正によって、給付金という新たな形で司法修習生に対する金銭給付が一部復活することになったのです。それなら、「どうしてまた青Tが議員会館に戻ってきたの？」という疑問が浮かびますよね。

たしかに、裁判所法改正により、71期司法修習生からは修習給付金が支給されるようになりました。しかし、この改正には大きく2つの課題が残されているのです。

ひとつは、修習給付金が13万5000円と、給費制の時代の給料と比べて低いということです。

そして、もうひとつの課題が、「谷間世代」の存在です。給費世代と修習給付金世代の間に、新65期から70期がいるのですが、この人たちは、経済的フォローを何も受けることができず、貸与金という名の借金を抱えたまま、取り残されたのです。この「谷間世代」は約1万1000人と全法曹の約4分の1を占めています。

これらの課題を解決するべく、青Tが活動を再開したのです。

修習生への経済的支援の意義

　時々、「弁護士になったらたくさん稼げるんだし、経済的支援の必要なんてないでしょ」「研修中に給料が出ないのは法曹だけじゃないよ」と言われることがあります。修習中に経済的支援が必要な理由はなんでしょうか？

　単に修習中の生活を保障するためだけではありません。修習生は、裁判官、検察官、弁護士のタマゴです。裁判官、検察官だけでなく、弁護士も在野法曹として司法の一翼を担う存在です。そして、弁護士は憲法で唯一認められた民間人です。市民の権利を守るために、時には国を相手に戦うことが期待されています。

　国はこのような法曹を育てる義務を負っています。一方、修習生は、一人前の法曹となるために、「修習専念義務」が課されているのです。国は修習に専念している修習生に対して経済的補償をする必要があるのです。

裁判所法改正後の経緯

　裁判所法の改正により生じてしまった谷間世代は、その後も国から支援を受けることなく、2018（平成30）年7月から、新65期の貸与金返済が開始されました。新65期以降も弁護士登録から5年を超えると、毎年1回、貸与金の返済が義務付けられています。

　谷間世代の新65期から70期という世代は、今では中堅に差し掛かっており、法曹界を牽引していくことが期待されている世代ともいえます。しかし、給費世代や修習給付金世代と違って、谷間世代の中には、「国から育ててもらったという実感が持てない」「借金返済のために売り上げを確保しなければならない」などの事情から、人権活動や新たな分野に取り組めないという人達もいます。こうした谷間世代を救済することは、ひいては国民全体の利益にもなりうるのです。

　そこで、日弁連とともに、若手弁護士からなる青Tことビギナーズ・ネットは、谷間世代に対する一律給付を求めて、国会議員への要請活動などを始めました。

2023年6月1日の段階で、国会議員の過半数である380名から応援メッセージが集まり、同月16日閣議決定の「経済財政運営と改革の基本方針2023年について」（いわゆる「骨太の方針」）に、「法曹人材の確保及び法教育の推進などの安全・安心な社会を支える人的・物的基盤の整備を図る」との文言が入りました。そして、2024年5月16日段階で国会議員の応援メッセージは402通に達し、これを追い風に「骨太の方針」2024には「法曹人材の確保及び法教育の推進等の人的・物的基盤の整備を進める」との表現になりました。ストレートな表現ではありませんが、谷間世代に対する一律給付の制度の創設に向けた足掛かりとなりうる文言であり、今後の制度の具体化が急がれます。

　とはいえ、まだまだ谷間世代を実質的に救済する段階までは至っていません。また、現在の月13万5000円という給付金は、生活するための最低限度の金額であって、充実した修習を送るために十分な金額とは言えません。また、雑所得という扱いで課税されてしまうことや、社会保障も受けられないという課題も残されています。

　修習が個人的な利益のためのものではなく、社会全体にとってなくてはならない制度である以上、過去に修習を受けた者、現在修習を受けている者、将来修習を受ける者などの世代を問わず、この課題について取り組んで、ともに充実した修習制度の実現を目指していただければと思います。

　執筆者略歴　1980年広島県生まれ。2011年弁護士登録（64期）、北海道合同法律事務所入所。著作に『司法試験に受かったら—司法修習って何だろう?』（現代人文社、2016年）、『「あきらめないで!」マンガでわかる奨学金トラブル対処法—奨学金で困ったときに読む本』（現代人文社、2018年）。

第 1 部

導入修習

STORY ❶
私は何になりたいの？

　導入修習が始まり、麗子は和光寮近くの居酒屋にいた。和光駅周辺はクリスマスのイルミネーションで飾られており、行きかう人もどこか浮足立っているように見えた。

　麗子と同じテーブルにいるのは、セミロングの黒髪と切れ長の奇麗な瞳が印象的な加賀友香と物静かで黒縁の眼鏡がよく似合っている上杉翔吾。それに都会的で飄々とした雰囲気を持つ湊大河の３人だった。３人とも麗子と同じクラスで、導入修習で知り合った修習生だ。

　出会って間もない４人はまだ完全に打ち解け合っておらず、最初のうちは多少のぎこちなさもあったが、グラスが空いていくごとに場の空気は自然と砕けていった。

「須磨さん、今週末にＤ遊園地に行くんだー、いいなぁ」

　加賀が羨ましそうに口をとがらせながら麗子を見つめた。

「うん、彼氏も今導入修習で和光にいるから、この機会にいっぱい遊んでおかないとね」

　嬉しさと照れ臭さを隠しきれないまま麗子は答えた。彼氏の島津は残念ながら麗子と修習地が離れてしまったが、２人は導入修習の期間、毎週末一緒に遊ぶ計画を立てて短い時間を満喫しようとしていた。

　麗子がしばしの間、週末のデートに思いを馳せていると、他の３人はいつの間にかそれぞれが目指す進路について話し始めていた。

「これからは犯罪ももっと国際化していくだろ？　俺の留学経験を生かせたら国際捜査の場面で活躍できると思うんだよね」

検察官志望の湊がすっかり冷めて萎びたポテトフライを口に放り込みながら、にやりと笑った。初対面での湊の印象は「クールで要領がよさそう」だったが、麗子は頭の中のメモに「意外と野心家」の文字をつけ加えた。

「私は、父の事業が倒産したときに、担当してくれた弁護士の先生に勇気づけてもらったの。だから私も誰かの人生の支えになれるような弁護士になりたいんだ」

加賀のはにかんだ笑顔から弁護士になることへの決意と自分の夢に対する誇らしさが滲み出ていた。

「僕はどっちかの代理人として主張立証するよりも、双方の主張立証を見てそれを評価して裁定する方がやりがいあると思う。だから裁判官かな」

上杉は眼鏡の中央のブリッジを指で軽く押さえながら、慎重に言葉を選ぶように語った。黒縁の眼鏡が上杉の真面目さを際立たせている。

私は……。麗子は言葉が出てこなかった。

就職することに抵抗を感じ、なんとなく法科大学院に進んで司法試験を受けた麗子には、目指したい法曹像というものがまだ確立していなかった。働きやすくて、そこそこ条件の良いところに就職できたらいいかな、くらいの思いしか持たずに司法修習を迎えていた。しかし、導入修習がいざ始まってみると、周囲の修習生は自分よりも優秀に見えるし、実際、講義でも難しい質問にみんなスラスラと答えている。そして、クラスメートになった湊たちと飲みに出掛けてみれば、進路についてすでに自分なりの意見を確立していた。一方で麗子は、自分が弁護士になりたいのか、任官・任検を目指したいのか、それすらまだ決めあぐねていた。麗子は、そんな自分を少し恥ずかしく感じながら、仲間が語る夢にただ相槌を打つことしかできなかった。

（実務修習で実務に触れたら、自分が目指す法曹像もきっと見えてくるよね……）

　麗子は同期に対する羞恥心と焦りの気持ちを溶けた氷で薄まったレモンサワーと一緒に一気に飲み干した。

　麗子たちの修習はまだ始まったばかり。どんな１年になるのだろうか。

STORY 1
私は何になりたいの？

第 **1** 章 　導入修習スタート

1 　合格の喜びに浸ったあとは……

　いよいよ須磨麗子さんたちの導入修習がスタートしました。将来のビジョンを明確に描いている同期たちを目の当たりにして、麗子さんには焦りの気持ちが芽生えたようですね。

　司法修習は、大きく導入修習、分野別実務修習、集合修習、選択型実務修習、二回試験といったパートにわかれています。このうち、導入修習・集合修習は和光の司法研修所で実施されます。二回試験は参考までに、次頁の77期の司法修習のスケジュール表もご覧ください（表1）。

　分野別実務修習の期間中に、民事裁判修習、刑事裁判修習、弁護修習、検察修習という４つのクールがあります。それぞれのクールを「第１クール」「第２クール」などと呼び、１クールあたり約１カ月半ほどです。この期間中は、それぞれの実務修習地の裁判所・検察庁・弁護士会に配属され、実務を学びます。なお、弁護修習では個別の弁護士事務所に修習生１人が配属されることが多いです。また、分野別実務修習では、同じ実務修習地の中で１班・２班・３班・４班の合計４つの班に分かれたうえで、それぞれの班ごとに何クール目にどこにいくのかが定まります。たとえば、ある実務修習地において、

　○１班は第１クールが検察修習、第２クールが民事裁判修習、第３クールが弁護修習、第４クールが刑事裁判修習
　○２班は第１クールが民事裁判修習、第２クールが弁護修習、第３クールが刑事裁判修習、第４クールが検察修習

といった具合です。班の人数は実務修習地によりさまざまですが、同じ班のメンバーは、分野別修習期間に同じ配属庁会で時間を過ごすことになるため、自然と仲良くなることも多いでしょう。麗子さん、加賀さん、上杉さん、湊さんもどうやら同じ班のようで、これから分野別実務修習に旅立っていきます。

　集合修習・選択型実務修習の順番はA班・B班のいずれに属するかによって変わります。A班・B班とは、修習生全体を実務修習地に応じて大きく2つに分けたものであり、77期の場合は、東京、立川、横浜、さいたま、千葉、大阪、京都、神戸、奈良、大津、和歌山が実務修習地の修習生がA班、これ以外の実務修習地の修習生がB班です。

　それぞれの修習において何をするのかは本書でこの後紹介していきますので、どうぞお楽しみに！

表1　司法修習のスケジュール（77期の場合）

導入修習（2024年3月21日～4月12日）	
分野別実務修習（4月16日から11月20日）	
A班	B班
集合修習 （11月下旬～2025年1月中旬）	選択型実務修習 （11月下旬～2025年1月中旬）
選択型実務修習 （1月中旬～2月下旬）	集合修習 （1月中旬～2月下旬）
二回試験	

※「司法研修所からのお知らせ〈https://www.courts.go.jp/saikosai/vc-files/saikosai/2023/2023_saiyou_C_forms.pdf（最終閲覧2024年5月1日）〉」を参照のうえ作成。

2 ｜ 導入修習のクラスって？

　さて、A班とB班の2組に分かれて順番に研修を受ける集合修習［→257頁］と異なり、一度に全修習生が研修所に集められる導入修習は、全国各地の修習生と知り合える最初で最後のチャンスといえるでしょう。

　とはいえ、研修自体は60～70名前後のクラスごとに分けられ、そのクラス単位での講義となりますので、自然と同じクラスの修習生と親睦が深まります。教官もクラスごとの専属なので、5人の教官(民事裁判・刑事裁判・検察・民事弁護・刑事弁護)に1年を通じてお世話になります。

飲み会やカラオケ大会など、修習生のイベントにも喜んで参加してくれる教官が多く、修習を通じて教官とも仲良くなります。実務に出てからも長いおつき合いとなることでしょう。また、任官・任検（なお、正式には「裁判官任官」「検察官任官」というため、私の知り合いの検察官志望者は「任官」という言葉を使っていました）についてはそれぞれのクラスの裁判官教官や検察官教官との面談を重ねていくことも多いようです。最終的に任官・任検の志望を伝えるのもそれぞれの担当教官です。まだ進路を決めていない方も、導入修習中に教官と面談して進路について気になることを相談するとよいでしょう。私自身、修習開始時に裁判官と弁護士とに迷いがあったため、裁判官教官にお話を聞く機会を一度設けてもらいました。実務修習に向けた心構えなどをうかがうよい機会となりました。同じように、弁護士教官や検察官教官も進路相談にのってくれますので、導入修習中に積極的に教官とコミュニケーションをとるとよいでしょう。なお、修習期間中に教官の任期が終了し、教官が交代することもあります。教官の任期はだいたい２～３年のようですので、多くのクラスで修習期間中にいずれかの教官の交代を経験することになるでしょう。もっとも、教官内の引継ぎは相当程度綿密になされているようでもあり、私自身の経験ですが、交代前の裁判官教官に対して裁判官に関心がある話をしていたことなどもしっかり引き継がれていました。

　修習中のクラス編成は、修習地を基礎にして決められます。東京や大阪などの大都市圏は、修習生の人数も多いため複数のクラスに分けられますし、小人数の地域であれば、いくつかの修習地と合体してクラス編成がなされます。横浜や京都など一部の地域は、ちょうど１クラス分の人数なので、１つの修習地だけで編成されます。どの編成のクラスがいいかは一概にはいえませんし、クラスを選ぶこともできません。１つの修習地だけで編成されたクラスは、実務修習でもクラス単位のイベントを開催しやすいことから、クラス全体で仲良くなりやすいというメリットがありますし、複数修習地からなるクラスなら、他の地域の修習生と交流できるというメリットがあります。実際に、複数修習地からなるクラスでは、お互いの修習地へ旅行に行くイベントなども企画されていました。

3 | 導入修習では何をするの?

修習生採用選考に申込み、無事採用内定されると司法研修所から「白表紙」と呼ばれるテキスト一式と導入修習のための事前課題一式が段ボールにいっぱい詰まって届きます。「白表紙」とは、司法研修所から配布される教材(講義案、手引など)であり、実務修習に向かうにあたっての基礎が詰まっています。修習中は何度も読み返すことになりますから、くれぐれも乱雑に扱わないようにしましょう。事前課題は寝かしておくと大変なことになるので、計画的に進めておきましょう。導入修習の初めは、この事前課題の解説から始まります。

研修所での講義は基本的に午前9時50分に始まり、午後4時35分には終わります。

登庁時間は講義開始5分前の午前9時45分ですので、修習生たちはその時間までに登庁し、出席確認をすませます。以前は出席簿に押印するアナログな出席確認でしたが、現在は、ロビーに設置されたPCのカメラに、事前に個別に配布されたQRコードの紙を読み込ませる方法で出席確認を行う方法に変わっています。QRコードは、スマホのカメラで撮っておくと写真を読み込ませて出席ができるので便利です。いずれにせよ、遅刻することがないように気をつけましょう。

導入修習では、ハーフ起案という半日で書き上げる起案を行う日と、事前課題およびハーフ起案の解説講義を行う日を中心としてカリキュラムが組まれています。事前課題と同様、導入修習におけるハーフ起案も採点はされず、公式には評価の対象にはなりません。ただし、やはりこの時期の起案も教官たちはしっかり目を通していますので、任官・任検希望の修習生は手を抜けないようです。

起案の他には、研修所作成のDVDを見て、それに沿った講義を受けたり、契約書の作成や模擬接見などを行います。DVDはドラマ仕立てになっていて、事案が把握しやすいだけでなく、教官たちもそのドラマに脇役で出演していますので、そういったところもぜひ楽しんでみてください。

講義を受ける際は、PCでノートをとっている人が多いです。グループワークで課題に取り組む際も、PCで解答を作れると楽です。持参することをおすすめします。なお、研修所はPCのセキュリティには厳しいため、この点は注意しておきましょう。

導入修習はたった3週間ですが、内容は充実しており、課題も出されます。導入修習が終わった後、「この3週間いったい何をしていたのだろう……」と思い出せないくらい毎日があわただしく過ぎていきます。教官にお話をうかがったところ、修習生たちを実務研修に出す前にやっておきたいカリキュラムがたくさんあるらしく、わずか3週間という短い期間でそれをいかに詰め込むのか、全教官が知恵を絞ってカリキュラムを組んでいるそうです。このハードなスケジュールは、実務修習に旅立っていく修習生たちに対する研修所からの愛の形なのです。

　ちなみに、研修所には修習生1人にひとつ、鍵付きのロッカーが貸与されます。白表紙や参考書、配布されるプリントなどを置いて帰ることも可能です。ロッカーの貸与は事前申請が必要です。修習が始まってからでも適宜、申請することはできますが、修習の初回から大量にプリントが配布されますので、早くからロッカーを使えるようにしておくとよいでしょう。また、導入修習中に配布されるプリントは、二回試験の勉強の際も参照することになりますから、バラバラにして失くしてしまうことのないよう整理しておきましょう。

　昼食は、外に出てどこかで食べるほどの時間的余裕はなく、研修所の近くに食べに行くことのできる場所自体もあまりありません。そこで、お昼ご飯を持参したり、食堂を利用したりする人がほとんどです。売店でお弁当も売っていますが、数量限定で売り切れることもあります。昼食の時間もコミュニケーションをとる大事な機会となるでしょう。

　なお、コロナ禍における修習では、導入修習もオンラインで行われた代もあります。再びこのような状況になるかはわかりませんが、もしそうなった場合でもできる限りグループワークなどで同期の仲間たちとコミュニケーションをとるようにするとよいでしょう。

第**2**章　導入修習での生活

1 ｜ 研修以外は何をしているの?

　日によって多少の違いはありますが、前述したように、研修所での修習は原則として午前9時50分に始まり、午後4時35分には終わります。

　出された課題や明日の予習に取り組むまじめな修習生もいることでしょう。しかし、同じ修習地、同じクラスの修習生と初めて顔を合わせる導入修習ですから、親睦を深めることもとても大切です。ここでしっかり人間関係を築けるかどうかで、その後の実務修習地での生活を楽しめるかどうかに影響が出ることもあります。もっとも、実務修習地ではより少人数のグループで修習をすることもあり、仮に導入修習で出遅れても挽回可能です。気負いすぎず、気の合う仲間を探してみましょう。

　少人数の小規模な飲み会のほかに、クラス全体規模の飲み会も導入修習の間に数回は行われます。和光市駅前の主な居酒屋は修習生たちであふれかえり、あふれた修習生はお隣の成増駅にまで進出します。ようやく修習生になったという気持ちの高まりや、新しい出会いに興奮して、お酒を飲みすぎることもあるかもしれませんが、近隣住民の皆様にご迷惑を掛けないよう、十分注意しましょう。

　飲み会以外にも、研修所の敷地内にはグラウンドやテニスコート、体育館が併設されています。修習時間外で空きがあれば、修習生は無料でこれらの施設を利用することができます。寒い時期ではありますが、テニスやサッカー、野球、バスケットなど思い思いのスポーツを楽しむことができます。また、研修所のすぐ近くにはジョギングに最適な和光樹林公園もありますので、毎朝・毎晩ジョギングをすることもできます。スポーツ好きな方は、シューズやラケットなどを持参

するとよいでしょう。

2 | 寮はどんな所?

　導入修習や集合修習の間、首都圏近辺に住んでいる修習生以外の修習生は、そのほとんどが司法研修所に併設された寮に入ります。

　修習生用の「いずみ寮」が用意されていますが、全修習生が和光に集められる導入修習では修習生全員を収容することはできません。そのため、導入修習の時期は、裁判官・研修所教官用の「ひかり寮」、税務大学校の寮(通称「税務寮」)が割り当てられる人もいます。

　いずみ寮とひかり寮は司法研修所と渡り廊下でつながっているので雨の日でも登庁はラクラクです。一方、税務寮はお隣の税務大学校の敷地内にあるため、研修所から10分ほど歩かなければいけません。

　ひかり寮は裁判官・研修所教官専用の寮だけあって、いずみ寮と比べると、ベッドが少し広かったり、床がカーペット敷きになっていたり、絵がかけられていたりと、少し高級感があります。

　それよりさらに施設が綺麗なのが税務寮です。掃除用具が各部屋に備えつけられているし、ネット環境も整っており、天国のような寮なのですが、良いことばかりでもありません。

　前述のように研修所から少し距離があること。門限が厳しいこと。室内での飲酒も禁止です。いずみ寮やひかり寮と違って、玄関は門限の23時になると自動でロックされ、内側から開けると警報機がなるそうです。部屋も在室か外出しているかが電光掲示板で一覧できるようになっており、外泊するには外泊届が必要です。

　そのためか、いずみ寮やひかり寮より施設が充実しているにもかかわらず、修習生の人気はあまりありません。不公平感をなくすために、69期から、いずみ寮やひかり寮の門限も厳しく取り締まられるようになったようです。

　寮の設備は寮ごとに多少は異なりますが、ワンルームでバス・トイレ、ベッド、机、椅子、卓上ライトなどがついています。小型冷蔵庫は、備え付けのところ、持参しないといけないところ、有料貸与のところと対応がわかれます。布団

やシーツと足ふきマットもついています。シーツ、枕カバー、足ふきマットは、指定された日に自分で交換します。ただ、各階のリネン室に常備されているので、変えたいタイミングで自由に交換可能です。

　ボディソープやタオル類が備えつけられていないことを除けば、ビジネスホテルと大差はありませんが、ビジネスホテルと比べると収納スペースがとても広いので、持って行くかどうか迷った荷物があれば、持って行ってしまいましょう。送料がかかることは別として、収納スペースには困りません。現地調達も十分可能ですし、寮からAmazonなどの通販も利用できますから、送料を考えれば現地で揃える方が賢いかもしれませんね。

　ボディソープやタオル類がないと書きましたが、トイレットペーパーもついていません。「たった3週間なのに、消耗品を全部そろえるのは大変だなぁ……」と思う方もいらっしゃるでしょう。そんな方は、入寮日に一番に乗り込みましょう。導入修習が始まる直前まで前年度の集合修習が行われています。このときの修習生が残していった家具や洗剤類は、早い者勝ちでもらうことができます。姿見鏡や折り畳みテーブルなど思わぬ掘り出し物が見つかることもあります。これらを上手に使って快適空間を作り、3週間の寮生活を楽しんでください。

　他にも多くの修習生が持参する家電として、湯沸かしポットなどの電気調理器具やドライヤーなどがありますが、寮で使用できる家電はワット数に制限がありますので、きちんとワット数を確認して持ち込むようにしましょう。

　各階には給湯室とランドリールームがあります。給湯室には、給湯器、冷蔵庫、電子レンジ、トースターが置いてあります。火を使うことはできませんが、電子レンジやトースターを駆使すれば、ある程度の自炊はできます。自炊をしたい方はまな板や包丁などの調理道具も持っていくとよいでしょう。

　寮生活は便利ですが、何かと制約があるので、快適さを求めて、出費は嵩みますが、マンスリーマンションを借りたり、その期間だけホテル暮らしをしたりする人もいます。

---

3 ｜ 自転車で世界を広げよう!

　研修所は、和光市駅から徒歩30分、周囲にある飲食店は数えるほど、コンビニ

やスーパーも寮から歩くと微妙に距離があるという、修習生にとっては恵まれない立地環境にあります。

　修習が終わって、「ちょっとご飯の買い出しに……」と思っても、そこそこの距離があるため、テクテクとスーパーまで歩くのはあまり気が進みません。自然と引きこもりがちになってしまいます。

　そんな修習生を救ってくれる秘密道具が自転車なのです！　研修所から少し離れたところに中古の自転車を扱うお店が数店あります。そこで1万円前後の自転車を購入するのもいいでしょう。毎年修習生が利用しているので、品揃えは豊富です。導入修習や集合修習が終われば、業者がまた引き取ってくれます。

　期間の短い導入修習で「1万円も出したくないなあ」と思われる方は、直前まで集合修習をしているB班の修習生を事前に紹介してもらいましょう。集合修習で使っていた自転車を中古屋よりも格安で譲ってくれる人がたくさんいます。

　自転車を手に入れたら、研修所に登録申請をしないと、研修所内の駐輪場を利用できませんのでご注意ください。

4 ｜ メーリングリスト・Teamsチャット・LINEグループの活用

　修習中はさまざまな連絡がメーリングリストやTeamsのチャットを通じて届きます。飲み会のお知らせや事務連絡だけでなく、教官から翌日の講義の持ち物に関する連絡やカラオケのお誘いなども来るので、チェックは怠らないようにしましょう。

　さらに、今どきの修習生の重要なコミュニケーションツールとして、LINEグループの活用が挙げられます。メーリングリストより簡単に連絡が取り合えて、既読者数もわかる利便性から、クラス全体のLINEグループが積極的に活用されているように感じます。

　クラス全体のグループのほかにも、班ごとのグループや模擬裁判などでの役割分担ごとのグループなど、修習中にはさまざまなLINEグループが作られます。

　充実した修習生活を送るために、こうしたコミュニケーションツールを上手く活用してくださいね。

第 3 章

実務修習に旅立つにあたって

1 | 実務修習結果簿と修習生日誌とは?

　導入修習を終え、各実務修習先をまわる旅の大事なおともが「実務修習結果簿」です。

　実務修習結果簿は、各実務修習先で学んだことを日々書き綴っていき、各実務修習先での修習の終了日に指導担当(裁判修習であれば配属部の部長、検察修習であれば指導官、弁護修習であれば指導担当弁護士)から検印をもらい、最終的に写しを司法研修所に提出します。

　記載する内容は、それぞれの実務修習ごとに見るべきポイントが変わるため、項目もそれにあわせて設定されています。たとえば民事裁判修習であれば、①行った起案の事件名や種類(サマリーライティング、判決起案、和解条項など)、検討事項およびその結果について、②法廷傍聴した事件の手続の種類、検討事項、検討結果について、③特殊事件・特殊手続として保全、執行、倒産などに触れた場合に触れた手続の種類、検討事項、検討結果、④研究や講義、見学したことについて検討事項および検討結果について、⑤その他行った修習内容、⑥振り返りとして課題を感じた事項と修習中の取組み内容などについて記載します。

　このように修習中に触れたいくつもの事件の分析や当該クール中の振り返りなども詳細に記載しなければなりませんから、適宜書き進めて行くことが重要です。それぞれの指導担当官に検印をもらう必要がありますし、最後には司法研修所に提出して担当教官のチェックも受けることになりますから、あまり適当なことを書くわけにもいきません。私自身、最初のクールではこれほど細かく記載が必要であることに気づいておらず、当該クール最終日近くになって慌ててそれまでに傍聴した事件や行った起案を思い出し、(自業自得ですが)大変な思いをしながらなんとか完成させた覚えがあります。その次のクールからは、適宜書き進め

るように気をつけました。

　このほか、手元には残りませんが、導入修習から集合修習にかけて、当番でまわってくる「修習日誌」というものがあります。これは、担当日の修習で学んだことやその他修習全般についての感想文のようなものを書いて提出するもので、一定の文量を書く必要があります。この実務修習結果簿や修習日誌を書くことがとても面倒くさく、苦痛だったという人も少なくありません。ただ、こうしてできあがったもののうち、実務修習結果簿の原本は自分の手元で保管することができますから、修習を頑張った日々を思い返すことのできる宝物となることでしょう。

　なお、記載方法は手書きまたはPCを用いることができますが、修習先の指示がある場合はそれに従うこととなります。私の場合、たとえば検察庁では司法修習生個人のPCを使うことは禁止されており、検察庁で貸与されたPCの中にある書式データに記入をするように指示がなされました。また、司法修習生は守秘義務を負うとはいえ、修習生個人の手元に残る資料となるため、どこまで事件の内容を記載してよいかの判断は、それぞれの修習先の指示に従うようにしましょう。

2 ｜ 実務修習のまわり方

　導入修習中に各実務修習先をどのような順序でまわるかがわかることになります。導入修習それ自体もあっという間かつボリュームたくさんでお腹いっぱいかもしれませんが、少し先の実務修習を見据えた準備もできるとより充実した実務修習を送ることができるでしょう。

　たとえば、弁護修習からスタートするのであれば、弁護修習先で触れそうな類型に関する勉強などをしておくとよいでしょう。修習地や回る順番次第では、弁護修習先の事務所が早めにわかることもあります。その際には、前もって弁護修習先に挨拶の電話を入れておくことがおすすめです。これは、第2クール以降に弁護修習となる方にも共通しておすすめします。弁護修習は個別の弁護士事務所に配属されるため、自由度が高いことが多い一方、見たい事件を必ずしも修習先の事務所が扱っていない可能性もあります。そうした場合に、指導担当弁護士の方で里子修習先を探してくれることもありますので、事前の相談をしておくこと

が重要です。

　私自身は第2クールが弁護修習でしたが、導入修習中に弁護修習先が発表されたため、前もって指導担当の先生に電話でご挨拶がてら刑事事件と少年事件に関心がある旨を伝えたところ、指導担当弁護士の先生や同じ事務所の先生があまりこれらを扱っていないということで、弁護修習中に別の事務所の弁護士の下へ里子修習に出られるよう調整してくださいました。

　また、特に裁判官や検察官になりたい任官・任検志望者にとって、何クール目で志望する実務修習先がめぐってくるかは切実な問題です。というのも、任官・任検の採用基準は具体的に明らかにはされていませんが、クラスの担当教官との面談や起案の成績に加え、実務修習先での評価も任官・任検における大きな考慮要素になっていると考えられるからです。加えて、集合修習の頃に最終的な志望を出すかを決めることになっていますが、実際には集合修習が始まるよりも前に誰が志望を出すか・その人を担当教官が推薦するかが、だんだんと決まっているようでした。つまり、志望する可能性のある実務修習先にはできるだけ早く行けた方が自身の志望を固める意味でも、実務修習先や担当教官に覚えてもらう意味でもよいということになります。

　そして、裁判修習は民事裁判修習と刑事裁判修習の2回機会があり、多くの場合、間に弁護修習か検察修習を挟むような形で行われているため、少なくとも第4クールになって初めて裁判所での修習をするということはありません。一方で、検察修習は1回しか機会がないため、第4クールで検察修習にあたる、ということがありえます。

　残念ながら何クール目にどこにいくかは、そもそも配属庁を選べないのと同様、蓋を開けてみなければわかりません。配属庁と異なり、希望も出すことができません。

　もっとも、志望する実務修習先が早くにめぐってこないからといって絶望する必要はありません。先の実務修習先で見たことが次の実務修習先でも役に立つことがありますから、むしろ志望する実務修習先が後にめぐってくる方が有利だと考えることもできます。裁判所や検察庁で勉強会などが開催されていることもあるため、これに参加することで勉強するとともに、熱意をアピールすることもできます。導入修習中にクラスの担当教官としっかりコミュニケーションをとっておくのもよいかもしれません。また、任官・任検においては、志望する実務修習

先での評価だけでなく、それ以外の実務修習先での評価も考慮要素となるでしょうから、どのようなまわり方になるにせよ、その時にできることに取り組むことが重要です。実際に、私の知っている任検志望者は、第4クールに検察修習というめぐり合わせになってしまったものの、それぞれの実務修習先で熱心に修習に取り組み、その志を遂げていました。

還暦を過ぎた修習生

藤原成子 ふじわら・しげこ 兵庫県弁護士会

会社員から弁護士へ

1 司法試験受験を志した動機

　私が、司法試験に合格したときには還暦をすぎていました。一念発起したというわけではありません。ただただ、旧司法試験からダラダラと受験を続けてきた結果にすぎません。

　私は、短期大学を卒業後、総合商社で織物輸出の営業を担当していました。女性の営業職は珍しい時代でした。1990年頃、米国は日本からの織物に高い関税をかけてきたので輸出の取引がやりにくくなりました。繊維業者は、加工方法を工夫することで関税の低い品目に変更して価格を上げずに輸出できないかと知恵を絞ったものです。その時に主導的役割を果たしたのは、繊維組合やメーカーでした。地球の隅々までネットワークを張りめぐらしていた総合商社にいながら、現地の情報を精査して業界を指導していけなかったことにもどかしさを感じました。米国では日本の弁護士とは厳密には異なりますが、ロイヤーが当たり前のように営業職として交渉の場に就いていました。日本側も営業経験に加えて法律に明るい専門家が同席する必要性を感じました。

　私は、元々10年頑張ってもやりたいことができなければ、別のことに挑戦しようと思って就職しました。そして、10年経って繊維関係のメーカーや生産に関わる中小企業の方達の海外進出や契約交渉に役立つ米国のロイヤーのようなスキルを身につけたい。また、一社のためだけでなくいろいろな業種の人たちと自由に生産的な仕事をしたいと考えるようになりました。

そんな時、ある外資系の取引先の方から、「社会の仕組みを知るにはまず法律を勉強しなさい」と言われました。旧司法試験は、仕事を続けながら合格できるような試験ではなく、変人扱いすらされる時代でした。私のしたいことは弁護士の資格を取らなくてもコンサルタントとしてやっていけはしました。しかし、10年あまり商社で走り続けてきて、多少の経験は積めたけれど知識はどんどん枯渇していく感じがしていました。

　「司法試験合格を目指そう！」

　まず、手っ取り早く司法試験予備校の通信教育を試しに受講しました。

2　司法試験合格までの経緯

　当時司法試験の二次試験を受験するには、4年制の法学部の教養課程の修了が要件でした。短大卒の私は、大学の法学部（通信課程）に進学する必要がありました。長期休暇制度がない会社では、夏季スクーリングを受講することはできません。織物輸出に未練はありましたが、資格をとってスキルアップするために思いきって退職しました。

　派遣で貿易実務の仕事をしながら、大学と予備校の通信で勉強を続けていたのですが、卒業間近に阪神大震災に遭い両親と住んでいた家が全壊し避難生活を余儀なくされました。受験どころではなくなったのです。しかし、大学の指導教授から、「志なかばに命を落とした学生もいる。諦めずに頑張りなさい」と励まされ、5回目でようやく択一試験に合格しました。しかし、その後は大病した両親の看護と介護、介護施設の厨房で朝食を作る早朝パートに明け暮れる日々でした。旧司法試験は終了し、予備試験に移行しました。予備試験の初回受験の後、それまで諦めていたロースクールを弁護士の友達から強く勧められ、現状ではとても無理だと思いつつも受験したところ、3年間の授業料は免除となり、パートの時間を調整して介護も続けながら何とか卒業することができました。

　卒業後に父が他界し、相変わらず厨房のパートと母の介護をしながら受験を続けました。そして、新型コロナ禍のため試験日が5月から8月に延期された年に4回目のチャレンジで奇跡的に司法試験に合格することができました。

かけがえのない仲間との修習生活

1　修習生との修習でのつき合い①──リモートでの前期・集合修習

　私には、90歳を超える母がおり、和光に行くことはできません。ところが、私にとっては幸運なことに新型コロナ禍のため、前期・集合修習の両方がTeamsでのリモートで行われました。とはいえ、Teamsでの双方向の操作にとまどいそれだけで緊張の連続でした。画面上の他の修習生の解答を感心して聞いているだけで、わからないことを何ひとつ他の修習生に聴くこともできません。前期修習が始まったばかりなのに、すでに模範解答のような起案を書くことのできる修習生は、別世界の人でした。自分との差に落胆し、益々引っ込み思案になりました。

　やがて、グループごとに討論してまとめる作業が始まり、約5～12名の少人数のグループだけで画面を共有して討論しました。若い修習生達に助けられながら課題の共同作業に取り組むことができました。

2　修習生との修習でのつき合い②──実務修習

　最初の実務修習は刑事裁判で、同じ班の5人中4名は20歳代から30歳代の若手の男性でした。「何て場違いな所に来てしまったのだろう」と挨拶以外は借りてきた猫のようにチンと座って黙って皆の話を聴いていました。やがて、一人二人と敬語で話しかけてきてくれて、私も起案の書き方や、刑事手続について質問するようになりました。帰りは他の班の修習生とも裁判所の玄関で一緒になるので、お互い知り合いを紹介しあい、一気に仲良くなれました。

　特に検察修習では、3名の班で配点された事件を処理するのですが、私は帰宅を急ぐため優秀な若手達が他の事件を引き受けてくれ、私は自分の配点された事件だけに集中できました。パソコンの操作方法や文章の添削といった技術的なことも助けてくれました。

　新型コロナ禍で、飲食をともにする機会はありませんでしたが、傍聴や共同作業などを通じて、年齢差を認めつつもかけがえのない関係を築けました。皆さんに本当に感謝です。

3　バックグラウンドがどのように修習に活きたか

　具体的な知識が直接修習に活きたというわけではありません。

　しかし、研修所、裁判所、検察庁、弁護士事務所でも、一定の職歴や人生経験があるということで、共通のスタンスで話ができるという信頼や安心を感じてもらえたのでしょう。皆さんから、それなりの敬意をもって丁寧に接していただいているのを感じました。

　裁判所では、刑事・民事にかかわらず事実認定は、若手よりも有利だとも言われました。ただ、自分の経験だけで判断して偏った事実認定に陥らないよう心掛けました。

　また、検察では、「検察は『組織』である」と叩き込まれますが、私が十数年いた商社も「組織」でした。時間の使い方、決裁の上げ方、人間の上下関係など仕事のやり方が同じでした。私は、30数年前に戻ったような居心地の良さすら感じました。若手の仲間がサポートしてくれたこともあり、私は事件を思いのほか速やかに処理することができました。

おわりに

　私は、総合商社を辞めた直後に米国でロースクールのサマーオリエンテーションに参加したことがあります。そこでは、他国からの参加者は国を代表するような官僚・ビジネスパーソン・大学教授といった社会人ばかりでした。それと比べて日本の修習は、ストレート組も社会人もいて、世代を越えて互いに良い点を吸収し合える多様な環境です。同じ修習の場にいれば、自然に交流も生まれます。皆様が、そんな交流を大切に、修習生活を健康に乗り切っていかれることを願っています。

執筆者略歴 1980年3月帝塚山学院短期大学文学部英文科卒業。1980年4月三菱商事株式会社大阪支社繊維貿易部入社。1992年1月同社退社。以後、派遣社員として主に貿易関係事務に従事。1992年4月中央大学法学部通信課程2年編入学、1996年3月同大学卒業。2013年3月福祉施設の厨房にてパート勤務。2013年4月甲南大学法科大学院入学、2016年9月同法科大学院修了。2021年1月司法試験合格。2022年3月福祉施設退社、2022年4月74期司法修習。2022年弁護士登録。

コラム3

修習生の時に
出会いたかった本

鐘ケ江啓司 かねがえ・けいじ　福岡県弁護士会

「良い法律書」はたくさんあるけれど……

　私は、一人事務所をしているごく普通の町弁です。とにかく法律書が好きなので、ここ数年は、おおむね1年間で400万円程度の法律書を購入しています。このことについては、弁護士向けの会報である「自由と正義」にエッセイを書いたこともあります[1]。

　そんな私に、今回、「『修習生におすすめする本』を紹介していただけませんか」という依頼がありました。二つ返事で引き受けましたが、実はこういう依頼って難しいところがあります。

　修習生に必読の本、といえばまず白表紙です。それ以外の、実務家が愛用している本については、実のところ、修習生の時点で読むのがよいとは限りません。私もいろいろと勧められて購入した記憶があるのですが、これらの本の意味を理解できるようになったのは、実務についてしばらくしてからでした。実務家向けの本は、「暗黙知」があることを前提にしているからです。さらに、法律は常に改正されていくものですから、その時、その人にとって適当な法律書は異なります。こういった理由から、私は、現在の実務家が愛用している本……ではなく、「法律家になった後の仕事のイメージ」を持てるような本をおすすめしようと考えました。皆さんの参考になれば幸いです。

1　「ひと筆 私が古い法律書を買い集める理由」自由と正義72巻10号（2021年）5頁。

依頼者対応

● 岡田裕子『難しい依頼者と出会った法律家に─パーソナリティー障害への理解と支援』(日本加除出版、2018年)

　「困った依頼者」に対する対応を事例形式で説明する良書です。弁護士は人を相手とする仕事ですが、時折対応が難しいお客さんと会うことがあります。事前の知識がなく取り組むと、お客さんのペースに巻き込まれて弁護士自身の身が危うくなることがあります。特に町弁には必読書です。関連して、名越康文『図解 あなたの近くの危険な人物！サイコパスの話』(日本文芸社、2017年)も必読です。知識がないと〝確実に〟騙されます。

類書
● 笹瀬健児編著『依頼者の心と向き合う！事件類型別エピソードでつかむリーガルカウンセリングの手法』(第一法規、2021年)
● 土井浩之＝大久保さやか編著『法律家必携！イライラ多めの依頼者・相談者とのコミュニケーション術』(遠見書房、2021年)
● 中村真『新版 若手法律家のための法律相談入門』(学陽書房、2022年)

民事弁護実務

● 『事例に学ぶシリーズ』(民事法研究会)

　ストーリー仕立てで、ひとつの事件について相談から解決までの流れを具体的な書面のサンプルを掲載しながら説明する良書です。具体的な事件処理のイメージを掴むのに良い本ですが、発行年度が古いものも多いのでそこはご注意ください。

類書
● 『実例 弁護士が悩む〜に関する法律相談シリーズ』(日本加除出版)
● 林道晴＝太田秀哉編『ライブ争点整理』(有斐閣、2014年)
● 松江頼篤ほか編著『改訂 事件類型別 弁護士実務ハンドブック』(ぎょうせい、2016年)

● 司法研修所編『8訂 民事弁護の手引き[増訂版]』(日本弁護士連合会、2019年)
● 司法研修所編『7訂 民事弁護における立証活動[増補版]』(日本弁護士連合会、2019年)

　民事弁護実務については多数の本が出ています。具体的なイメージとしては、前掲の「事例で学ぶシリーズ」などがおすすめですが、それ以外についてはまずこの2冊を熟読すべきだと思います。

類書
● 京野哲也『クロスレファレンス民事実務講義［第3版］』(ぎょうせい、2021年)
● 東京弁護士会法友全期会民事弁護研究会編『事件処理のプロになるための民事弁護ガイドブック［第2版］』(ぎょうせい、2019年)

● 圓道至剛『企業法務のための民事訴訟の実務解説[第3版]』(第一法規、2022年)

　民事訴訟の進行についてわかりやすく説明した良書です。修習の際に持っておいて、裁判官の訴訟指揮や、弁護士の弁護活動について、なぜこういった活動をしているのかを検討する参考文献になると思います。

刑事弁護実務

● 『刑事弁護ビギナーズ Ver.2.1』(現代人文社、2019年)

　類書はいろいろありますが、とにかく圧倒的にわかりやすいのが特徴です。「こういう時にはこうする」ということが具体的に書かれているので、私は登録してしばらくは必ず接見に持参していました。法改正への対応が待たれます。

類書
● 岡慎一＝神山啓史『刑事弁護の基礎知識［第2版］』(有斐閣、2018年)
● 東京弁護士会法友全期会刑事弁護研究会編『新・刑事弁護マニュアル──手続の勘所と実践知』(ぎょうせい、2022年)

犯罪捜査実務

- 月刊『警察公論』（立花書房）
- 月刊『警察学論集』（立花書房）
- 月刊『捜査研究』（東京法令出版）

　刑事事件に興味がある人は、捜査実務についても学んでおくことが大事です。警察公論は、現場の警察官向けに捜査の基本や判例解説などをしている雑誌で、警察学論集は警察幹部向け、捜査研究は検察官や警察幹部向けの雑誌です。いずれも市販されていますが、定期購読をおすすめします。そこで掲載されている捜査実務の本を購入するのもよいでしょう。刑事弁護人となる場合も、捜査官がどのような文献を読んで、どのようなことを考えているかの参考になります。

おすすめ漫画

　さて、ここまで紹介したのは文字で書かれた本ですが、実は私は漫画も多読しています。漫画や小説、映画といったフィクションを軽視する人もいますが、私はこれらを読む、あるいは見るといったことは、仕事にとっても、人生にとっても、大事なことだと考えています。フィクションは、「嘘」の物語だからこそ、人の心や、この世界の仕組みについて「真実」を語れるのです[2]。ドキュメンタリーやノンフィクション、レポートなどは、それはそれで

2　「イリヤ　これはあくまでも私個人の話なのですが、テレビやスポーツのニュースにはあまり現実味を感じることがありません。でも、日本の漫画のストーリーは心にも身体にも染みこんでくる。現実ではない嘘の物語だからこそ、そこに含まれている真実がより深く理解出来るのかもしれません。同じスポーツでも、現実の試合中継は楽しめなくてもスポ根漫画だったら楽しめる。そして楽しめるだけでなく、生きるための活力を貰える。そういう漫画のストーリーが持っている力みたいなものが好きなんです。何しろ『イエスタデイ〜』を読んで、日本まで来た私が言うのだから間違いありません（笑）」（「【対談】イリヤ・クブシノブ×冬目景」イラストレーション216号〔2017年〕21〜22頁より引用）。

大事な表現ですが……、どうしても表現者の主観による歪み、取材対象者への配慮などで、「真実」から遠くなることがあります。フィクションは、「嘘」であるからこそ、表現者の感じた「真実」をそのまま表現できるのです。

　最後に、おすすめ漫画を5点紹介します。

●七海仁(原作)＝月子(漫画)『Shrink〜精神科医ヨワイ〜』(集英社)

　新宿でメンタルクリニックを開業する精神科医が、多くの人の心を救っていく話です。パニック障害やうつ病、統合失調症や、窃盗症(クレプトマニア)、PTSD、パーソナリティー障害、DV被害者、解離性障害、パワハラ加害者等々……。弁護士をしていると関わることが多い人たちの姿や、適切な対応方法が漫画の形でわかりやすく表現されています。日本は精神病に対する忌避感が強く、精神科に通うことができずに、課題を抱えて弁護士のところに来る人がしばしばいます。そういった人は、自分が何に苦しんでいるかが理解できないということもしばしばです。弁護士が知識を身につけておくことは、相談者や依頼者の気持ちを楽にすることにつながるだけではなく、表面化している問題の根っこにある課題を解決することにも繋がります。法曹もメンタルヘルスを損なうことがしばしばある職業ですので、自分自身の振り返りにも役立つでしょう。

●宮口幸治(著)＝佐々木昭后(漫画)『マンガでわかる 境界知能とグレーゾーンの子どもたち』(扶桑社)

　発達障害や知的障害とは診断されないものの、グレーゾーンとされる子どもたちの支援について漫画仕立てで解説した本です。子どものことで悩んでいるご家庭は多いですし、依頼者が抱える課題の背景を辿っていくと、依頼者自身の「特性」が原因となっているということも多くあります。また、自分自身の「特性」を見つめ直すことにもつながります。たとえば、「人の話が聞き取れない」「他人の表情が読めない」「他人の感情が理解できない」「自分の感情が理解できない」……。それぞれの人には特性があります。その特性が活きて「長所」となるか、特性のために苦しんで「短所」になるかは環境次第です。たとえば、私は人に共感しやすいのですが、これはクレーマー対応など

には向きません。しかし、依頼者の心情を慮り、共感して、心を解きほぐしていく場面では役に立ちます。

● ユヴァル・ノア・ハラリ(原案・脚本)『漫画 サピエンス全史』(河出書房新社)

　ベストセラーの漫画化です。法律を含めた社会の制度や、倫理・道徳といった概念が「虚構」であり、人間が「虚構」を信じて共有することにより文明を築き上げたことがストーリー仕立てで描かれています。内容に批判はありますが、私たちが取り組む「法律」「正義」「人権」などが人間によって作り出された「虚構」であることは事実です。自分自身を含めて、俯瞰的に物事を見るために良い本だと思います。

● いつまちゃん『来世ではちゃんとします』(集英社)

　20代の「性生活」をコミカルに描いた四コマ漫画です。「性」に関する話はタブー視されています。あるいは、「正しい性行動」「正しくない性行動」といった形で語られがちです。しかし、どういう性生活を送るかは、本来その人たちだけの問題であって、第三者が断罪するものではありません。視野を広げる作品になると思います。ドラマ化もされていますので、ドラマから入るというのもよいでしょう。

● 冬目景『百木田家の古書暮らし』(集英社)

　神田神保町。祖父の遺した古本屋を引き継ぐため、その街で暮らすことになった百木田(からきだ)三姉妹の日常ものです。　私が作者の大ファン(最推しは『羊のうた』)なのでおすすめします。　わかる人にしかわからない作家ですが、キャラクター造形が深い方です。

執筆者略歴 1983(昭和58)年10月5日生。福岡県出身。九州大学法科大学院卒(63期)。福岡で個人事務所を経営し、刑事弁護業務を主軸に、交通事故(被害者、加害者双方)、企業関係訴訟などを取り扱っています。無罪判決を2件獲得した実績もあります。刑事弁護業務については、万引きや下着盗撮、背中盗撮、交通違反、違法薬物自己使用事件といったごく普通に生活されている方が起こしがちな事件の弁護に注力しています。弁護活動にあたっては、刑事事件そのものへの対応に加えて、これまで弁護人の業務範囲外とされてきた、報道発表対策や加害者本人、加害者家族の精神的苦痛の緩和などの生き直すための支援を重視しています。

Part. 2

第**2**部

弁護修習

STORY ❷
最初の試練は自己紹介

　麗子は緊張していた。自分の番まであと3人に迫っていた。手のひらがじんわりと湿っているのを感じる。何が迫っているのかというと、なんてことはない、自己紹介の順番である。この日、麗子たち修習生は弁護士会館の講堂に集められていた。今日から麗子たちの班の弁護実務修習が始まる。今日はその開始式なのだ。開始式とは言っても仰々しいものではなく、その地域の弁護士会(「単位会」と言うらしい)の会長が挨拶をしたり、修習委員会の委員長から弁護実務修習での注意事項についての説明があったりする程度だ。注意事項については「説明」という体裁ではあるが、言外に「お前ら問題起こすなよ」という気持ちを隠すつもりもなく表れており、これまでの先達らの「活躍」によって委員長らが苦労してきたであろうことが想像できた。修習生と言っても、社会に出た経験がない者が大半であり、新社会人としてはまだまだ未熟なのだ。

　委員長からの説明の後は、修習生とその指導担当が順番に自己紹介をしていく。

　麗子は大人数の前で話すことが苦手だった。麗子が通っていたロースクールでは、他の大多数のロースクールがそうであったように、ソクラテスメソッドが採用されていた。本物のソクラテスがどうだったのか麗子には知るよしもないが、ロースクールで意味するソクラテスメソッドとは授業中に教授から集中砲火を受けるということだ。学部の時のぼんやり聞いているだけで良かった授業とは緊張感がまるで違う。麗子はロースクールの授業で当たりそうな日は朝から憂鬱になるくらい人前で発表することに苦手意識を持っていた。

　しかも、自分の席で座ったまま答えたらよいロースクールの授業とは異なり、今日の自己紹介では、みんなの前に出て喋らなければならないのだ。会場にいる全員の顔がまともに目に入ってくるだろう。その光景を思い浮かべただけで自然

と麗子の手のひらには汗がにじみ、心臓の鼓動が早まるのだった。

麗子の隣に座る加賀の名前が呼ばれた。

加賀は緊張した様子もなく、むしろ楽しんでいるかのように軽い足取りで進み出てマイクの前に立った。

「修習生の加賀友香です。私は弁護士志望なので、弁護実務修習を一番楽しみにしていました」

加賀はところどころにネタを挟みながら淀みなく話し続けた。

「お酒を飲むことも大好きなので、弁護実務修習では依頼者との接し方や事件処理の仕方だけでなく、夜の修習の方もぜひご指導いただきたいと思います」

茶目っ気をたたえて加賀は自己紹介を終えた。初春の弁護士会館は少し底冷えしていたが、加賀の挨拶で空気がほんのりと温まったように感じた。続く加賀の指導担当弁護士も、如才なく加賀の言葉を拾いつつ、内輪ネタも盛り込んで、さらに大きな笑いを取っていく。大規模な単位会ではないせいか、弁護士同士も顔見知りが多いようで、仲が良さそうだった。

いよいよ麗子の番である。麗子はマイクの前におずおずと進み出た。先ほどまで話す内容をあれこれとシミュレーションしていたはずなのに、皆の視線にさらされた途端、麗子の頭は真っ白になってしまった。

「須磨麗子です……。えっと……弁護実務修習では、たくさんの事件を見せてもらって、たくさんのことを吸収したいと思っています……」

後半、麗子は自分でも何を話していたのか記憶になかったが、初々しい修習生を見守る弁護士達の優しそうな視線は麗子には意外にも心強かった。

（弁護士会の先生達のこういう繋がりってなんかいいなぁ）

自己紹介を終えた後も麗子に暖かな余韻として残っていた。

第**1**章　民事弁護修習

1 ｜ 法律事務所ってどんな所?

(1) 修習生と学生・修了生の違い

　須磨麗子さんは、たくさんの先輩弁護士に見守られながら、緊張の自己紹介を
なんとかこなせたようですね。麗子さんの実務修習は弁護修習から始まりました
ので、ここでは法律事務所がどんなところか少しおさらいしてみましょう。

　最近の修習生の中には、法科大学院在学中に授業の一環として２週間程度、法
律事務所で研修を受ける「エクスターンシップ」や、法科大学院在学中や司法試験
終了後に就活も兼ねて法律事務所で簡単な起案などをさせてもらう「サマーク
ラーク」を経験している人も多いのではないでしょうか。

　修習生も、研修のために一定期間だけ事務所にいさせてもらうという点では、
エクスターンシップやサマークラークと大差はありません。ただし、エクスター
ンシップの学生やサマークラークの修了生と大きく異なるのは、修習生は司法試
験に合格しており、国から認められた立場であるということです。そのため、学
生などでは入ることが難しかった調停期日や弁論準備期日にも立ち会うことがで
きますし、法廷においても、バーの内側で弁護士と並んで座ることが許されま
す。刑事弁護修習のパートで触れるとおり、接見に同行することもできます。ま
た、事務所にいる期間も１～２週間程度のエクスターンシップやサマークラーク
と違い、２カ月弱という決して短くない期間ですから、法律相談の同席や準備書
面の起案、委員会活動への同行など、経験できることが圧倒的に多くなります。
弁護修習中は各修習生に１人、指導担当弁護士がつきます。基本的には指導担当
弁護士の事件を見せてもらいながら、指導担当弁護士にアレンジしてもらって同

じ事務所の他の弁護士の仕事を見たり、指導担当弁護士が持っていない事件・指導担当弁護士の事務所にはあまりない事件でも修習生が希望する場合などには他の事務所の弁護士のもとに里子修習の形で出してもらうことになります。

　もちろん、個別具体的な事件の内容に触れることから、裁判修習・検察修習と同様に守秘義務を負いますし、修習生としての責任ある行動が求められます。

（2）法律事務所における修習生の立場

法律事務所や弁護士の所属形態は多種多様

　法律事務所の形態にもさまざまなものがあり、１人の弁護士と１人の事務員という小規模事務所（場合によっては弁護士１人だけの事務所）から、100人を超える弁護士を抱える大規模事務所、特定の分野に特化したブティック型、法務提供以外も幅広く行う経営コンサル型と多種多様です。

　地方の大多数の事務所は、１〜10人ほどの少人数であることが多く、大規模都市になると数十名単位の事務所も見られるようになります。法律事務所の経営スタイルには、大きく分けて、１人の「ボス弁」と呼ばれるトップを頂点とするピラミッド型スタイルと、複数の弁護士が「パートナー」として経費を共同負担しているパートナースタイルの２つがあります（ここでは、ボス弁とパートナー弁護士をまとめて、「経営弁護士」と表現しておきます）。地方に多い、少人数の事務所はボス弁１人とそのほかの弁護士、という構成が多いでしょう。また、大規模な事務所では分野ごとにチーム制をとることもあったり、パートナーの経費負担にもさまざまなスタイルがあります。いわゆる「イソ弁」と呼ばれる居候弁護士は、経営弁護士のもとで、一定の固定報酬をもらい働くことになります。イソ弁は事務所に雇用される場合もありますし、業務委託で固定報酬を受け取るにすぎずあくまで個人事業主という場合もあります。イソ弁は、経営弁護士から振られる事務所事件のほかに、自分自身で事件を受任できる場合もあり（「個人受任」といいます）、個人受任の事件については売り上げのうち一定の割合を経費として支払うことが多いです。また、「ノキ弁」と呼ばれる軒先弁護士は、経営弁護士から仕事をもらったり、自分自身で事件を受任し売上のうち一定の割合を経費として支払ったりすることになります。パートナースタイルの場合、イソ弁や事務員の給料や固定報酬などの費用を全パートナー弁護士で負担するシェアスタイルと、イソ弁や

事務員を各パートナー弁護士に所属させ、給料や固定報酬などの費用もそのパートナー弁護士だけが負担するというスタイルがあります。共同して経営する弁護士のことを「パートナー」と呼ぶ対比として、イソ弁やノキ弁を「アソシエイト」と呼ぶこともあります。その他、学者や元裁判官・元検察官出身の弁護士を客員弁護士、カウンセル、顧問などの名称で迎えている事務所もあります。このほかにも、弁護士事務所の内部構造は多種多様であり（所属している弁護士は年次にかかわらず全員経営弁護士で平等に発言権を持つというところもあります）、余裕があれば弁護修習先の事務所のこうした構造にも目を向けてみると面白いかもしれません。

　経営弁護士は、事務所全体を見渡す立場にあります。たとえば、仕事の獲得や経費の管理はもちろん、依頼を受けた事件についての方針を決め、事務員やイソ弁やノキ弁に対し「誰が」「いつまでに」「どのような仕事をするか」という指示を出します。イソ弁やノキ弁は、経営弁護士から振られた仕事について、自分で記録や文献を調査して、書面を起案したり依頼者への対応も行います。また、イソ弁やノキ弁は個人受任の事件がある場合、それらの事件処理も並行して行います。いずれの場合も、わからないところについては、経営弁護士に相談しながら事件処理をします。

　法律事務所で修習をしていると、経営弁護士、イソ弁やノキ弁、事務員の動きがよく見えます。経営弁護士は、自分の扱う事件を処理するだけでなく、常に事務所全体を見渡しており、各自の仕事の負担を見極めながら、イソ弁やノキ弁、事務員に仕事を割り振っていきます。割り振った仕事についても、適宜、進捗をチェックしたり、イソ弁やノキ弁、事務員の相談相手となり、適切なアドバイスを与えたりします。

　イソ弁は経営弁護士の指導を仰ぎつつ、事務所で受任した事件や、イソ弁が個人受任事件（事務所によっては個人受任禁止の所もあります）を処理するという、いわば修行中の立場であることが多いです。なお、ノキ弁はある程度経験を積んだ上で、経営には回らないものの自立して仕事を回し、まさに「軒先だけを借りている」状態の人も多いです。もっとも、ときには、事務員から仕事の愚痴を聞いたり、事務員の要望をボスに上手に伝えたり、イソ弁やノキ弁が自分よりも若い期の弁護士の面倒を見たりするなど、事務所が円滑に動くための役割を果たして

いる場合もあります。

弁護士と事務員は車の両輪

　事務員は、電話受付や郵便物などの送付と受領、来客の応対などの事務仕事を一手に引き受けています。ベテランの事務員となると、簡単な事務的な書面であれば新人弁護士より早く作成できてしまいますし、法律上の手続についてはどの弁護士よりも詳しい場合もあります。書類の取り寄せや電話対応など、事務員がいないと事務所は回りませんから、法律事務所の大切なメンバーです。

　このように、法律事務所においては、弁護士と事務員は車の両輪となっているのです。そんな中で、修習生がこの車の両輪にどのように貢献できるかというと、残念ながら、貢献できることはほとんどありません。しかし、もともとそのような役割を事務所から期待されていませんのでご安心ください。

　修習生は指導担当弁護士に四六時中ついて回り、起案の草案作成をさせてもらったり、裁判所に同行したりして、事件処理の一端を担わせてもらうことで、実務に出るための訓練をするだけです。中には即戦力として新人弁護士と同じくらいの仕事を任される優秀な修習生もいるようですが、基本的には、事務所に貢献しなければと、気負う必要はありません。

　また、弁護士と物理的に近い立場で修習をしているうちに、自分がまるで事務所の一員であり、弁護士と変わらない立場であると勘違いする修習生も出てくるようです。しかし、その事務所から見ると、修習生はあくまでも「お客様」という位置づけです。弁護士と同格だと勘違いして、事務員に横柄な態度を取ることがないよう、みずからの立場をわきまえ、礼節を守るようにしましょう。

（3）法律事務所での一日

　では、修習生は具体的に法律事務所でどのようなことをするのでしょうか。

　多くの事務所では午前9時〜10時に事務所に出勤し、指導担当弁護士と1日のスケジュールを確認します。立会い予定の裁判があれば、記録を借りて読み、争点やその期日ですべきことをチェックしたり、指導担当弁護士に自分の意見を伝えて議論したりします。

　裁判所では、修習生が陳述したり証拠を提出したりすることは許されませんので、弁護士の隣で、関係者がどのような立ち居振る舞いをしているのか観察した

り、その期日で決定したことや、次の期日でしなければいけないことをメモしたりします。期日のメモなどを元にして依頼者に対して期日の内容を報告する報告書を作成することもあります。報告書の作成というとなんとなく期日でのやりとりをまとめるだけのように思うかもしれませんが、実際に期日でなされたやりとりを要約しながら依頼者に対して次に向けた準備や今後の見通しを説得的に伝える必要があり、実際にやってみるとなかなか悩ましい作業です。また、指導担当弁護士からの添削を受けることで依頼者対応について学ぶこともできます。たとえば、依頼者に期待させすぎても後からトラブルになりますし、逆に弁護士が悲観的なことばかり書いていると依頼者が不安になってしまうかもしれません。このバランスをどのようにとるのかは弁護士の個性が出るところですから、注目してみるとよいでしょう。

　裁判所の期日がないときは、指導担当弁護士から与えられた課題に取り組みます。訴状や準備書面、弁論要旨の起案、事件の方針を決めるためのリサーチ作業などを行うことが多いでしょう。顧問先に企業や保険会社がある場合は、契約書のリーガルチェックや法律相談の報告を起案することもあります。修習生が起案した書面は、指導担当弁護士がチェックして真っ赤になるまでコメントを入れて返してくれます。実務ではまだまだ役に立たないことを思い知らされる場面も多いかもしれませんが、それを学ぶための修習です。わからないことは調べ、それでもわからなかったり、弁護士と意見が異なったりするときは、弁護士の手が空いているときを見計らって、納得するまでとことん議論すると充実した修習になるでしょう。

　昼食も、たいていは指導担当弁護士や同じ事務所の弁護士が連れて行ってくれます。弁護士は事務所近くの美味しいお店をよく知っていますが、多忙であることから、食べるスピードが大変早いことが多いです。美味しいお料理を味わう余裕がないのは残念ですが、弁護士を待たせることのないよう、頑張って食べましょう。

　弁護士事務所の業務は午後5時に終了するところが多く、修習時間も午後5時までとなっています。しかし、午後5時以降に委員会活動があったり、弁護団会議があったり、弁護士の勉強会があったりすることも多いので、興味のある分野については積極的に参加してみましょう。意欲的な修習生を歓迎しない弁護士は

いません。特に、刑事弁護修習の関係では、日中の業務がひと段落した夜に接見に行くことも多いでしょう。また、遅い時間の活動後に夕食や弁護士同士での飲み会に連れて行ってもらえたり、そこでさらにいろいろな経験談や業界の裏話を聞かせてもらえたりすることもあるかもしれません。

　それでは、ひとつひとつの修習について詳しく紹介していきたいと思います。

2 ｜ 法律相談

　弁護士にとっての事件の始まりは法律相談からです。

　多くの相談者は、そもそも法律で何ができるのかもわからず、事実関係も整理されていない状態です。また、弁護士という存在について何でもできるかのように思っていたり、逆に不信感を持っていたりする場合もあります。紛争の中で精神的に追い詰められている方もいます。

　そうした中、最初の法律相談で事実関係を適切に聞き取り、事件の的確な見通しをもち、それを説得的に相談者に伝えながら信頼関係を作っていく必要があります。事件の的確な見通しを持てるかどうか、相談者に信頼してもらえるかはまさに知識と経験に裏付けられた、弁護士の腕の見せ所です。楽観的すぎる見通しを伝えて受任すれば後々、依頼者の期待と外れた際にトラブルになりかねませんし、逆に防衛ラインを引きすぎた消極的な見通しでは依頼しようと思ってもらえません。また、どんなに正しい見通しだとしても、相談者への伝え方ひとつで信頼関係が築けないこともあります。

　このように法律相談は弁護士業において重要な場面のひとつですが、法律相談といわれてまず頭に浮かぶのは、市役所や弁護士会、法テラスなど事務所以外の場所でブースを設けて行われているものではないでしょうか。

　事務所以外で行われる法律相談は、１件あたり30分程度と時間が決められていることが多いでしょう。この限られた時間のなかで、必要な事実を聞き取り、正しい方向性を示すことは非常に困難です。しかも、これらの相談場所には限られた書籍しかありませんし、仮にネットがつながっていても話を聞きながら時間内に回答しなければいけませんから、法的調査をするにしても、大まかな制度を調べる程度のことしかできません。

そのため、事務所外での法律相談では、一般的な回答に留めざるをえないことも少なくありません。それでも、法律の専門家としての意見を伝え、相談者が今後すべきことを明確に伝える必要があります。さらに詳細を聞いたうえで回答すべき事案だと判断した場合は、相談継続のために事務所でのアポイントメントを取って終了することもあります。ただし、市役所などによっては直接受任をしてはいけない場合もあるので注意が必要です。

　このように、法律相談を受ける弁護士は、限られた相談時間内に必要な情報を聞き出して、一定の回答まで提示します。手際よく相談を処理していく弁護士の姿は、修習生には眩しく感じるかもしれません。しかし、1年後には、修習生自身もこうした相談を処理していかなければならないのです。問題なく終えられた相談だけでなく、わからないことを質問された場合や、相談者の話が的を射ない場合などの難しい局面で、指導担当弁護士がどのように振る舞い、どのように対応しているかをしっかり学びましょう。

　他方、弁護士の事務所での法律相談の場合、次の予定が入っていなければ時間を気にせず相談者の話を聞くことができます。また、その場で受任に至ることも多く、弁護士費用の算定方法や委任状、委任契約書の説明などが必要となります。お金をもらって法律事務を処理する実務家にとっては避けられない場面です。のちに裁判官や検察官になる人にとっては、このような場面を見ることができる最後のチャンスかもしれません。弁護士になる人でも、今後、自分のボス弁や兄弁・姉弁以外の説明を聞くことはほとんどないと思います。弁護士費用は一般の人にとって、まだまだ高く感じてしまうようですので、上手に説明して納得してもらえる技術をここで身につけておけば、実務に出たときにきっと役に立つでしょう。

3 ┃ 訴訟外での交渉

（1）任意交渉って？

　事件を受任したら、すべて訴訟提起して……というわけではありません。時効の問題やおよそ任意交渉の余地がないなどの事情がない限り、むしろ、最初は弁

護士を代理人として訴訟外での任意交渉を試みることが多いでしょう。それで話し合いがまとまれば、訴訟外の和解を行うことになります。任意交渉の段階は裁判所修習や検察修習では見ることのできない弁護修習ならではの場面です。

任意交渉は、訴訟よりも迅速かつ柔軟な解決が可能であり、当事者の間の対立構造を強めずに穏便に進めることが期待できます。また、訴訟では金銭的な評価とならざるをえない部分（たとえば、当事者の間の気持ちのわだかまりに関する部分や、判決では実現しにくい行動や誓約を求める場合など）も、任意交渉であれば獲得することができる場合もあります。

一方で、訴訟提起をして、判断者や仲介者として第三者である裁判官の目線を入れたほうが事案の解決や依頼者の納得のために有益な場合もあります。最初から裁判手続を利用するのかどうかや、任意交渉を挟むとしてどこまで粘るのかは、個々の弁護士によって方針もスタンスも異なるため、指導担当弁護士の考え方を学ぶのも勉強になるでしょう。

後述するとおり、修習生自身が手を動かすのは受任通知や相手方との間の連絡書面の起案となるでしょうが、弁護士の電話での応対を聞いたり、相手方本人や相手方代理人との間の話合いの場に同席したりすることができるのであれば、交渉術もしっかり見ておくとよいでしょう。

（2）受任通知

任意交渉の始まりは受任通知の送付からです。相手方に対して、依頼者の代理人として就任したことを知らせ、金銭請求などの意思表示や依頼者側の要求を伝えたり、今後依頼者に直接の連絡をしないように求めたりします。修習生の皆さんが同席した法律相談で受任が決まった事件について、受任通知の起案が課題となることもあるでしょう。また、その先の連絡書面の起案が課題になることもあるかもしれません。

書籍などでは一般的な連絡書面の雛形が掲載されているため、ついそこに相手方の名前と依頼者の名前とを入れ込むだけの起案をしてしまいがちです。しかし、受任通知に書くべき内容は、依頼者と相手方との関係性や事案の内容に応じてさまざまであり、実に工夫のしがいのある書面です。依頼者と相手方の間の関係性は悪くないものの法的な交通整理のために弁護士が間に入ることや、まずは

相手方に資料提供などの協力を求めるために柔らかく入ることもありますし、徹底的に対立している中で弁護士がいわば盾になるような形で連絡を入れる場合もあります。

　また、金銭請求の意思表示などを行う場合は単なる普通郵便などではなく内容証明郵便を利用するなど、どのような形で書面を送付するかも考える必要があります。

4 ｜ 訴訟提起後・弁論準備手続・書面による準備手続

（1）訴訟提起・申立て

　任意交渉で解決ができなかった場合や任意交渉に適さない場合に裁判所の手続を利用することになります。

　修習中に機会があれば、訴状や調停、執行手続などの申立書面を起案する課題が出ることもあるでしょう。こうした起案は司法研修所の起案でも行うことがありますが、記録教材の限界もあり、実際の事件記録を使って書面を書き上げることは非常に貴重な経験となります。また、裁判修習で目にするのは、多くが弁護士の作成した書面や整理された証拠だけであるところ、弁護修習では、相談者や依頼者が「これも使えるのでは」と持ってきてくれるたくさんの証拠に触れることになります。

　そもそも依頼者の希望を実現するためにはどのような手続を選択すればよいか、どのような法的構成で主張を組み立てるかを検討する必要があります。また、証拠になりそうなもの・証拠にはできなさそうなものが玉石混交に入り混じった中から証拠を選択し、わかりやすく整理する必要もあります。

（2）弁論準備手続・書面による準備手続って？

　裁判所の期日というと、裁判官、双方代理人が裁判所の法廷に集まってやりとりを行う口頭弁論期日を想像する方も多いでしょう。しかし、実際には弁論準備手続や書面による準備手続といった手続により、当事者の主張と証拠を整理し争点を明らかにする手続が活用されています。

弁論準備手続（民訴法168条以下）は、法廷以外の準備室などにおいて行われる公開を必要としない手続です。裁判官室の横に作られた小部屋や、裁判官室の中の間仕切りがされた一画で行われることが多いです。

　実務上、第1回口頭弁論期日の次からは弁論準備手続に付されることが多いようです。法廷よりも小さな準備室などで行われ、口頭弁論よりも緩やかな雰囲気で話をすることができ、争点を把握しやすくなります。また、電話会議システムの利用など柔軟な対応が可能となっています。

　書面による準備手続（民訴法175条以下）は、当事者が裁判所に出頭せず、通信手段を用いて行われる公開を必要としない手続です。もともとは当事者が遠隔地同士である場合などを想定していた手続でしたが、裁判手続のIT化との関係で、現在では活発に利用されています。2024年現在は、TeamsやWebexというシステムを利用したウェブ上のビデオ会議も利用されています。特に新型コロナウイルス感染症の流行以降、双方当事者に代理人がついている場合に第1回口頭弁論期日を開くことも省略し、最初から書面による準備手続での期日を開催する例も見られるようになりました。

　なお、裁判手続のIT化について少し脱線的に補足すると、2022年4月から各地の裁判所で段階的にmintsというシステムを利用した民事裁判書類の電子提出も可能となってきており（民訴法132条の10など）、日々システムや体制が変化しているところです。皆さんが修習でこうしたシステムに触れ、実務に出るころには、さらに裁判手続のIT化が進化しているかもしれません。弁護士によってはこうしたIT化の波についていくのに苦労している人も多く、新しいシステムを活用できる若手弁護士は、それだけでもありがたい存在になれることがあります。裁判所修習、弁護修習の双方で、こうした新しいシステムについても十分に活用方法を身につけておくとよいでしょう。

　さて、話を戻すと、弁論準備手続も書面による準備手続も、基本的に期日自体が30分枠で予定されていて、場合によっては10分もかからずあっという間に終わってしまいます。事前に記録を読んで争点を把握し、相手方からの反論や裁判所の見方を予測しておかなければ、期日に同行しても何が行われているのか理解できないかもしれません。

（3）弁論準備手続の目的

　弁論準備手続も、書面による準備手続も、争点の特定および証拠の絞り込みを目指す手続です。

　弁論準備手続では、①準備書面の陳述、②文書の証拠提出、③原本の確認が行われます。書面による準備手続では、書面の陳述や証拠の提出などはできないためにこれらは口頭弁論期日にまわされるものの、事実上書面や証拠が裁判所や相手方に提出され、これらを前提に淡々と期日が進行していきます。

　裁判所は双方が提出した準備書面から、双方に争いのない点を確認し、争点を特定していきます。また、その特定された争点をどのような証拠（主に人証）で立証していくべきかを両者の意見を参考にして絞り込んでいきます。この作業によって、無駄のない充実した裁判をすることが可能となるのです。

　弁護士も裁判官も慣れた手つきで進めていきますが、修習生は予備知識をしっかり入れてきたはずでも、そのスピードについて行くだけで精一杯かもしれません。何が争点となり、次にどんな主張を準備する必要があるのか、どのような証拠を用意したり、誰を証人として尋問したりすべきかを判断するためには、手続的な予備知識だけでは太刀打ちできません。記録をしっかり読み込み、期日の立ち合い前に指導担当弁護士に自分の考えを伝え、議論してみましょう。

（4）裁判所からの和解の勧め

　弁論準備手続や書面による準備手続においても、議論が煮詰まってきたときや、当事者双方が譲歩可能と判断されたときなどに、裁判所から和解の話が出てくることもあります［和解のタイミングについて→181頁］。

　裁判所は、和解勧試までに、両当事者に対してどの程度心証を開示しておき、妥協点がどこかを正確に把握しようと努めて、裁判を進行させてきています。

　訴訟代理人である弁護士は、妥協できるラインはどこか、妥協できない場合は、その理由は何かなどを期日中に明らかにします。そのためにも、代理人においては和解の話が出てきそうなタイミングを見極め、必要に応じて事前に依頼者との間で和解に向けた認識のすり合わせを行います。

　双方の妥協できそうなラインが明らかとなると、裁判所から具体的な和解案が出されたり、当事者の一方から和解案の骨子が提出されることもあります。この

場合、訴訟代理人は、依頼者に対して和解で終わらせるメリットとデメリット、判決まで争うメリットとデメリットを説明して、どのように争いを終わらせたいか、希望を確認することになります。もちろん、事案によっては判決をもらうことに依頼者が意義を見出すような場合もあります。

　これらの作業を見ていると、修習生が抱く裁判のイメージが大きく変わるかもしれません。弁護士は、単に法的議論を闘わせて「勝ち負け」を決める場ではなく、ときには「紛争の解決」——それも両者がともに納得できる「解決」——という同じゴールに向けて協働しているように見えてくるからです。

　残念ながら、中には、その協働作業を見ることができない事件もあります。そのような事件や依頼者や代理人が裁判所に判断を求めるような事件が、尋問を経て、最終準備書面が提出され、判決が下されるのです。

（5）弁論準備手続の特質

　弁論準備手続および書面による準備手続には口頭弁論と大きく異なる点が2つあります。

　弁論準備手続、書面による準備手続では、電話会議システムとウェブ上のビデオ会議システムを利用できます。電話会議システムは、一方当事者の代理人が遠方におり、裁判所に出頭することが困難な場合に、裁判所の許可を得て、電話で出席することができる制度です。ウェブ上のビデオ会議システムは先ほども触れたとおり、2024年現在はTeamsやWebexを利用し、双方代理人が基本的には代理人の事務所からシステムに接続します。

　口頭弁論は、公開の法廷に当事者（またはその訴訟代理人）の全員が出頭しなければなりませんが、これでは当事者が裁判所から遠方である場合に毎回高額な交通費と時間をかけて出頭せざるをえなくなり、弁護士の期日調整が難しいという現実的な問題に加えて、弁護士の日当や交通費も当事者の負担となるという問題がありました。これに対し、電話会議システムやウェブ上のビデオ会議システムを利用して争点と証拠を絞ることで、出頭回数を最小限に減らすことができるようになりました。こうしたシステムは、通常非公開を予定している手続であるため、修習生にならないと立ち会うことが困難です。これらの手続に立ち会う機会があれば、ぜひ参加して、裁判官がどのように手続を進めているのか、よく観察

しましょう。

　また、口頭弁論期日や弁論準備手続では、裁判所への出頭に同行することもありますが、オフラインで顔を会わせるからこそ発生するやりとりもあります。たとえば、相手方本人や相手方代理人が席を外した後にこっそり裁判官にこちらの事情を伝えたり、裁判官の心証を探ってみたりするなど、弁護士によってはオフラインの場を活用していますので、運が良ければそうした立ち居振る舞いも見られるかもしれません。

　なお、民事裁判手続については、民事裁判修習のところで扱いますが[→173頁]、民事弁護の観点からは、京野哲也『クロスレファレンス民事実務講義［第3版］』（ぎょうせい、2021年）、圓道至剛『若手弁護士のための民事裁判実務の留意点』（新日本法規、2013年）を適宜参照するとよいでしょう。また、民事裁判における尋問については、民事裁判修習の章で詳しく扱います[→182頁]。

5 ｜ 最終準備書面の起案

（1）最終準備書面って？

　民事裁判において、尋問などすべての証拠調べ手続が終わり、判決が下される前の段階で、それまでの主張を再度整理して、みずからの主張が正しいことを強調する書面のことを「最終準備書面」といいます。

　民事裁判は、訴状および答弁書から始まり、準備書面と証拠のやりとりを繰り返して争点を明確化し、証人や当事者本人の尋問を経て、判決が下されるという流れとなっています。また、その途中で、裁判官から和解の勧めがあることがあります[→181頁]。

　証拠調べ手続が終わった段階で、裁判官の心証はある程度固まっていることが多く、最終準備書面の出来次第で裁判結果が大きく左右されることはほとんどありません。それでも、これまで行ってきた膨大なやり取りを整理し、みずからの主張の正当性を論理的に訴える最終準備書面の作成は、弁護士の「腕の見せ所」ともいうべきものでしょう。また、仮に事件が控訴審にかかるときに、原審での当方の主張が尋問も経た全証拠を引用して語られる書面として高裁裁判官の目にふれることになります。

運が良ければ、弁護修習中に最終準備書面の作成にかかわらせてもらうことができるかもしれません。最終準備書面は、これまでの訴訟上でのやり取りをすべて見直して、出された証拠とこちらの主張を突き合わせて作り上げなければなりませんから、掛かる時間と労力は他の準備書面とは比べものになりません。1つの最終準備書面を完成させたときの充実感は、あなたの努力と成長をあらわします。たとえ完成させた書面が指導担当弁護士から真っ赤になって返ってきたとしても……。

（2）争点の的確な把握

　最終準備書面の作成において重要なことは、争点の的確な把握です。

　要件事実の知識をもとに主張や当事者の認否を整理し、立証が必要な事実についてあぶり出したうえで証拠構造を整理することが必要です。

　そのうえで、争点か否か、争点となっていたとしても、多くの頁を割いて書くべき重要な争点なのか否か、これらを見極めて書面の中で強弱をつけて書いていきます。この判断をするために、訴訟記録を読み込み争点を把握しつつ、的確に証拠を引用しなければなりません。

（3）証拠上認定できる事実か?

　証拠に基づかない主張は、裁判所は取り合ってくれません。しかも、証拠に基づかない主張を繰り返すことで、他の主張部分の信用性まで下げてしまうことにもなりかねません。

　訴訟代理人である弁護士としては、証拠の評価を行う際に、自分の依頼者に有利な結論へと結びつくように証拠に対する「見方」を提示しなければなりません。他方で、一方的な「見方」を誇張しすぎるとかえって信用性が失われます。

　この証拠の評価はとても難しく、修習生にとって大きなハードルとなります。なぜなら、証拠の評価は基本書や教科書で学べるものではないからです。専門的な知識が必要になることもありますし、社会経験、人生経験、さらには法曹としての経験を重ねなければ想像できない場面もあります。

　また、事実の認定をするにあたっては、書証で認定できるのか、尋問で出てきた証言で認定するのかという点も悩むところでしょう。なぜなら、客観的に明確

で信用性の高い書証(契約書など)から要証事実(消費貸借の存在など)が認定できるのであれば、それに越したことはありませんが、要証事実を認定できるほどの書証がなければ、尋問で出てきた証言によって認定せざるをえないからです。証言は、内容が抽象的であったり、変遷したりすることもあるなど、内容の信用性が書証と比べて低くなります。そのため、尋問で出てきた証言によって認定するのであれば、その証言の信用性を高める書証や書証以外の客観的証拠によって証言の信用性を高めていきます。そうすることで、要証事実に関する証言が信用できると判断されれば、依頼者に有利な結果に近づくのです。

(4) 法的評価とあてはめ

　こうして証拠上認定できる事実がわかると、次に、その事実からどういったことが言えるかを評価し、法律要件にあてはめる作業が待っています。法律文書は作文ではなく、ある法効果を発生させるためのものですから、法効果を発生させるための「要件」を満たすことを論証しなければなりません。

　たとえば、原告が妻、被告が夫である離婚訴訟において、夫側について民法770条1項1号の「配偶者に不貞な行為があったとき」という離婚原因が存在するかが争点になっている事案で、証拠上、ある女性宅に夫が夕方に週3回、2〜3時間程度滞在しているという事実と女性宅には小さな子どもがいるという事実が認定できたとします。原告である妻側は、「仕事の話をするだけであれば、わざわざ夕方にプライベートな空間である自宅に行く必要はない」「2〜3時間あれば肉体関係に及ぶことが十分可能である」「単に相談を聞くだけであれば週3回も行く必要がない」などの評価を加え、「不貞な行為があった」と主張することになるでしょう。逆に、被告である夫側は、「女性には小さな子どもがいるのだから、夕方以降は子どもの世話をしなければならず、話を聞いてもらうために夫を自宅に招いたとしても何ら不思議ではない」「小さな子どもを放ったまま性行為をすることは考えられない」などとして「不貞な行為」はないと反論してくるでしょう。

　法的評価を加えるにあたっては、どの事実からどういうことが言えるのか、複数の事実を組み合わせることによって、その判断の確実性が高まると言えないのか、その場合、複数の事実をどのように組み立てればいいかなどを試行錯誤することになります。

（5）指導担当弁護士による添削

　修習生が悩みに悩んで完成させた最終準備書面案を指導担当弁護士に提出すると、指導担当弁護士が添削をしてくれるはずです。原型がなくなるほど赤が入ることも少なくありません。

　自分ではどんなに完璧だと思っていたとしても、指導担当弁護士から見れば修習生の作る書面はまだまだ未熟です。経験を積んだ指導担当弁護士に添削された準備書面を見直すことで、証拠を多角的に見る力や、実践的な法的評価の仕方、説得的な事実認定の表現力などを身につけることができるのです。

　徐々に力をつけていくと、「おおむね良く書けています」とお褒めの言葉をいただけることもあるかもしれません。修習生にとって、それは何より嬉しい一言であり、また、自分の成長を実感できる瞬間でもあります。

　起案については、田中豊『法律文書作成の基本［第2版］』（日本評論社、2019年）を読んだうえで、その他の書式を参考にするとよいでしょう。典型的な事件類型については、弁護士業務という観点からは、離婚事件研究会編『事例に学ぶ離婚事件入門―紛争解決の思考と実務』（民事法研究会、2013年）をはじめとした民事法研究会の「事例に学ぶシリーズ」が役立ちます。また、京野哲也＝林信行編『Q&A若手弁護士からの相談374問』（日本加除出版、2019年）も情報収集や記録の取り扱いを始め、さまざまな事件類型に応じた注意がまとまっています。契約書作成や契約書チェックについては、阿部・井窪・片山法律事務所編『契約書作成の実務と書式―企業実務家視点の雛形とその解説［第2版］』（有斐閣、2019年）が基本をおさえた1冊です。この他、手続の進み方や証拠の評価などについては同じ実務家でも裁判官が書いた解説本などの方が参考になることもあります。触れた事件に応じて、ぜひいろいろな書籍にあたってみるようにしましょう。

法律相談入門

中村 真　なかむら・まこと　兵庫県都弁護士会

　悩みや問題を抱えた相談者から事情を聴き取り、専門家としてアドバイスを行う。

　法律相談は、実務家にとって極めて重要な業務であり、また法律家としての充足感を得られる貴重な場面です。

　相談する側は、法律相談で問題解決の糸口を得ることができますし、弁護士にとっても、事件受任のきっかけとなるという重要な意味があります。また、法律相談を数多くこなすことで、弁護士は、問題点の抽出能力や判断能力、依頼者とのコミュニケーション能力といった法律実務家に不可欠の能力が磨かれていきます。

　皆さんも合格後、実務修習で指導担当弁護士の法律相談に同席させてもらうということが必ずあるはずです。これから法科大学院に進まれる方も、授業やエクスターンシップで法律相談に触れる機会があるかもしれませんね。

　ところが、単に弁護士の法律相談を横で聴いているだけだと、どうしても助言の中に現れる法的知識の部分ばかりに気を取られがちで、相談を受ける難しさやそれに対処するノウハウに気づかないまま終わってしまうことがあります。これは実にもったいないことです。

　そこで、これから実務を学ばれるみなさんに、法律相談を体験する際に是非持っておいていただきたいちょっとした「視点」についてお話しします。

　たとえば、アパートの賃貸人から「古くなったアパートを壊して駐車場にしたいので、残っている賃借人にすぐに出て行ってもらいたいのだが、なかなか納得してもらえない」という相談を受けたとしましょう。

　借地借家法を学んだ方であれば、建物賃貸人からの解約申入れには「正当の事由」が必要で、その要件がかなり厳しいということは知識として持っているはずです。そして、賃貸人が話した事情だけでは「正当の事由」としては

いかにも弱そうです。

　ですが、「話をお聞きした限り、解約申入れは難しいと思いますね。というのも借地借家法では……」という回答で法律相談を終えてしまってよいのでしょうか。高い相談料を払った相談者もおそらく納得感は得にくいと思います。

　ここで、経験を積んだ弁護士であれば、立退料の支払いで「正当の事由」を充足する方法を考えるでしょうし、任意に解約を合意してもらうための交渉材料が何かないかといった検討も行うはずです。また、相談者からよくよく話を聴いてみると、「実は、半年間賃料を払ってもらっていない」といった、他の解決方法につながる事情が出てくるかもしれません。

　法学部や法科大学院、司法研修所で身につける法的三段論法は、法律家として極めて重要かつ基礎的なスキルであり、これが備わっていないと弁護士としてそもそもハナシになりません。

ですが、法律相談で現れる問題や紛争はどれもそれなりに複雑で、相談者の話す内容に単純に法的知識を適用するだけで解決できるというものはむしろ少ないのです。

　相談者がまだ話していない事実で重要なものが背後に隠れているかもしれませんし、相談者が希望している方法以外に、もっと適した解決方法があるかもしれません。

　また、相談者に有利な法的効果をもたらす法的三段論法を適用するための小前提（具体的事実）が見当たらない事案でも、相談者の利益を実現するために他にとりうる方策がないかは十分に検討する必要があります。

　このように、法律相談では、単に相談者から訊かれたことに自分の知識で答えるだけではなく、弁護士みずから問題の本質を抽出して最も適した解決方法を選び出し、それを相談者が理解できる形で伝えなければいけないという難しさがあるのです（これを20分や30分という定められた時間内でしなければならないことも多く、慣れないうちはなかなか大変です）。

　そこで、先輩弁護士の法律相談に同席する機会があったら、是非、以下のような点に注目してみてください。

① 相談者が自分から話していない事実を、どのように選んで聴き出しているか
② 相談者にとって不利な事情や厳しい見通しをどのように説明しているか
③ 訴訟をしても勝てないような難しい事案で、どのような解決方法・処理方法を提示しているか

　法律相談の場に立ち会うときに、これらのことを少し意識してみることで、あなたは、弁護士と相談者とのやりとりの中からより多くのものを学び取ることができるはずです。

　以上は、あなたが司法修習生や法科大学院生、あるいは見習い弁護士として先輩弁護士の法律相談に立ち会う際の心構えについてのお話でした。

　とはいえ、何事も傍で見るのと実際に自分でやってみるのとではずいぶん

と違うものです。

　あなたが自分自身で法律相談を受けられるようになってからは、きっと「知らないこと、分からないことを相談者から訊かれたらどうしよう」「答えたことが間違っていたらどうしよう」「どうしても受けたくない依頼はどうやって断ろう」という悩みが出てくるはずです。

　法律相談について興味が出てきた方、今のうちから実務に出た際の法律相談の注意点やうまくこなすためのヒントを知っておきたい方には、拙著『新版　若手法律家のための法律相談入門』(学陽書房、2022年)をおすすめいたします。

あと心配なのが、相談者から自分の分からないことを訊かれたらどうしようって、こどうなんですが…。

どれだけ経験積んでも分からないこと訊かれるってのはあるもんですよ。その都度調べて自分の知識にすりゃいいんです。

執筆者略歴　1977年兵庫県生まれ。2000年神戸大学法学部法律学科卒業、2001年司法試験合格(第56期)。2003年10月の弁護士登録以後、交通損害賠償案件、倒産処理案件その他一般民事事件等を中心に取り扱う。2018年中小企業診断士登録。2021年4月より神戸大学法科大学院教授(法曹実務)。

コラム

5

指導担当は
こんな所を見ています

古家野彰平 こやの・しょうへい　京都弁護士会

はじめに

　私は、現在京都で弁護士をしています。本書発行日現在、弁護士経験は20年目です。7年目から京都弁護士会で司法修習生の指導担当となり、メイン・サブを合わせて計24名の司法修習生の指導担当をしてきたことになります。表題のコラムの依頼を受けましたが、限られた経験の範囲での個人的意見ということでしか述べることはできませんし、中規模会の京都と、東京や大阪のような大規模会、あるいは、京都より規模が小さい単位会とは勝手が違う点も多いと思いますので、そうした点はご容赦いただければと思います。

弁護修習で何をするか

　まず、弁護修習で修習生が何をするかですが、誤解を恐れずに言えば、あちらこちらへと慌ただしく動き回る指導担当弁護士に一緒について回り、その弁護士の仕事ぶりや立ち居振る舞いを観ることにつきます。やはり、まずは弁護士業務を生で見て肌で感じ、その具体的なイメージを掴むことが大切です。

　その上で、みずから弁護士業務の一旦を担っていると感じられるくらいの気概をもって、事案に関する起案や検討を行い、主体的・積極的に弁護修習に取り組んでいただけたなら、申し分ありません。

　これまでも法科大学院の実務系の講義、エクスターンやサマークラークなどで、弁護士の業務を垣間見て来ているとは思います。しかし、弁護修習ほ

ど生の当事者、生の証拠にあたる経験はありません。また、在野法曹である弁護士がいかにして基本的人権の擁護と社会正義の実現に努め、その一方で「生業」としての弁護士業務をこなしているかについても、まだまだ理解が浅いと思います。こうした生々しい部分をぜひ観て、できることなら少しでも体得していってください。

指導担当の司法修習生への接し方

　指導担当としては、事件に関してなるべく司法修習生から質問をしてもらい、また、議論をしたいと思っています。それが一番手っ取り早く修習生の理解度や考えていることがわかる方法だからです。

　質問や議論をするためには、修習生に事件の内容を理解しておいてもらう必要があります。そのためには事前の準備が大切です。あらかじめ弁護士のスケジュールを修習生に伝え、期日や打合せなどの前に記録を読んでもらいます。不明点・疑問点を見つけ、下調べをしたうえで、打合せや期日に臨んでもらうことを期待しているのです。質疑や議論をするのは打合せや期日の前後が多いですが、遠方の裁判所への移動時間や食事の時間、懇親会などの方がまとまった時間がとれますので、そうした機会にすることもあります。

　あと、私は、修習生になるべく多くの弁護士に接する機会を与えるようにしています。なるべく固定観念に囚われずに自分の目指す弁護士像を見つけてもらいたいからです。京都では、1人の司法修習生に2名の指導担当をつけています。メインの指導担当が約6週間、サブが約2週間です。これもいろいろなタイプの弁護士を観てもらうための工夫ですが、私はさらに、自分の手元にない事件を見てもらうために修習生を他の事務所に里子に出すこともあります。

　さらに、修習生が望めば、勉強会や弁護団活動、委員会活動に連れて行ったりもします。修習生には、さまざまな機会で、好奇心を最大限発揮してほしいです。

弁護士は司法修習生の何を見ているか

　実務で必要な知識を当初から備えた司法修習生は少ないですし、短い弁護修習の期間にそうした知識のすべて体得することは不可能です。実務に出た後に、就職先で指導・教育してもらうか、自分で鍛えるしかありません。そのため、弁護修習における指導担当の役目としては、修習生が実務に入ってから成長していくために必要な姿勢や心構えを備えているかを見ることが大事だと考えています。

　私は、少なくとも次の2点を見るようにしています。

　まず、「法曹になる動機や目標が明確であるか」を見ます。弁護士は何かとストレスの多い職業ですが、明確な動機や目標があれば、ある程度の困難には立ち向かうことができるでしょうし、仕事の中にやりがいや楽しみを見つけていくこともできるでしょう。

　次に、「課題の解決に向けて、ズルをしたり、手を抜いたりしないか」を見ます。弁護士の事件処理には、必ずしも一義的に正解といえる方法があるとは限りません。複数の選択肢がある場合もあります。その中で楽な選択ばかりして手を抜くこともできないわけではなく、それはそれで上手くいっているように見えることもあります。しかし、それでは本当の意味での成長は望めませんし、いつかは手痛いしっぺ返しを食らうことになるでしょう。

　この2点については、修習生にも、あらかじめ自問しておいてもらえればと思っています。

法律事務所は採用するとき司法修習生のどこを見ているか

　修習生の採用のことにも若干付言しておきます。

　どんな事務所でも、新人にはできるだけ早く戦力となることを期待します。その際に要求される要素は事務所ごとに異なりますが、最低限、弁護士や事務局、依頼者と適切なコミュニケーションをすることができる能力とマナーは必要です。

　大規模事務所では、事務所HPで公募し、履歴書を提出させたうえで採用

説明会などを通じて修習生に接触し、試験や面接を重ねて採用に至るところが多いです。学歴、成績、年齢を重視する傾向が強いという印象です。

　一方、中小規模の事務所では、職場が小さい分、相性が重視される傾向が強まります。また、採用過程での事務手続の負担を避けるために、公募をせず、「いい人がいれば採用する」という受け身のスタンスの所も多いです。こういう事務所に就職するには、ツテと情報、そして何より修習生から積極的に働きかける姿勢が大切です。頼るべきツテは、指導担当のほか、修習同期、法科大学院の先輩・教授、委員会活動や懇親の場で知り合った弁護士など、いろいろあります。

　なお、弁護士は、人をよく見ていますし、噂も好きだったりします。修習生の評判は、人に知られていないはずの努力も、「見られていない」と思ってした手抜きも、思いがけず知れ渡っていることがあります。萎縮する必要はありませんが、「いつも見られている」と思うことで自分を磨くきっかけにしてもらえればと思います。

執筆者略歴 1978年生。2004年弁護士登録・大阪弁護士会入会。2010年京都弁護士会に登録換え、弁護士法人古家野法律事務所に移籍。2018年度京都弁護士会副会長。一般社団法人事業承継学会常務理事、日本ファミリービジネスアドバイザー協会フェロー。所属する遺言・相続実務問題研究会編集の共著で『審判では解決しがたい 遺産分割の付随問題への対応』（新日本法規出版、2017年）、『事案から学ぶ 履行困難な遺言執行の実務 遺言作成後の事情変更、解釈の難しい遺言への対応』（日本加除出版、2023年）等がある。

なんで、犯罪者を弁護しないといけないの?

　春先にしてはまだ少し冷たい空気を感じながら、麗子は神戸恭子弁護士と警察署に向かって歩いていた。神戸弁護士は麗子と身長はさほど変わらないが歩くスピードがとても速く、麗子は必死に神戸弁護士の後をついて行く。弁護士という人種は総じて足が速い。

　弁護修習で麗子が配属された事務所は、神戸弁護士の事務所ではなかったが、麗子の指導担当弁護士が刑事事件をほとんど扱っていないことから、刑事事件を専門としている神戸弁護士のところに麗子は里子に出されているのだ。

　2人が今から接見に向かうのは、電車内で痴漢をしたという被疑事実で勾留されているＡがいる警察署である。

「Ａさんは『自分は絶対に触っていない』と言ってるの」

歩きながら神戸弁護士が事件の概要について説明してくれる。

「電車内でのＡさんと被害者の立ち位置、Ａさんの体勢や荷物をどちらの手で持っていたか、Ａさんと配偶者の関係などを聞き取っていく必要があるわね」

神戸弁護士は続ける。

　麗子もこれまで通学時に何度も痴漢被害に遭ってきた。被疑事実を聞いて、正直、嫌悪の情が抑えられなかった。

　（触ってないって本当かな……。捕まった人ってみんなそう言うんじゃないの？　痴漢の弁護なんて私はしたくないなぁ……）

　麗子のテンションは下がりっぱなしだった。

「神戸先生は、性犯罪系の事件の弁護に抵抗はないんですか……？」

おそるおそる聞いてみる。

神戸弁護士は、ふいに投げかけられた若い修習生からの質問に一瞬驚いた顔を見せたが、すぐに年の離れた妹を見るような穏やかな笑みを浮かべた。そして、小さい子どもに言い聞かせるように言葉を選びながら慎重に話し出した。

「須磨さんの女性として抵抗があるという気持ちもとてもよくわかるわ。今回みたいに否認事件じゃない場合でも、『なんで犯罪者を弁護しないといけないんですか』って聞かれることもある。だけどね……」

神戸弁護士は一呼吸おいて続けた。

「私たちの仕事は、罪を犯した人を無罪にするということではないの。罪を犯したかもしれない人を適正な手続で裁くことを国に守らせる、そしてその人の言い分やその人に有利な証拠を無視させない。みんな自分には関係ないって思いがちだけど、誰だっていつ裁かれる側になるかわからないものよ」

2人は横断歩道の手前で立ち止まった。歩行者信号は赤に変わったところだった。

「性犯罪だろうがそれは変わらないわ。私たちがしていることは、被疑者を守るだけでなく、自分を含めたすべての人たちの適正な裁判を受ける権利を守るということなのよ」

麗子は、神戸弁護士の説明を頭では理解しつつも、まだ感情が追いつかず、モヤモヤを払拭できずにいた。そんな麗子の気持ちを知ってか知らずか、神戸弁護士は話を続ける。

「Ａさんから詳細を聞いたら、須磨さんにこの事件のケースセオリーについて考えてもらうからね」

「ケースセオリー……？」 麗子は焦った。ロースクールの授業で聞いたことがある気がするけど、何だったっけ……。
　信号が青に変わって、神戸弁護士は歩き出した。麗子の焦った様子を見て、学部生に教えるように丁寧に説明をしてくれた。

「ケースセオリーっていうのはね、証拠や当事者の話から論理的に矛盾なく組み立てられるこちら側のストーリーのことよ。どこに争点があって、どこに双方の弱点があるのかを整理して、裁判でどうやって戦うか戦略を考えるためにも必要な作業なの」

　麗子は、必死に頭の中でメモを取りながら神戸弁護士の話を聞いていた。あと１年足らずで実務に出るというのに、知らないことばかりだ。
　目的の警察署に到着した。これまで警察署に来たことがない麗子は、入口に書かれている「警察署」という文字に思わずひるんでしまったが、神戸弁護士はコンビニに入っていくかのように何のためらいもなく入っていった。麗子は神戸弁護士に置いて行かれまいと警察署に飛び込んだ。

第**2**章 刑事弁護修習

1 ｜ 「あんな奴ら」に弁護は必要か

（1）アクリル板の向こうの人たち

　逮捕・勾留されている被疑者は、アクリル板の向こう側にいます。

　須磨麗子さんは、被疑者に対し、「触ってないって本当かな……。捕まった人ってみんなそう言うんじゃないの？　痴漢の弁護なんて私はしたくないなぁ……」と思っていましたね。皆さんのなかにも、アクリル板の向こう側にいる人たちは、自分たちとは違う社会で生活している、まったく異質な人たちだと思っている人もいるかもしれません。しかし、本当にそうなのでしょうか。本当に、「あんな奴ら」なのでしょうか。アクリル板が隔てているものは何なのでしょう。

　刑事弁護に取り組む弁護士が、「なんで、『あんな奴ら』の弁護をするのか？」と聞かれることは少なくありません。

　否認している人の弁護であれば、弁護の必要性を理解してもらいやすいかもしれません。しかし、実際に罪を犯したことを認める人も多くいるでしょう。実際に罪を犯してしまったのであれば、その人は我が国が定めた法律に違反している人です。罪を犯している人の弁護は必要なのでしょうか。

（2）罪を犯している人の弁護

　アクリル板の向こうの人たちのなかには、罪を犯している人も多くいます。そのような人を弁護する必要はないのでしょうか？　必要だとすればどうして必要なのでしょうか？

　アクリル板の向こうにいる人たちも、私たちと何ら変わらない人間です。環境

や生来の要素によって犯罪に関わらざるをえない人もいます。自分が同じ状況に置かれたときに、同じことをしないとはいえない、そう思わされる事件も少なくありません。仮に罪を犯していたとしても、その人なりの事情を無視させてはならないといった想いから、その人たちを守る必要があるというのも一つの考え方かもしれません。国家相手に闘うことに意義を見出す人もいるかもしれません。依頼者の更生に資するために弁護する人もいるかもしれません[1]。

しかし、正解はありません。実際に刑事弁護に取り組んでいる人たち同士でも、考え方はさまざまです。神戸弁護士のように「適正な手続で裁くことを国に守らせる」ことを重視する人もいれば、被疑者・被告人にこそ社会的支援が必要であると考える人もいます。被疑者・被告人の権利を守ることは私たち自身の権利を守ることであると考えている人もいるでしょう。誰かがやらなければならないからやるという人もいるかもしれません。その中には、皆さんが納得できるものもあれば、納得できないものもあるかもしれません。納得できる考え方は、その中にはないかもしれません。

ぜひ、皆さん自身で、いろいろな弁護士の話や被疑者・被告人の話を聞いてみてください。そして、なぜ罪を問われている人たちには弁護士による弁護が必要なのか、考えてみてください[2]。

（3）知識や技術が求められる

たとえ、被疑者・被告人を弁護するという熱い気持ち、熱意を持っていても、それだけでは求める結論を得ることはできません。弁護人が涙ながらに執行猶予を求めたり、無罪を訴えたりするだけでは、執行猶予や無罪になりません。

我々が求める結論を得るためには、判断者を説得しなければなりません。その前提として、知識や技術が必須です。活用できる制度や手段の把握、判例、量刑や責任能力の判断手法の理解といった知識が求められます。法廷での立ち居振る

1 　奈良弁護士会編『更生に資する弁護―高野嘉雄弁護士追悼集』（現代人文社、2012年）も参照。

2 　アビー・スミス＝モンロー・H・フリードマン編著（村岡啓一監訳）『なんで、「あんな奴ら」の弁護ができるのか?』（現代人文社、2017年）にはいろいろな考え方が言及されていますので、気になる方は参照してみてください。また、アラン・ダーショウィッツ（小倉京子訳）『ロイヤーメンタリング』（日本評論社、2008年）は、刑事弁護人のあり方を考えるうえで特におすすめです。

舞いや尋問技術はもちろん、証拠開示・証拠収集の技術、公判前整理手続に付させる技術など、多くの技術が求められます。

　尋問の仕方（問いの内容や順番）が有利な心証形成に影響することは想像しやすいかもしれません。それだけでなく、たとえば証拠収集においても、捜査機関を通さず（たとえば防犯カメラの）所有者・管理者に問い合わせる、捜査機関に申し入れる、弁護士会照会、公務所照会、証拠保全請求など、さまざまな手段が考えられます。それぞれのメリットとデメリットを考慮して、最も適切な手段を選択する必要があります。その過程には、知識や技術が不可欠です。

　これらの知識や技術は、司法試験では問われないものかもしれません。だからこそ逆に、司法試験に受かった段階では、皆さんの間にほとんど差はありません。知識については、条文や判例を学ぶこともちろん大事ですが、年4回発刊されている、『季刊刑事弁護』が特に実務の運用などにも言及がありおすすめです（裁判官室に置かれていることも多いようです）。技術については、個々の事件に全力で取り組むことや、後に少し触れますが、実践的な研修を受けることが有効です。

2 ｜ 弁護修習における刑事弁護

（1）新しい刑事弁護修習

　裁判員裁判が始まり、刑事弁護のあり方も変わってきました。それに伴い、司法研修所における刑事弁護修習の内容も大きく変わりました。最大の変化は、2014年に神山啓史弁護士が67期の刑事弁護教官となってからのものでしょう。

　まず、記録が変わりました。従前はいわゆる振返り型記録を用いていましたが、それがいわゆる見通し型記録に変わりました。振返り型記録では、一審の弁論が終結して、証人尋問調書や被告人質問調書が綴られている状態で、弁論を考えるというものでした。他人がやった尋問を見て弁論を検討するというのは通常はありえません。何よりも、どのような弁論をするか（少なくとも大枠が）決まっていない状態で公判に臨むということはありえません。どのような弁論をするかをもとに証拠意見や尋問内容を検討する必要があります。そのため、公判でどの

ような証拠調べ手続を行うかを想定して弁論を準備する形式に変わりました。

　また、採点基準も変わったようです。従前は、関連性があり被告人に有利なことであれば何でも点数になるようでした。しかし、総花的な主張が必ずしも効果的な説得とはなりません。むしろ、説得力の乏しい事情を主張することが他の主張の説得力を減殺してしまうリスクすらあります。司法研修所での採点基準も、核心を突いているものには点数を与えるが、核心を突かないものには加点しないというものに変わったようです[3]。もちろん、現在の司法修習での教育が完璧であるとはいえません。たとえば、現在の教育では被告人の言い分に沿う主張をすることが絶対的に正しいという誤解を与えられる可能性もあります。しかし、司法研修所の教育変革がされたことは意義のあることです。変革が容易ではない中で、先人たちがこのような変革をもたらした歴史を知ることは、これがもともと与えられたものではないことを知ることに繋がります。刑事弁護のあり方を考えるきっかけになるかもしれません。

（2）民事弁護と同時に行う

　実務修習の中には、刑事弁護のみを行う修習期間はありません。民事裁判と刑事裁判が各２カ月ずつある裁判修習と異なり、「弁護修習」としての期間が設けられており、民事弁護や刑事弁護を同時に経験することになっています。

　最近では、本章のストーリーで登場した神戸恭子弁護士の事務所のように、刑事弁護を専門的に扱う法律事務所も増えてきました。しかし、圧倒的多数の法律事務所では民事事件の取扱いの方が多いため、配属される事務所によっても異なるとしても、刑事弁護を学ぶ機会はそれほど多くはありません。修習生を抱える弁護士に優先的に刑事事件を配点するなどの取組みをしている弁護士会もありますが、昔と違って弁護修習の期間も２カ月弱と短くなっているため、弁護修習中に刑事事件を見ることができる機会は、あまり多くはありません。

　他方で、弁護士になる人にとっては、刑事弁護は、事務所の先輩と共同受任す

3　これらの変化について詳しく知りたい方は、神山啓史弁護士を交えた座談会「司法研修所の刑弁教育改革を振り返る」神山啓史編著『五・七・五で伝える刑事弁護―その原点と伝承』（現代人文社、2019年）186〜211頁をご参照ください。

る事件ではなく、国選弁護などで初めて一人で担当する事件になることも多くあります。実務に出たときに十分な活動を行えるように、自分が弁護人であれば何を目指しどのような弁護活動を実践していくのかを考える、どうしてその活動を行うのか、または行わないのかなど、積極的に指導担当弁護士と議論してみるとよいでしょう。

弁護士会によっては、「里子」や「会内留学」と呼ばれる、指導担当弁護士ではない他の弁護士の仕事を見ることのできる制度があります。刑事弁護に関する修習を積極的に行いたい場合は、これらの制度を利用するとよいでしょう。制度がない場合であっても、指導担当弁護士と調整したうえで、同様の取組みを行うことが可能です。これらを積極的に活用することで、刑事事件に触れる機会を増やしていくことができます。

他にも、地域やタイミングによっては、弁護士会や任意の団体が実施している法廷弁護技術研修などの研修に参加させてもらえることもあります。最近では、オンラインで研修を実施している団体などもあります[4]。弁護士を主たる対象にしている研修やゼミも多いですが、修習生や受験生であっても、参加を受け入れてもらえることも多いでしょう。刑事弁護修習だけでなく、これらに参加してみると、具体的な実務上の悩みやその対策など、生きた知識や技術を学ぶことができ、弁護活動の難しさや奥深さを間近で見ることができるかもしれません。

（3）修習生はどこにでも入れる

刑事弁護の手続には、修習生になるまで見られない手続がいくつか存在します。秘密接見や公判前整理手続期日、打合せ期日などです。

修習生が弁護人と同席する場合、立会いなしの秘密接見や休日接見をすること

4　たとえば、刑事弁護を担う熱心な若手弁護士が発起したK-Ben NextGenという団体があります。同団体は、若手弁護士や司法修習生などを対象とした研修を実施しています（他にも、弁護士・修習生向けの有料オンラインサロンの運営、YouTubeでの情報発信などを行っています）。同団体の研修は基本的にオンラインで行われており、修習地にとらわれず、各地域から参加することが可能です（一部の研修についてはYouTubeで公開されています）。オンラインサロンは有料ですが、メンバー向けの研修が実施されていたり、気軽に質問ができたりします。基礎的な内容からより実践的な内容まで学ぶことができます（いずれも2024年3月28日現在の情報です）。

ができるうえ、接見時間の制限もありません。ほとんどの場合、修習生は弁護人に準じた者として扱ってもらえます。

　ロースクール生（や学部生）のときに、法律事務所にインターンに行ったことがある人はわかるかもしれませんが、学生などの場合は、弁護士に連れられた場合でも、一般の方と同じように面会の手続で接見を行います。この場合、被疑者・被告人との接見には、留置施設などの職員が立ち会うのが通常です。接見することができるのも平日の日中に限られ、接見時間も15〜20分に限られることがほとんどです。立会いなしの秘密接見が認められるのは、原則として、弁護人（または弁護人となろうとする弁護士）が接見するときに限られるのです。

　また、一部の事件では、公判前整理手続期日・打合せ期日が行われ、争点や証拠の整理がされます。刑事裁判修習中にも、これらを見ることは可能ですが、裁判所と弁護人や検察官とでは、手元にある資料などがまったく異なります。弁護人の立場から、これらに同席し、同期日でどのようなことを目的に弁護人が手続を進めようとしているのか、別の視点で見ることは有益です。

（4）手続の流れ

　逮捕手続がされた刑事事件の通常の流れは、①被疑者を逮捕（48時間以内に検察官送致）⇨②（24時間以内に）検察官が勾留請求（または釈放）⇨③裁判官が勾留決定（勾留請求の日から10日）⇨④検察官の請求により裁判官が勾留延長決定（最大10日）⇨⑤検察官が起訴（公判請求・略式起訴）または処分保留釈放・不起訴処分⇨⑥公判手続⇨⑦判決といった流れで進みます。

　本書では、起訴されるまでの①〜④における弁護活動を「捜査弁護」、起訴された後の⑤〜⑦における弁護活動を「公判弁護」と呼びます。また、我々の依頼者は、起訴されるまでは「被疑者」、起訴されてからは「被告人」と呼ばれます。

　なお、詳しい手続の流れや、具体的な弁護活動については、『刑事弁護ビギナーズver.2.1』（現代人文社、2019年）や『情状弁護アドバンス』（現代人文社、2019年）を一読しておくことをおすすめします。同書には、手続の具体的な流れや、豊富な書式が収録されています。岡慎一＝神山啓史『刑事弁護の基礎知識［第2版］』（有斐閣、2018年）は、刑事弁護において求められる基礎知識についての書籍ですが、刑事弁護における基本的な知識や考え方だけでなく、主要な犯罪類型ごとの

量刑弁護のあり方といった実践的な記載もあります。いずれも、司法修習生のみならず、新人弁護士の役にも立つでしょう。また、後藤貞人編著『否認事件の弁護―その技術を磨く（上・下）』（現代人文社、2023年）では、各手続段階で留意するべき点などについて論じられています。否認事件に限らず非常に実践的で参考になる内容ですので、さらに深く学びたい方はぜひ手に取ってみてください。

3 ｜ 捜査弁護

（1）接見

　逮捕勾留されている被疑者の弁護活動は、接見から始まります。被疑者との接見は、これからの方針を決めるうえで必須のものです。

　捜査段階は、弁護人は捜査機関が収集した証拠を見る権利がありません。警察官や検察官がどのような証拠を収集しているのかを正確に把握することはほとんど不可能です。当時あったことなどを知るためには、接見をすることが不可欠です。

　そして、接見に行く前に弁護士が知りうる情報は多くはありません。たとえば国選事件では、弁護士の手元には、被疑者の生年月日や罪名、被疑事実の要旨などが記載された勾留状の写しなどしかありません。少ない情報をベースに、依頼者から情報を聴取する必要があります。

　個々の弁護士がどのように接見をするかについては、何か法律で定められているわけではありません。どのように話を聞くべきか、どのような助言をするべきかなどについて、研修が実施されてはいますが、接し方や信頼関係の作り方は個々の弁護士のスタイルによる違いが大きいでしょう。

　しかし、修習を終えてからは、他の人の接見を見る機会はほとんどなくなります。国選弁護の場合は原則として複数選任が認められていないため１人で接見に行くことになります。私選弁護の場合や、一部の国選弁護の場合に複数で選任されていたとしても、結局分担して接見に行くことが多いため、一緒に接見に行く機会は多くありません。

　このように、実は、接見に同席するという機会は貴重です。どんな聞き方をし

ているのか、不安な気持ちの依頼者に対してどのような言葉を投げかけているのか、依頼者の要望にどのように対応しているのか、いろいろな弁護士のスタイルを学ぶことができるでしょう。場合によっては、平日の修習終わりや土日にも、弁護士に接見に連れて行ってもらうことができます。平日の夜や土日の接見は、弁護士からは誘いにくい場合もあります。もし多くの接見に同席したい場合は、ぜひ皆さんから積極的に弁護士にお願いしてみてください。また、指導担当弁護士だけでなく、多くの弁護士に頼んで、接見に同席するとよいでしょう。

（2）捜査弁護の目標

　捜査弁護では、単に接見で話をして、依頼者と仲良くなればよいというわけではありません。捜査弁護にはいくつかの目標があります。身体拘束からの解放、有利な終局処分の獲得、公判に向けた準備などです。

　特に捜査弁護の段階では、時間的に余裕がないことも多いですが、やるべきことを速やかに検討する必要があります。そのためには、まず、依頼者から話を聞く必要があります。接見の直前まで取調べを行っており、接見直後にも取調べが予定されていることもあります。まさに依頼者に不利な供述が証拠化されようとしているかもしれません。翌日には我々の依頼者にとって重要な会議が予定されていたりするかもしれません。ただちに身体拘束からの解放を得なければ、依頼者は大きな社会的不利益を受けてしまいかねません（このような事情は勾留の必要性がないことの根拠として主張することが考えられます）。

　このような事情を踏まえて、捜査弁護の目標を定めて活動をする必要があります。今後予想される取調べへの対応を中心に伝えるべき場合もあれば、速やかな身体拘束からの解放を目指すために情報・資料を収集しなければならない場合もあるでしょう。ただちに被害者と連絡をとったり、現場に行かなければならなかったりする場合もあります。まずは信頼関係を構築することを重視し、親身に話を聞くことを優先するべき場合もあります。

　このように、限られた時間の中で、目標に応じて、どんなことを聞くのか、伝えるのか、メリハリをつけることも重要です。個々の弁護士が、どのように優先順位をつけて、どのように行動しているのか尋ねて、議論することも有益でしょう。

また、逮捕などがされていない、いわゆる「在宅事件」においては、弁護士が取調べに同行するということも行われています。同行したうえで、違法・不当な取調べを防ぐために、取調べに立ち会い、同席することを求めることがあります。弁護人の援助を受ける権利（憲法34条、37条3項）や黙秘権（憲法38条1項）などを根拠に、取調べの立会いが認められるべきとの考え方も有力です。そして、弁護人の援助を実効的にするために、ケースによっては、依頼者が弁護人の立会いを求めた以上は、弁護人が現実に立ち会わない限り、捜査機関は取調べを中断しなければならない、ということを求めることもあります。しかし、現状、日本の捜査機関は、弁護人の立会いを認めないことが多いです。立会いが認められなかった場合に、次善の策として、弁護人が取調室の近くに待機し、依頼者が何時でも取調べを中断して、弁護人の援助を受けられるようにすることもあります（これを「準立会い」と呼ぶこともあります）。

　いずれにせよ、取調べにどのように対応するかは、捜査段階において極めて重要な事項です。どのような事情を考慮して、どのように対応を決めるのかは、捜査段階の処分に直結することもあります。これを決める場面に立ち会えた場合は、最も効果的な対応を自分なりに考えてみるとよいでしょう。

4 ｜ 公判弁護

（1）公判に向けた準備

　公判に向けた準備活動として、弁護人ができること、行わなければならないことには、どのようなことがあるでしょうか。

　まず、勾留されている被告人については、保釈請求が可能になります。いつまで留置施設に勾留されるのかは、一市民として社会内で生活するうえでも、裁判で充実した防御活動をするうえでも、極めて重要です。保釈請求の場面を見ることができる場合には、どのタイミングで、どのような添付資料を集めているのかといったことに注目するとよいでしょう。添付資料や保釈を認めさせるための工夫には定型のものはありません。携帯電話にGPS共有アプリを入れてもらうこともあれば、保釈中は弁護人の法律事務所で勤務してもらう例もあります。保釈の

要件との関係で、どのような工夫が有効かについて議論するべきです。

　弁護人は、証拠開示を受けたうえで、検察官請求証拠についての証拠意見を述べます。証拠意見は、その証拠が有利か不利かで決めればよいというものではありません。同意・不同意・異議なしといった、証拠意見を述べた後の手続を想定して、証拠意見を述べる必要があります。皆さんにはぜひとも、証拠意見にはどんな種類があるのか、ということだけではなく、その証拠意見を述べたらどのような手続が想定されるのかにも着目して考えていただきたいと思います。

　また、弁護側の立証の準備も重要です。今後の監督をしてくれる人物や、これに限らず、たとえば依存症が疑われる人の場合には、専門的機関のスタッフなどに証人になってもらうことも考えられます。そして、情状に関する事実は、事件を受任した後から作ることができます。事件・被告人に合った、こちらの主張に沿った判断を獲得するために、どのような弁護側の立証が効果的か、いろいろなアイデアに触れましょう[5]。

（2）公判期日

　公判期日では、冒頭手続や証拠調べ手続が行われます。また、証人尋問や被告人質問などが行われることも多くあります。依頼者の中には、何度も公判期日を経験している人もいます。しかし、初めて法廷に行くという人も少なくありません。そのような人たちが、当日、緊張しすぎてしまわずに、適切に対応ができるようにするためには、事前の打合せが必須です。

　タイミングが合えば、打合せに同席できるかもしれません。公判の流れなどをどのように依頼者や証人に伝え、どのような準備を行うのかについて、注目するとよいでしょう。

　公判の流れによっては、証拠の採否決定や、検察官の尋問などに対して、異議を言う場面を見ることができるかもしれません。実際に見ることができなくても、事前に証拠を検討する段階で、異議を出すべきか想定するのも勉強になります。なお、適切な異議の出し方などについては、大阪弁護士会刑事弁護委員会公

5　弁護側立証およびそれに向けた証拠収集については、大阪弁護側立証研究会編『実践！弁護側立証』（成文堂、2017年）も参考になります。

判弁護実務部会『実践！ 刑事弁護異議マニュアル』(現代人文社、2011年)が参考になります。異議が一覧になっている付録もありますので、修習中に模擬裁判を行う場合にも有用です。

　公判期日の最後には、検察官による論告・求刑、弁護人による弁論が行われます。弁論では、公判廷で出てきた証拠について議論を行い、判断者を我々が求める結論に導きます。

　弁論の仕方にも、事件や弁護士によって違いがあります。立ち位置や目線、配布資料のスタイル、配布時期など、個々の弁護士や個々のケースによって違います。訴訟当事者である弁護人の弁論を制限できる根拠は多くありません。弁護人の弁論は自由に行うことができます[6]。一昔前よりは、日本の法廷にも自由な弁論が増えてきています。ぜひ、弁護士に、どうしてそのスタイルで弁論を行っているのか聞いてみてください。

（3）求める結論を得るために

　弁論で、「無罪です」「執行猶予付きの判決をするべきです」というだけでは、求める結論は得られません。

　事実認定や量刑の判断者である裁判官や裁判員を説得するためには、感動的な弁論を行う能力や尋問技術ももちろん大切です[7]。しかし、この前提として、判断者を説得するためには、一貫した論拠に基づいて、弁護活動をする必要があります。ケースセオリーの定義はさまざまですが、その内容としては、すべての証拠を合理的に説明できることが必要です。ここでいう説得のための論拠を、ケースセオリーと呼ぶことがあります。ケースセオリーは、弁論を作るためだけのものではありません。すべての訴訟活動は、ケースセオリーに沿って行われなければ

6　「特集：弁論は自由に」季刊刑事弁護77号(2014年)30〜84頁。
7　法廷での弁護技術については、高野隆＝河津博史『刑事法廷弁護技術[第2版]』(日本評論社、2024年)やブライアン・K・ジョンソン＝マーシャ・ハンター(大森景一＝川崎拓也＝東向有紀＝白井淳平訳)『法廷弁護における説得技術』(日本評論社、2023年)など、近時は参考になる書籍が多く出版されています。もっとも、座学だけで身に着けることができるものではありませんので、興味がある方は、実際の事件を通じて学んだり、各地で行われている法廷技術研修を受講したりしてみてください。

なりません。

　証拠意見をどうするか、どのような証拠を請求するか、尋問でどのような問いをするか、これらすべてが、ケースセオリーに沿っている必要があります。どのような事件でも、公判が始まる前にケースセオリーを構築できていなければなりません。そうでなければ、一貫した論拠に基づいた主張立証を行い、判断者を説得し、求める結論を得ることはできません。

　たとえば、被害者は我々の依頼者が痴漢の犯人であると供述しているのに対し、依頼者はやっていないと言っている事件で考えてみましょう。弁論では、被害者があえて嘘をついていると主張しているのに、尋問の際は被害者が当時勘違いした可能性があるという点を指摘するなど、その場しのぎの場当たり的な主張立証では、説得力に乏しく、求める結論を得ることは困難でしょう。また、勘違いをした可能性があるという漠然としたイメージだけでは、ケースセオリーとしては不十分です。どうして勘違いをしたのか、どうして法廷で依頼者が犯人であると供述しているのか、その厳密な理由まで考える必要があります。

　ケースセオリーに沿った活動が必要なのは、事実を争う事件に限られません。量刑が争点となる事件においても、ケースセオリーが重要です。たとえば、わいせつ行為をしてしまった被疑者・被告人が、実は何回も同種の行為を繰り返してしまっていたような場合に、今後二度と再犯しないと認められるために、どのような弁護活動をしていくのかについても、具体的なケースセオリーに沿っている必要があります。

　証拠を検討し事実を洗い出し（これを「ブレインストーミング」と呼ぶこともあります）、すべての証拠を説明できる論拠を検討する、この過程はケースセオリーの構築と呼ばれます。具体的なケースセオリーの構築方法を身につける最もよい方法は、（可能であればたしかな技術を持った弁護士と共同で）実際の事件に取り組むことです。タイミングが合えば、ケースセオリーを検討する場面に同席できるかもしれません。ケースセオリーの構築においては、何よりもまず自由な発想で事実を洗い出すことが重要です。そして、不利な証拠をどのように説明するべきか、複数ありうるものの中でどの論拠が最も説得的かといったことを多角的に検討することが不可欠です。皆さんのまっさらな視点はおおいに役立ちます。修習中に実際にケースセオリーを検討する機会に恵まれることは多くはありません

が、もしその機会に恵まれた場合はぜひ積極的に意見を出して議論に参加してみてください[8]。

5 | 修習で見るものは「正解」ではない

　2009年に、裁判員裁判が始まりました。このことがもたらした変化は、単に一般市民が裁判に参加するようになったということだけではありません。これをひとつのきっかけとして、刑事事件の弁護活動は大きく変わってきています。

　一昔前は、口頭主義や直接主義、公判中心主義を重視した公判活動をする弁護士は少数派でした。準抗告や特別抗告を申し立てる弁護士は少数派でした。取調べで黙秘を助言する弁護士もです。

　これらは、今では過去の歴史となり始めています。今では、少なくない弁護士が、供述調書が存在していたとしても被告人質問を先行すべきとの証拠意見を述べたり、最終弁論において書面ではなく口頭での説得を試みたり、口頭主義や直接主義、公判中心主義を重視した活動をしています。多くの弁護士が準抗告や特別抗告を行うようになりましたし、司法研修所においても黙秘権行使をベースとした取調べ対応の考え方が伝えられています。

　刑事弁護を取り巻く環境は大きく変わってきました。良い変化も多かったといえます。しかし、現在の考え方や技術もいまだ弁護士全員に広まっているわけではありません。そして、今広まりつつある考え方や技術も、絶対的な「正解」ではありません。つまり、皆さんが刑事弁護修習で見る弁護活動は正解ではないのです。司法研修所で教えられることもです。実務の世界では、いまだ当然のように不当な運用がされていることもあります。もしかすると、実務の運用に凝り固まった弁護活動は、不当な運用を助長していることさえあるかもしれません。

　刑事弁護の実務をさらに良いものに、フェアなものに変えていけるのは、むしろ、経験がなく、右も左もわからない皆さんかもしれません。経験がないからこ

8　具体的な検討方法を体験したい方は、「特集：ケースセオリーをつくろう！―誌上模擬弁護団会議」季刊刑事弁護92号（2017年）12〜54頁を参照してください。ケースセオリーの構築は、すべての事件を検討する根底にある考え方ですので、一読することをおすすめします。また、修習生に配布される、『みんなでつくるケース・セオリー』も、検討の過程を学ぶことができるためぜひご参照ください。

そ、原理原則に従って、実務上は当然のようにはびこっている不当な運用を打破することができるかもしれません。これまでの多くの変化は、不当な運用の経験に捉われない、個々の弁護士の自由な弁護活動によってもたらされてきました。

　弁護修習に限らず刑事裁判修習なども通して、これから修習で出会う弁護活動のなかには、創意工夫にあふれたおもしろいものや心に響くものもあるかもしれません。しかし、そうでない弁護活動も数多く目にすることになるでしょう。

　司法修習を経て、これからの実務を担う皆さんには、実務を良くすることも悪くすることもできます。弁護士になるか否かを問わず、実務家になる皆さんがするべきことは、実務を追認することではありません。本書を手に取った皆さんの手で、修習で見るものに捉われない自由な活動によって、新たな歴史を刻んでください。

第**2**章
刑事弁護修習

物事の見方
元教官から伝えたいこと①

大木 孝 おおき・たかし　神奈川県弁護士会

　私は、2007年から3年間司法研修所の刑事弁護教官を務め、その間出張講義を含めて7クラス合計約500名の修習生を送り出してきました。研修の内容は他の方々に説明いただくとして、今回は、皆さんのこれからの修習が充実したものになるように、私が起案講評や講義の合間、飲み会での話、発想転換クイズなどを通じて彼らに伝えた「物事の見方」のいくつかをご紹介したいと思います。

「分析」の他に「直感」も重要

　事実認定の手法には、「直感的印象的手法」と「分析的客観的手法」とがあるとされ、実務はこの両者間で揺れ動いてきたようです[1]。

　私は、日頃、事実や証拠を分析して証拠構造を図解せよと指導していますが、強調しすぎて木を見て森を見なくなってもいけないので、直感的手法の有用性についても触れざるをえません。

　特に、刑事弁護においては、被疑者・被告人に有利な方向での直感が重要であり、検察主張の事実や証拠に対し、「何か変だ」「どこかおかしい」と気づくことが重要です。冤罪事件、または冤罪が強く疑われる事件は、それら疑問の山です。

1　特に、刑事事実認定上、自白の信用性をめぐる対立が顕著である。前者は、自白内容自体の具体性、詳細性、迫真性等からする直観的な印象を重視し、自白変遷の状況、細部における食い違いなどは重要性のないものとして切り捨てるのに対して、後者は、自白変遷の有無・程度、物的・客観的証拠による裏付けの有無等の検討を通じ、より分析的・客観的に判断しようとする（原田國男「裁判員制度における事実認定」法律時報77巻11号〔2005年〕36頁以下）。

袴田事件	事件直後に捜索されたはずの味噌樽から、1年2カ月も経って鮮やかな血痕の付着した着衣が発見されるなんて……。
徳島ラジオ商事件	布団に泥靴の足跡があり、しかも父親と格闘する犯人の男を子供が目撃しているのに、妻の内部犯行だなんて……。
狭山事件	山中で殺害した死体を、わざわざ見通しのよい農道を通って200メートルも運び、いったん芋穴の横に置いたまま、近くの農家で縄を調達して戻り、それで死体の足首を縛って穴に逆さ吊りにしたなんて……。

　直感が働くならば、こんなに疑問だらけの事件を有罪認定することは、無罪推定原則に反すると気づくはずです。

「視点」の他に「視座」も重要

　事物を見る角度（＝視点）を意識すること（複眼思考）はもちろん大切ですが、観察者の立ち位置（＝視座）も重要です。

　私はいつも、「世界地図」の例で説明しています。我々が日頃目にするメルカトル図法の世界地図は、日本を中心にして、すなわち日本の上空に視座を置いて描かれていますね。しかし、それだけではわからないことが多くあります。

　たとえば、1912年の「大陸移動説」の発見。日本中心の地図を見る限り、左端のアフリカ大陸の西海岸線（Ｓ字形）と右端の南米大陸の東海岸線（Ｓ字形）とを結びつけるのは難しいでしょう。しかし、大西洋上空に視座を置く地図なら、両者がジグソーパズルの2片のように接着する様子が一目瞭然です。そこから出発して、プレートテクトニクス論や超大陸パンゲア論にたどり着くのもそれほど難しいことではないでしょう。

物事の見方
〜元教官から伝えたいこと①〜

その他にも、1962年の「キューバ危機」を北極上空に視座を置く地図で見ると、モスクワとアメリカ東海岸の都市とキューバ三者の位置が一直線上に並んでいて、すなわちアメリカが、ソ連とキューバに挟み撃ちにされる危険があったことがわかります。

　さらに、1982年の「フォークランド紛争」を南極上空に視座を置く地図で見ると、南極大陸から突き出た南極半島に最も近い陸地がフォークランドであり、資源の宝庫とされる南極への進出中継地点として、英国にとって重要な島であることが判明します。

　以上が世界地図の例ですが（あとで世界地図を見てください）、実は我々の日々の仕事の中でも、視座のズレのために見落としている重要な事実があるのかもしれませんね。

「三次元思考」から「四次元思考」へ

　といっても、難しい物理の話ではなく、物事を判断する際には、縦横高さだけでなく「時間軸」も意識しようということです。

　たとえば、無罪が確定した甲山事件の園児の目撃供述を取り上げてみましょう。この事件は、浄化槽で2人の園児の遺体が発見されたのが事件の端緒となったものですが、それから3年以上経過した後に録られた園児の供述調書が問題となりました。

　それによると、ある園児の調書は、生前の被害児童の1人が保母さんと一緒に歩いている姿を目撃した際、「怖くなって隠れた」という内容になっていました。しかし、その時期には、まだ1人目の遺体も発見されておらず、その保母さんは何ら疑われていない段階なので、この園児が怖くなる理由などまったく無かったのです。この点で、この供述が時的要素を無視した捜査官の誘導によるものと強く疑われます（供述心理学では「時間の錯誤」といわれるようです[2]）。

2　浜田寿美男『〈うそ〉を見抜く心理学―「供述の世界」から』（日本放送出版協会、2002年）147頁以下。

実は、時間に対する意識が重要なことは、研修所の民事要件事実論におい
て、「時的要素」を考慮したり（たとえば、「もと所有」と「現所有」など）、また、
刑事事実認定のおそらく初期に習う「盗品近接所持法理」においても、窃盗被
害と盗品所持との時間的間隔が問題となるなど、そこかしこに登場しますの
で勉強してください。

「無いこと」にも目を向けよう

　たとえば、「犯行現場から、被疑者の指紋・毛髪・足跡などが一切発見さ
れなかった」というのがその典型で、無罪弁護の要になるかもしれません。
　あるいは、民事でいうと、大金が動いているのに「借用書が無い」とか「領
収書が無い」など、通常では考えられませんね。こういった書類が無い事実
は、そもそもその元になっている契約などが無かったことを推認させます。
　我々は、とかく目に見える「有ること」にとらわれがちですが、実は、有る
べき物が「無いこと」も意外に重要なので注目しましょう。
　以上、物事の見方のいくつかをご紹介しました。
　これから司法修習生になろうとする皆さんには、必ずしも教科書などに書
かれていないこういった物事の見方を少しでも参考にしていただければ幸い
です。

執筆者略歴　　1957年神奈川県小田原市にて出生。1976年神奈川県立湘南高等学校卒業、
1981年早稲田大学法学部卒業、1987年司法試験合格（42期）、1990年弁護士登録・横浜弁
護士会（現神奈川県弁護士会）入会。横浜国立大学法科大学院客員教授、司法研修所教官（刑
事弁護）、司法試験・予備試験考査委員（刑法）、日弁連司法修習委員会副委員長を歴任。日本
刑法学会会員。趣味は、サッカー、将棋、ミステリ、映画鑑賞、お城めぐり、落語。座右の銘は「人
の心の痛みを知る」「運と縁と恩」。著作に『和光だより―刑事弁護教官奮闘記』（現代人文社、
2010年）、「情況証拠と間接事実による事実認定（上）（下）」季刊刑事弁護80号（2014年）
171頁・同81号（2015年）88頁。

物事の見方
～元教官から伝えたいこと①～

法曹実務家になるために
刑事弁護修習が必要な理由
元教官から伝えたいこと②

南川 学 なんかわ・まなぶ　千葉県弁護士会

　私は、2019年4月から2022年4月まで刑事弁護教官を務めさせていただきました。私が刑事弁護教官だった頃の刑事弁護の指導の考え方や司法修習生と接するなかで私自身が考えていたことをお話しさせていただきます。なお、ここで述べることはあくまで私の個人的な見解であることを申し添えておきます。

刑事弁護の指導の考え方

　いまの刑事弁護教官室では、刑事弁護人が最善の弁護活動を行うにあたって、ケースセオリー（弁護人が求める結論が正しいことを導く論拠）に基づいて一貫した活動をすることが重要であると考えています。刑事弁護活動において、早い段階からケースセオリーを意識した活動を行なっていくことが非常に大切だと考えています。

　ケースセオリーには、すべての事実を矛盾なく説明できる合理的な内容であることが求められます。そのため、具体的な刑事事件についてケースセオリーを確立するためには、事件を多角的に見て検討することが必要となります。そこで、ブレインストーミングやグループディスカッションなどを通じて、教官が何か正解を教えるというものではなく、修習生に時には手や体を動かしてもらいながらみずから考えてもらうことをしていました。ブレインストーミングやグループディスカッションなど、修習生同士に議論してもらうことで、自分1人では気づけなかったことの気づきを得ることができ、多角的な視点や思考方法を学ぶことができます。

　また、教材となる事件記録についても、証拠調べを行った証拠、証人尋問調書、被告人質問調書などに基づいて公判の審理を振り返って検討するので

はなく、公判前整理手続中といった設定で弁護人がその時点で保有する情報や資料をもとに公判の審理を見通して検討する形式となっています。これは、限界があるものの、修習の指導をなるべく実務での弁護人の活動に近づけるべく工夫しているところです。

そのほか、修習生に模擬接見での弁護人役を務めてもらったり、弁論や主尋問・反対尋問を実演してもらったりして、教官がそれを講評するということも行っています。新人弁護士に対しても行っている実践的なトレーニング方法に触れることで、刑事弁護に興味を持つきっかけにもなっています。

このように、刑事弁護人にとって必要な知識や技能を司法修習生に対してわかりやすく教えようとしてカリキュラムを工夫していました。いまの刑事弁護教官室の教官たちも同じように熱意を持って司法修習生たちを指導しようとしていますし、カリキュラムも改善を加えているかと思います。

刑事弁護人の知識・技能を学ぶ理由

かつては、刑事弁護とは弁護士であれば誰でもできるものであって、専門性を認めない傾向がありました。

しかし、裁判員裁判制度の導入を含めて21世紀に入ってからの一連の刑事司法改革によって、刑事手続に多くの制度が設けられ複雑化したことで、刑事弁護も高度な専門知識とそれに裏付けられた技術が求められるようになってきました。大雑把に言うと、①被疑者国選制度が始まって捜査段階での弁護活動が当たり前となり、被疑者取調べへの対応を含めて、後の公判手続の展開を見通した捜査弁護活動が求められることになった、②公判前整理手続が導入され、証拠開示の活用を踏まえた適切な争点設定と、証拠法を意識した証拠の整理が必要となった、③裁判員裁判の導入により、一般市民である裁判員にもわかりやすい公判での立証や訴訟活動が求められるようになった、④量刑を争う事件では、裁判所の量刑の考え方を理解したうえで被告人にとって有利となるような適切な主張立証活動が必要となった、などを指摘することができます。

また、被疑者国選の対象となる刑事事件の範囲が広いことに加えて、刑事

弁護を必要とする事件は、大都市といった日本のどこかの地方に偏在するものではなく、いつどこで重大事件が発生するかわからないといった性質のものであるため、全国津々浦々に刑事弁護人にとって必要な知識や技能を有した一定数以上の弁護士がいる必要があります。

　したがって、刑事弁護の実務に即応できる弁護士の育成が必要とされており、そのために必要な刑事弁護人の知識や技能を司法修習生に一生懸命伝えています。その結果、全国各地で、多くの弁護士が、刑事手続に対する専門的な知識と技能を持ちつつ、熱心に刑事弁護活動に取り組むことを希望しています。もちろん、司法修習で教えられることには限界があり、司法修習で学んだことで必要十分ではありませんが、各自が研鑽を積んでもらうための萌芽を司法修習で教えているつもりです。

刑事弁護を通じて学んでほしいこと

　司法修習生は、司法修習終了後、さまざまな進路を選択することになります。そのなかで企業法務専門であったり、インハウスとして就職したりするなど、実務において刑事弁護活動に携わらない人がいることもあります。時折、「刑事弁護を学ぶことは無意味だ」といった態度を取る人がいないわけではありませんでした。

　しかしながら、刑事弁護を通じて、「ケースセオリーに基づいて一貫した弁護活動を行う」ことを学んでいくことは、法曹実務家にとって基本的かつ普遍的な技能や思考方法を習得することになります。すなわち、ケースセオリーを確立するには、事実を収集し、収集した事実を法的に分析・検討することが不可欠です。事実を収集するにあたっては、依頼者などから提供された資料を読むだけではなく、みずから関係者に会って事情聴取を行ったり、足を使って証拠を集めたりすることも必要になります。そして、集めた証拠を的確に理解・評価して分析します。その分析した結果に基づいて事案を見通したうえで、みずからが求める結論を得るために相手方や判断権者に対して説得的な表現方法を行うことになります。

　こうした各能力というのは、刑事事件だけではなく、民事事件や家事事件

といった他の分野の事件でも同じく必要になってきますし、場面は違えども、弁護士として携わる法律相談、意見書作成、交渉事件などにおいても同じく求められる技能です。ある一定の方針に基づいて一貫した弁護活動を行うことは、依頼者にとって有利な成果を得るため、ひいては弁護士として業務を行なっていくためには必須なものです。私は、自分が関わった修習生に対して、どの進路に進んだとしても活躍してほしいと思っていましたし、活躍することができるように、その基本的な技術や思考方法の基礎を教えてきたつもりです。そうした弁護士として必要な基本的な技能の訓練をする機会を、「刑事弁護だから」といった〝食わず嫌い〟で放棄することはとてももったいないですし、その機会を貪欲に利用してほしいと思います。

司法修習生に心掛けてほしいこと

　最後に、いまの司法修習生は忙しいようですが、司法修習の課題であったり自分が興味を持つ分野の勉強会だったり、その時点であまり興味がないイベントであっても、もちろん刑事弁護に関係なく、フラットに何事にも積極的に参加して人と交流したり物事に取り組んでみたりしてください。司法修習生はまだ何者でもなく、さまざまな可能性を秘めており、どんな出会いがあるのか、何がきっかけになるかわかりません。凝り固まらずに果敢にチャレンジしてフラットに受け入れることも大切ではないかなと思います。

　今後、刑事弁護に魅力を感じて興味を持って取り組んでもらえることを期待するとともに、実りある充実した司法修習生活を送っていただくことを願っています。

　また、実務に対して、司法修習で感じた疑問点・違和感は大事にしてもらい、「あるべき司法の姿」を追求して、これからの実務を改善・変革していくことが大切だと考えます。

執筆者略歴　2005年弁護士登録(58期)。2006年から法テラス(日本司法支援センター)の常勤スタッフ弁護士として、法テラス松本と法テラス千葉で勤務。2015年にPAC法律事務所(千葉県船橋市)へ移籍し、現在に至る。これまで刑事弁護を中心に弁護士活動をしてきた。千葉県弁護士会刑事弁護センター副委員長、日本弁護士連合会刑事法制委員会委員などを務める。

新たな法分野への取り組み
ファッションローを例として

海老澤美幸 (えびさわ・みゆき)

[　修　習　]69期
[　事務所名　]三村小松法律事務所
[所属弁護士会]第二東京弁護士会

1 ┃ はじめに

　「ファッションロー」という言葉を聞いたことがあるでしょうか。ファッションローとは、ファッション業界や産業にかかわる法律問題を取り扱う法分野のこと。近年、「エンターテインメントロー」や「eスポーツロー」など、特定の産業や業態に特化した法分野が次々に登場しており、ファッションローもそのひとつといえるでしょう。現在、ファッションローを盛り上げるため多くの専門家が尽力されており、私もその末席に名を連ねさせていただいています。本稿では、ファッションローという新たな法分野に取り組むこととなった経緯や、新たな法分野に取り組む際のポイントなどについてお話したいと思います。

2 ┃ 弁護士を目指したきっかけ

　大学卒業後、一度は自治省(現総務省)に入省し官僚として働き始めましたが、どうしてもファッションに関わる仕事をしたいと思い、ちょうど新聞広告で募集していた株式会社宝島社に入社しました。女性ファッション誌『CUTiE』『Spring』で4年ほど編集者として仕事をしているうちに、自分自身で服や小物をコーディネイトするスタイリングの仕事をしたいと思うようになりました。調べ

てみると、海外では「ファッションエディター」という肩書の人々がスタイリング
をするらしいと知り、それなら海外で勉強しようと渡英。イギリス人の師匠のも
とでアシスタントをしながらスタイリングなどの仕事を学び、帰国後はスタイリ
ングと編集の両方の仕事をするファッションエディターとして『ELLE japon』
『GINZA』『Harper's BAZAAR』などの雑誌や広告で活動しました。

　ファッション業界で仕事をする中で、さまざまな問題に直面しました。契約書
や発注書などの書面を交わす慣習があまりないこと、労働環境も良好とはいえな
いこと、報酬の未払いで泣き寝入りもあること……。中でも、弁護士を目指そう
と考える直接のきっかけとなったのが、雑誌の誌面用に撮影した写真をポスター
や電車の中吊り広告などに使用する二次使用問題でした。二次使用する際、写真
家は著作権、モデルは肖像権に基づきそれぞれ二次使用料が支払われます。他
方、一般に著作権が発生しないスタイリストやヘアメイクアーティストなどには
二次使用料が払われない場合もあり、関係者からも「おかしいのではないか」との
声が上がっていました。こうした問題をきっかけとして、「ファッション業界を
よりよくするためには、ファッション業界に精通し、専門的に対応できる弁護士
が必要なのではないか」と感じ、ふと「そういえば法律学科を卒業したんだから、
自分が弁護士になればいいか」と思い立ち、弁護士を目指すことにしました。

3 ｜ ファッションローへの道のり

（1）ロースクールから司法試験合格

　当時はファッションエディターの仕事に忙殺されており、仕事を続けながら勉
強するという選択肢は現実的ではありませんでした。そこで、勉強に専念するた
め、仕事を辞めてロースクールに入学することに。幸い一橋大学ロースクールの
既修コースに入学でき、これまたラッキーなことに、素晴らしい友人たちの助け
により2回目の受験でなんとか司法試験に合格することができました。

（2）難航した就職活動

　なんとか司法試験に合格できたものの、就職活動は一筋縄ではいきませんでし
た。合格したときはすでに40歳。新人というにはあまりに歳を取りすぎていま
す。また、そもそも私が弁護士になったのは、ファッション業界の法律問題、い

わゆるファッションローを専門にするためです。ファッション分野を取り扱っていそうな法律事務所を中心に連絡してみたものの、当時は今ほどファッションローが認知されていなかったこともあり、面接でも「ファッションはお金になるの？」「あまり需要がないのでは？」など芳しい反応はいただけませんでした。

　求人情報をこまめにチェックしたりエージェントに登録したりする中で、幸いにも、女性向けの着せ替えアプリ「ポケコロ」などを運営するココネ株式会社に採用いただき、その後、林総合法律事務所に入所することができました。「ファッションロー、面白そうだね。やってみなよ」という林康司先生の言葉に大変勇気づけられたことを今も覚えています。

　そして、ファッションやアート分野に力を入れている小松隼也先生からお誘いいただき、現在は三村小松法律事務所でファッションローに注力しています。

（3）ファッションローに近づくために

　ファッション業界出身だからといって、すぐにファッション関連のご相談が来るはずもなく、当初はどのように動くべきか迷いました。

　最初の足がかりとして、2018年にファッション関係者のための法律相談窓口「fashionlaw.tokyo」〈https://fashionlaw.tokyo〉を開設しました。業界特化型の法律相談窓口の開設は、弁護士になると決めたときから温めてきた構想のひとつで、ファッション関係者から弁護士への相談の敷居を下げることを目的としたものです。ファッションエディター時代にお世話になった方々のおかげで、「fashionlaw.tokyo」は業界紙のニュースなどでも取り上げていただきました。

　また、ファッションローに取り組んでいる専門家の方々や、ファッションブランドの知的財産管理部・法務部の方々などに連絡してお話を伺ったり、ファッションロー関連の協会や団体の集まりにも積極的に参加するようにしました。実は、小松先生と出会ったきっかけもそうした団体の集まりでした。

　さらに、私自身の経歴がやや変わっているということで多くの方に関心を持っていただき、たくさんのメディアで「ファッションローに力を入れている」ことを紹介してもらえるようになりました。

　こうした幸運が重なり、ファッションローに取り組む仲間や同志（と言うのもおこがましい限りですが）を得られたことは、本当にありがたいと感じています。

4 ｜ ファッションローの具体的な内容

　ファッションローとはファッション業界や産業にかかわる法律問題を取り扱う法分野ですので、その範囲は膨大です。私自身も日々、ファッション関係者の皆さまからさまざまなご相談を受けています。

　ファッションローというと、「デザインの模倣やブランド名のパクリなどの知的財産権に関する案件が中心なのではないか」とのイメージをお持ちの方も多いかもしれません。そうした案件ももちろんありますが、実際には、日々の取引に関わる契約書の作成やレビュー、交渉など契約関連のご相談が多くの割合を占めています。海外取引先との契約交渉や英文契約に関するご相談も多いですし、その他にも、労働案件や投資・ファイナンス関連の案件など、幅広いご相談やご依頼に対応しています。

　こうした日々の業務と並行して、セミナーや講演、執筆活動や発信にも力を入れています。もともと自分自身がクリエイターの端くれで、クリエイターにとって法律を知ることがクリエイティビティを発揮するために不可欠だと身をもって感じたことから、少しでも多くのクリエイターに正しい法知識を身につけてほしいと強く願っているためです。

　それとともに、ファッション業界の声を拾い、法律改正などの動きにつなげていくロビイング活動にも取り組んでいます。法律はビジネスを加速させるためのツールです。業界にフィットしていない法律は、自分たちに使いやすく変えてもいい、変えられるという認識がもっと広がるといいなと考えています。たとえば、経済産業省から2023年３月に公開された「ファッションローガイドブック2023」は、経済産業省にファッションローの重要性について働きかけ、多くの専門家の方々にご尽力いただいて実現したものです。

5 ｜ 弁護士として新たな法分野に取り組まれる方へ

　私自身は、ファッションエディターから弁護士になるというやや変わった経歴を持ち、素晴らしい先輩・仲間に恵まれるといったいくつもの幸運が重なった結果、ファッションローに携わることができるようになりました。まさに「ラッ

キーだった」の一言につきます。そのため、どこまで皆さまのご参考になるか自信がありませんが、僭越ながら、私なりの「新しい分野に取り組む際のポイント」をお伝えしたいと思います。

(1) その分野に関する勉強会やセミナーなどに参加する

その分野に関する勉強会やセミナーなどが開催されているようであれば、積極的に参加しましょう。知識や知見を得ることができますし、現時点でその分野で主にどんな問題点が議論され、どのような考え方が示されているかなど、その分野の現在地や相場観を知ることができます。こうした点を把握しておけば、自分自身がその分野を展開する際にカバーすべき範囲がわかりますし、逆にこれまであまり手をつけられていなかった範囲に力を入れるという判断も可能になります。

また、新分野に取り組む際に重要なのが仲間の存在です。仲間と情報交換をして知識や知見をアップデートしたり、仲間の活躍に刺激を受けることはもちろんのこと、その分野の関係者に働きかけたり、法改正などを視野に入れたロビイング活動は一人では難しく、同じ分野に取り組む仲間の協力が不可欠です。勉強会やセミナー、その後の懇親会などに積極的に参加して、同じ分野に取り組む仲間を作っておくことをおすすめします。

(2) その分野に力を入れている弁護士に話を聞く

その分野の先駆者がいる場合は、積極的に連絡をとって話を聞いてみることも効果的な方法のひとつです。皆さんお忙しいので無理なお願いは禁物ですが、熱意のある真摯なお願いであれば応えてくれる方も多いのではないかと思います。特に、法曹界は司法修習生を大事にする傾向が強いことから、もし会いたい弁護士がいるなら、司法修習生のうちに積極的に連絡をとってみましょう。

弁護士に話を聞く際に重要なのは、事前にその分野の基礎的な知識を学び、自分なりに疑問や考えを整理し、その弁護士の経歴などをきちんと下調べして臨むことです。そうすることで、より発展的な話を聞くことができますし、その弁護士の経験に即した情報を引き出すことが可能になります。

(3) その分野に関する情報を発信し、積極的にアピールする

個人的にはとても実効的だと思っている方法が、その分野に関するニュースやネタ、解説などの発信です。世界中に情報発信できるSNSやブログなどを積極的

に活用しましょう。内容は何でも構いません。トライアンドエラーを繰り返しながら、やれる範囲でやってみるということでいいと思います。

　こうした情報発信には大きくふたつの効果があります。ひとつ目は、情報発信のために勉強したり調べたりするため、自分自身の知識の向上につながります。もうひとつが、積極的にアピールすることで、「その分野に注力する専門家」と認識してもらえるようになり、自分自身が活躍できる可能性が広がることです。

　その分野に関する勉強会やセミナーを開催することも効果的だと思います。また、少しハードルは上がりますが、たとえばその分野に特化した法律相談サービスなどを提供することもひとつの方法です。

　あくまで個人的な意見ですが、その分野に関する情報などを得るためには、まずは自分から情報やサービスを提供することが重要だと思います。

（4）その産業や業態のプレイヤーを経験する

　その分野に取り組むためには、その産業や業態を知ることがとても重要です。個人的におすすめなのが、実際にプレイヤー側を体験してみること。たとえば、その産業に関連する学校に通ったり、イベントなどに参加することも有効です。場合によっては自分自身がプレイヤーとして活動する方法もあると思います。これにより、プレイヤー側のニーズや感覚を知ることができ、具体的な取り組みにつなげられますし、自分自身のモチベーション維持にもつながります。

6 ｜ さいごに

　いろいろお話ししましたが、何より大切なのはその法分野への熱量だと思います。本稿が、新たな法分野に携わるすべての方の背中を少しだけ押すきっかけとなれば嬉しいです。ご活躍を心より応援しております。

執筆者略歴 自治省（現総務省）入省後、株式会社宝島社に入社し雑誌『CUTiE』『Spring』の編集を担当。ロンドンでスタイリストアシスタントを経験した後、ファッションエディター／スタイリストとして独立し、『ELLE japon』『GINZA』『Casa Brutus』などの雑誌や広告などで活動。2017年に弁護士登録、ファッションローに注力している。経済産業省「これからのファッションを考える研究会〜ファッション未来研究会〜」委員を務めた後、「ファッションローワーキンググループ」副座長として「ファッションローガイドブック2023」の取りまとめに関わる。株式会社高島屋社外取締役、文化服装学院非常勤講師、fashionlaw.tokyo主宰。

スクール☆ロイヤー岡田

岡田常志（おかだ・じょうじ）

[　　修　習　　]68期
[　　勤務先　　]茅ヶ崎市教育委員会
※現在、弁護士登録は抹消

※本コラムの執筆をお誘いいただいた弁護士のK先生より、「好きに書いていいよ」と言っていただけ、担当の編集者の方からも「おおいにやれ！」と言っていただけたらしい(K先生からの伝聞)ことを冒頭にお断りしておきます。

1 ｜ 東京の公設事務所にて

　今から約８年前、私は、東京は足立区北千住にある公設事務所、「北千住パブリック法律事務所」(通称北パブ)の１室にて、一人、面接を受けていました。当事務所は、刑事弁護人を志す司法修習生ならおそらく一度は名を聞いたことがあるであろう名実ともに由緒ある事務所……なのですが……、さまざまな合縁奇縁でこの日面接を受けにきた私は、そのような事務所であることもろくに調べもせず、刑事に関する知識もほとんど持ち合わせないまま単独で乗り込んでいました。そして、今振り返れば先生方の深く、根源的で示唆に富んだ数々の質問に対し、浅慮で頓珍漢な回答を繰り返し続け、先生方を困惑の渦に陥れていたと思います。

　そのような中、最後に当時のO谷所長が助け舟を出してくださいました。

　「子どもの人権に興味があるということだけど、少年事件を頑張ってくださるということでよいですよね？」

私は満面の笑顔でこう答えたのでした。

「え、いや、少年事件をというか、子どもが関わる事件だけをやりたいんです、私」

2 ┃ さようなら北千住

　面接後、事務所を紹介してくれた友人に電話で面接でのやり取りを伝えると、「北パブ知らなかったの⁉」「そりゃ落ちるな」とケラケラと笑われ、地元の友人と古い居酒屋で安い酒をチビチビと飲みながら（そこでも友人に「お前はバカだ」と笑われながら）、先んじて残念会を開いていたのですが、事務所からの返事はまさかの「OK」でした。一体何があったんだ。

　後に聞いた話ですが、私を採用するかどうかはやはり非常に物議を醸したそうです。しかし、少年事件や子どもの人権問題に取り組んでおり、今も敬愛してやまない先輩の1人であるM田先生が、「あの子は本当はいい子なんです」と熱い最終弁論をしてくださったこともあって採用と決まったそうです。

　物議を醸した面接でしたが、採用が決まればそれはそれで幸いし、「よくわからんが子どもの関わる事件をやたらやりたがっている岡田」ということで、事務所の先生方に強く認知されていました。その結果、委員会活動（出前授業や勉強会）はもちろん、NPO活動や、家事（親権の争いなど）、少年事件、学校交渉（ADR）、虐待事件、子どもの代理人としての親との交渉といった子どもに関する事件を多く（おそらく、事務所に来たものすべて）誘っていただくことができ、先輩方にたくさんかわいがっていただきました。少なくとも、北パブにいた3年間、東京の同期の中では圧倒的に子どもに関する事件について経験を積めたと思っていますし、その経験を通じて学んだことや、さまざまな子どもたちとの出会いは、私のその後の人生観や価値観に大きな影響を与え、今の仕事における私の太く強い軸（信念）にもなっています。

　このような素敵な事務所を辞めようと思ったきっかけは、大人の事件（O谷所長より「子どもの人権だけでは感覚が狂うから、大人の事件もやりなさい」とある日言われ、その日以来、大人の事件も多く経験させていただきました。これも大変な学びでし

た）で緊急の対応が入ってしまい、ずっと楽しみにしていた子どもの人権に関する研修に行けなくなってしまったことです。

　「自分のやりたいことのために弁護士になって仕事をしているのに、仕事のせいでやりたいことができなくなってどうするんだ」

と、私の中でポキンと何かが折れてしまい、そこから私は、「子どものことだけ仕事をして、迷惑をかけずに生きられたらどれだけいいだろうか」と夢見るようになりました。

3 ｜ 湘南の教育委員会へ

　事務所の先生方の理解のもと、私は、子ども関係の事件に多く携わり、そこからさまざまなコミュニティに参加し、いろいろな先輩や仲間、恩師に出会うことができました。さきほどの「子どものことだけ仕事をして、迷惑をかけずに生きられたらどれだけいいだろうか」という私の夢は、こういったつながりの中で知りあった方々にたびたび漏らしていました。そのような中、ある日、この私の夢を知る先生の一人から不意に電話が来ました。「今、ひまわりナビ見ていたら、岡田さんにお勧めの公募があったよ。アドレスを送るよ」。嘘のような話ですが、この先生は「自分は転職しないけど転職情報を眺めるのが趣味」だそうで、暇を見ては公募を眺め、私にあいそうな仕事を偶然見つけてくれたのでした。それが茅ヶ崎市教育委員会での法律専門職募集の公募だったのです。

　そこからの展開はあっという間でした。突然の転職宣言から、怒涛の仕事の引継ぎや日程調整で、事務所にも、茅ヶ崎市教育委員会にもいろいろと迷惑をかけてしまいました。しかし、幸運なことに、公設事務所である北パブは他の先生と共同で取り組んでいる仕事も多く、依頼者も基本的に事務所に依頼している認識なので、引継ぎは比較的スムーズにできました。

　引継ぎはさておき、とてもできの悪い私の新天地出立に、事務所のみんなは、親として、兄として、姉として、とても心配だったようです。事務所の送迎会でO谷所長からは「岡田君、わたしたちは心配です‼」と声をかけられました。ただ

一方で、当時の事務所は、新天地にはばたくメンバーを誰もが温かく見送る風土があり、O谷所長はじめ、お世話になった先生方や事務員さんたちはみんな、最後には、温かく背中を押してくれました。O田副所長（当時）からは、二人で飲みにいった最後にこう声をかけられました。「僕もできるなら子どもの人権を専門にやりたかった。この事務所を出るのなら、日本一になってから帰ってきてください」。

4 ｜ 徹頭徹尾、子どもの人権

　さて、そんな期待と不安を胸一杯に飛び込んだ茅ヶ崎市教育委員会でしたが、最初の1カ月程は声をかけられるたびに、緊張と武者震いで（リアルに）手が震えていました。しかし、そこからひとつずつ必死にケースをこなし、気がつけば茅ヶ崎市教育委員会で勤めて5年が経ち、職場環境も含めてここは天職だと感じるようになりました。理由はさまざまありますが、一番の理由は、ここに来る相談にはすべて、茅ヶ崎市に住む子どもたちの人生や未来がかかっているからです。

　「教育委員会勤めの法律専門職」と言っても、その自治体の規模や組織体制は千差万別で、そこで働く法律専門職の仕事ぶりや取り組める業務は大きく異なります。私は茅ヶ崎市に来てから、法律上のいじめ事案の対応や、重大事態調査、学校対応に関するクレームといった多岐にわたるケースを500件ほど対応していますが、こまごまとした仕事内容をここで挙げるつもりはありません。ただ、私が「教育委員会勤めの法律専門職」なら、どの自治体にいても、共通のミッションであるべきだと思っていることをひとつだけ書くこととします。それは、「子どもの最善の利益を法律専門職の立場から図りにいく」ということです。

　学校教育は、子どもの教育権の保障のためにあり、子どもの教育権は子ども自身の人権保障のため認められています。そして、子どもの人権を保障するということは、「子どもが自信を持って、安心して今と未来を生き抜く」ということであって、子どもの最善の利益を図るということは、「子どもが自信を持って、安心して今と未来を生き抜くための最善の選択をする」ということです。

　子どもが自信を持って、安心して今と未来を生き抜くための最善の選択とは何

なのか。このような問いへの答えは、簡単に見つかるものではありません。子どもの人生や未来の可能性に対して、法律専門職ひとりが持っている知識、自信、価値観や個人的な経験に基づいた予測なんてものがどれだけちっぽけか。ですから、私は決してひとりで答えを見つけようとはしません。子ども本人と、たくさんの大人で必死になって考え抜いて答えを出します。もちろん、それでもその答えが本当の正解かどうかはわかりません。

　私は、教育委員会の職員とも、先生とも、保護者とも、そして子ども本人とも、「目の前の子が真に安心して、自信を持ってこれからを過ごすために、我々は何をすべきか、できるか」を語り合います。そして、この土俵の上ですべての議論をさせるのが法律専門職のミッションだとも思っています。仕事の忙しさや、個人の価値観、正義感、感情やプライド、声の大きさに引きずられて、「子どもの最善の利益」が議論の中心に置かれなくなりそうな場面はたびたび現れます。その時に私をはじめ、あまねく法律専門職は、同調圧力に屈せず、議論の中心はここだと声高に発信し、議論を引き戻さなければなりません。これが教育現場における法律専門職の専門家としての矜持であり、存在意義だと私は思っています。

5 ｜ 固執してこそ超一流

　弁護士はいうまでもなく専門家です。しかし、専門性をさらに磨き、「専門家の専門家」になるためには、もう一段階、「さらなる専門分野への固執」が必要なのではないでしょうか。

　私は寝ても覚めても子どもの最善の利益のことや子どものケースのことばかりを考え、ニュースを見たり、漫画を読んだり、友達と冗談話をしたりする中で、「あ、これはあのケースで使えるかも」と常に頭のどこかで考えています。このモチベーションの源泉である〝根拠はまったくないが、「なぜかわからないがこのことをライフワークにしたい」という確固たる信念〟は誰もが持っているわけではありません（これを読んでも「なんのこっちゃ」と思う人も多いと思います）。そして、信念から湧き出る内なる声が胸の中で響いていても、それに耳を傾け、従うには、自己中心的で、どこか周りとズレていて、タガの外れた感性が必要だと思いま

す。

　もし、これを読んで、胸の内の声とともに、胸の高鳴りを感じた方は、ぜひその声に耳を傾け、一歩を踏み出してみてほしいです。足の向く先がうまくいく保証など何もない獣道かもしれませんが、そこで誰も見たことない景色を独り占めできるということは、ときには孤独で寂しさもありますが、何事にも代えがたい、人生における至上の贅沢のひとつだと思います。

　そして、足の向く先が教育現場であり、私の「スクール☆ロイヤー」な仕事に興味を持っていただいた方は、よろしければ声をかけてほしいと思います。司法修習生なら例年、自己開拓プログラムを若干名受けつけていますので、茅ヶ崎市教育委員会の岡田までお問い合わせください。オススメ期間は１週間程度。ただし、現場のノウハウを詰め込みまくりますし、子どもの最善の利益とは何かを休みなくひたすら問われ続け、考えぬく１週間となります。過去、参加した修習生はみな、カルチャーショックを受けた様子で、最終日、「司法修習の中で一番学びが多かった」「自分がまだまだだということが何よりわかった」と充実感と疲労感でフラフラと帰っていきますので、それなりの覚悟を持って来てください。私はいつでも私を踏み台にしてくれる気骨ある後任を探していますし、門扉はいつも開けています。

執筆者略歴　大学は理工学部出身。親に知的財産を扱う弁護士になると宣い、ロースクールに進学。卒業後、司法試験に２回落ち、経済面その他で援助をしてくれていた父親に「やる気が感じられない」「本当にやりたいことはなんなんだ」と言われ、泣き土下座をしながら「本当は子どもの人権をやりたい」「もう一度だけチャンスをください」とお願いし、３度目の正直でどうにか司法試験に合格。2016年１月、北千住パブリック法律事務所入所。３年の実務経験を経て、2019年１月から茅ヶ崎市教育委員会で勤務。

世界に躍る仲間、募集中！
Think globally, act globally

ベロスルドヴァ・オリガ (Olga Belosludova)

[　　修　習　　]72期
[　事務所名　]ポールヘイスティングス法律事務所
[所属弁護士会]第二東京弁護士会

1 ｜ はじめに

　2023年5月現在、私はアメリカ東海岸、ニューヨークから約350km北に離れたボストンの街で生活しています。WBC日本優勝の立役者となった吉田正尚選手のメジャー初年度からの活躍に湧くこの街で、LLM[1]を修了したばかり。在学中にカリフォルニア州司法試験に合格したため[2]、8月からは日本の弁護士兼アメリカの弁護士として、二国間を行ったり来たりしながら日本と世界との橋渡しとなるような仕事に邁進する予定です。

　日本の弁護士としては3年目、米国弁護士としては1年目の駆け出しの身ですから、あまり大仰なことを伝えられる立場にはありませんが、僭越ながら、世界を舞台に働く法律家を目指す方にとって道標となるような情報をお伝えできれば

1　主に外国の法曹資格者を対象とした1年間のプログラムで、米国の各大学が提供しています。日本の弁護士の場合、留学目的の多くはニューヨーク州司法試験の受験資格取得。LLMとは、"Master of Laws"（法学修士）を意味するラテン語"Legum Magister"の略語ですが、なぜLMではなくLLMなのか、その理由を知っている人はほとんどいません。
2　ニューヨーク州司法試験の受験資格を得るためにはLLM修了が必要な一方、カリフォルニア州司法試験は日本の弁護士資格を有していれば例外的に受験することができます。

と思います[3]。

2 │ これまでの業務と今後の目標

　日本での弁護士登録後、アメリカに拠点を置く外資系法律事務所であるポール
ヘイスティングス法律事務所東京オフィスに入所した私は、日本企業が関わる
M&Aや国際商事仲裁、各国のレギュレーション対応等の仕事[4]に従事してきまし
た。構造的に人口減少が見込まれる日本の企業は、その活路を海外に見出そうと
していますが、それは決して平坦な道ではありません。日本とは異なる法規制を
守りながらその活動を広げていく必要がありますが、時には紛争が発生したり、
規制当局との対話が必要になることがあります。そんな時、間に立って法的知
識・能力をフル活用しながら物事を円滑に進めるための媒となるのが、私達、渉
外弁護士の役割です。

　日本企業と外国企業・規制当局は、人も組織もそれぞれ異なるバックグラウン
ドを抱えていますから、単に通訳を間に入れて言葉の壁を超えれば上手くいくと
いうわけではありません。各当事者の背景事情やコンテクスト、法的利害関係を
踏まえ、その真意を汲み取りながら余すことなく意思疎通を行うとともに、各国
の法律に精通した現地の弁護士と協力しながら適切に事件を処理していく必要が
あります。

　この仕事が私は大好きで、やり甲斐を感じています。世界中のさまざまな人々

3　フロンティアを開拓した偉大な先達のお話を知りたい方には、桝田淳二先生の『国際弁護士―アメ
　　リカへの逆上陸の軌跡』（日本経済新聞出版、2010年）がおすすめ。一般に「国際弁護士」を自称する
　　人には要注意ですが、これはあくまで書籍のタイトル。真の国際弁護士と他称される先生を他に知り
　　ません。私のバイブルです。
4　M&Aについては広く知られているとおり。仲裁は、家庭裁判所での調停等と混同されがちですが、当
　　事者間の合意に基づき私的に構成された裁判体といったところでしょうか。国境を跨ぐ商事紛争
　　は、外形的な中立性とニューヨーク条約（外国仲裁判断の承認及び執行に関する条約）に基づく執行の
　　観点等から、裁判よりも仲裁が好まれます。レギュレーション対応は、各種業規制（金融商品取引法、
　　資金決済法等）や近年域外適用が盛んな個人情報や汚職関連まで、日本国内外の法規制につい
　　て、日本企業や外国企業が違反することなく活動できるようにサポートする仕事。現地の法律に熟知
　　した各国の法律家とリモートで協力しながら業務を遂行します。なお、弁護士法に所定のとおり、外
　　国法に関する業務であっても、日本国内にいる限り当然に日本の弁護士の所掌範囲です。

世界に躍る仲間、募集中！
〜Think globally, act globally〜

と手を取り合って働くのも好きですし、それ以上に、日本企業の「パイを増やす」ことに直結し、日本ないし世界経済の発展に資する仕事だからです。アメリカに住んで改めて実感しましたが、日本の住みやすさは、世界的に見て極めて貴重なもの。幼少期から私を育んでくれたかけがえのない日本社会を維持し、そこに住む人々が幸せでいられるように、弁護士として使命を果たすのが、私の目標です。

　そんな目標を達成するために、私は今、同じ志を持つ仲間を探しています。アメリカを中心とする世界的ネットワークを活用しながら日本社会のために道を切り拓く、チームメイトとして信頼できる法律家を。

　とはいえ、別にこれはリクルートを目的としたものではありません。入る事務所がどこであろうとも、志を同じくしていれば、事務所の垣根を越えて一緒に仕事をできるのが弁護士です。大切なのは、①法的事務処理能力と②英語力と③ビジネスマインド。私も決して優れた人間ではなく研鑽に努める毎日ですが、お互いに切磋琢磨し、世界の歩みをともに前へと進めましょう。

3 ｜ 早めの留学のススメ

　将来、国際的な企業法務に携わることを目指す場合、いずれの法律事務所に入るにしても、可能な限り早く留学に行くのが個人的にはオススメです。弁護士は基本的にその法域（jurisdiction）の内部でしか活動することができず、活動領域を広げるためには資格が必要だからです。一定年数以上働いたことを条件に留学費用を補助するという事務所もあると思いますが、そこは交渉で乗り越えられることもありますし、他の資金源を活用しながら自費で留学するということも考えられます。フルブライト等の奨学金もありますし、留学先の大学が援助プログラムを用意している場合もあります。私も、学生時代のアルバイトと１年目の仕事で貯めた貯金を切り崩し、自費で留学することを覚悟して応募した結果、合格後に事務所や大学からの資金援助が確定し、無事に渡米することができました。留学支援制度のある大きな事務所で成功されたパートナーに聞いてみると、意外にも事務所の支援なく自費で留学された方も多いようです。

　アメリカのLLMは、たとえばハーバードもスタンフォードも、再挑戦が可能

です。1度応募して不合格でも、次の年、2回目のチャレンジで合格することができるということです。早い段階で滑り止めに応募する必要はありませんが、弁護士1年目であろうと2年目であろうと、第一志望の大学には、必要な書類を揃えて速やかに応募するくらいの対応で良いと思います。

　私自身が弁護士登録後1年半の段階で応募して両大学から入学許可を得ることができたように、合格に必要なのは主に英語力と大学等の成績。長年の実務経験というのは、強く要求されているわけではないようです。他の国からLLMに来ている留学生を見ても、20代半ばの方が多いですし、LLMや資格取得はあくまでスタート地点。早いに越したことはありません。

　だからといって、司法試験合格後、留学準備に終始して司法修習を疎かにするのではなく、司法研修所での修習もしっかりとやり切るのがオススメです。修習地はどこでも良いと思いますが、裁判官・検察官・弁護士という法曹三者それぞれの視点から足固めがしっかりしていないと、将来、クロスボーダー案件を扱う際にもフワフワと浮き足立ってしまい、確信をもって処理することができないからです。司法研修所の成績は、留学先への応募時に提出することになりますし、何より、日本の裁判官の肌感覚や相場観を知り、検察官の「話を聞き出す技術」を身につける機会は、修習を措いて他にありません。

　LLM留学中の生活については、いろいろな方が発信しているので、私からは一言だけ。LLMは、たった1年しかありません。意識的かつ計画的に行動しないと、あっという間に終わってしまいます。南米旅行や飲み会、スポーツ観戦やテーマパーク等々、誘惑は多いですが、目的意識を明確にもって周りに流されず、知識・技能の習得や論文執筆、関係構築等、貴重な時間を有意義に過ごすことで、未練なく自信をもって次のステップを踏み出せます。

4 ｜ 2杯の珈琲

　ここからは、これまで人に教えたことがない、私の秘密。

　留学中に限らず人生を豊かにするためのtipsであるCoffee Chatについてお伝えします。

　残念なことに、アメリカの法曹界において、"LLM"それ自体に対する評価は

あまり高くありません。150カ国以上から学生の集まるLLMは、各国の法曹資格取得難易度の違いやアファーマティブアクションの影響で玉石混淆ですから、これは仕方のないことです。その結果、法律事務所の採用活動は主にJD[5]の学生を対象にしていて、LLMの学生を対象にしたリクルートはポジションや待遇が別枠だったりと極めて限定的。日本において、法科大学院の経歴よりも、競争の激しい、高校や学部時代の大学が見られるのと似ているかもしれません。特に、最近のアメリカは経済状況も良くなく、大手法律事務所においてレイオフや就業延期が相次いでおり、LLMの学生にとっては留学後の研修の機会を得ることさえ門戸が狭くなっています。

ただし、それはあくまでも一般的な傾向の話。結果のみが真実のこの世界では、学位よりも、自分に利益をもたらしてくれる弁護士であるか否かということにクライアントの関心はありますし、仕事が回り売上が立つならば事務所は評価してくれるでしょう。99人が評価してくれなくても、スティグマにとらわれず真っ当に評価してくれる1人に出会えれば、打席に立つことができます。

そうした事情から留学中に私が試みたのは、いろいろな人に対面で会ってお話をするということでした。ポイントは、ランチやディナーではなく、コーヒーのお願いをするということ。食事の場合、費用や時間の関係で「重い」雰囲気が出てしまいますし、レストラン等のオープンな場では、コンフィデンシャルな会話ができなくなってしまうからです。

皆さんにも今後、修習や仕事を通じて憧れの人が現れるかもしれません。そんな時、憧れを超えて自分がステップアップできるよう、メール等の迷惑にならない方法で打診してみましょう。応じてくれるか否かは、あなたの素質と相手の状況がマッチするか次第。たとえ断られても、失うものはありません。もし会えることになった場合には、周到な準備をお忘れなく。

5　"Juris Doctor"の略。主にアメリカで最初の弁護士資格を取得するための3年制の課程。

5 | 「弁護士」として

　刑事弁護・民事訴訟の他、予防法務、新領域における企業活動支援等、本書に寄稿された他の素晴らしい先生方のように、弁護士は社会的意義を有する多様な役割を果たすことができます。その活躍の場が、いずれかひとつの分野に限定されないというのも弁護士の魅力。さらに言えば、こうした書籍等で紹介されないような「名もなき仕事」こそが、より多くの人々を救う仕事であったりします。

　本稿ではあえてグローバルな観点にフォーカスしましたが、駆け出しのうちは自分の可能性を狭めず多方面に手を広げてみるのが良いと思います。私はそうして多くの素敵な方々との出会いに恵まれましたし、何より楽しい弁護士生活を送ることができています。

　それでは、本書を手に取ってくださった司法試験合格者・学生の方々の中から1人でも、将来、仲間となる方が現れることを心より願っております。

執筆者略歴 慶應義塾大学法学部卒、東京大学大学院JD、ハーバード大学LLM。2歳から仙台に住み、大学進学を機に上京。東京大学大学院在学中に予備試験及び司法試験に合格し、司法修習を経てポールヘイスティングス法律事務所東京オフィスに勤務。2021年、第18回季刊刑事弁護新人賞優秀賞。在職中、東京大学大学院修了(特別成績優秀者)。育児の傍ら、ハーバード大学在学中にカリフォルニア州司法試験合格、卒業後にニューヨーク州司法試験合格。2023年8月より同法律事務所アメリカオフィスにアソシエイトとして勤務。

世界に躍る仲間、募集中!
〜Think globally, act globally〜

弁護士志望者へ ❹

誰かの自由のためにたたかうことは、
自分の自由のためである
公共訴訟の取組みを通じて

亀石倫子（かめいし・みちこ）

[　　修　習　　] 62期
[　事務所名　] 法律事務所エクラうめだ
[所属弁護士会] 大阪弁護士会

---

1 ｜ 公共訴訟との出会い

　私は、大阪市立大学（現・大阪公立大学）法科大学院在学中に、著名な刑事弁護士である高見秀一弁護士の刑事弁護実務の授業を受けたことがきっかけで、刑事弁護の仕事に興味をもち、刑事弁護を中心に取り扱っていた都市型公設事務所に入所し、6年間の在籍中に200件以上の刑事事件を担当しました。

　窃盗や薬物犯罪等の国選弁護事件から、裁判員裁判対象の重大事件、ヤクザの抗争事件までさまざまな刑事事件の弁護を経験しましたが、なかでも後の弁護士人生に大きな影響を与えたのは、弁護士になって3年目だった2012年4月に大阪の老舗クラブが無許可営業で摘発された風営法違反事件でした。

　当時の風営法は、「設備を設け、客にダンスをさせ、飲食をさせる営業」を風俗営業と位置づけ、公安委員会の許可を得なければならないとしていました。そして2012年、京都や大阪の警察が、クラブはこの営業形態に該当すると解釈し、許可を得ていないクラブを次々に摘発したのです。公安委員会の許可を得るには立地や構造等の厳格な要件を満たす必要があり、小規模のクラブのほとんどはその要件を満たしていませんでした。

　しかし、じつはその条文は戦後間もない1948（昭和23）年に風営法が制定されたときからあり、売春の温床となっていたダンスクラブを取り締まるためにつく

られたものでした。死文化していた条文を現代のクラブに適用すること自体がおかしいと考え、仲間の弁護士たちと弁護団を結成し、構成要件該当性を争い無罪を主張する方針をとりました。

この裁判で私たちは、「ダンス」という条文の文言を憲法に適合するよう限定的に解釈するべきだと主張しました。「ダンス」という文言を広く解釈し、性風俗秩序を乱すおそれのない営業まで含めてしまえば、国内のほとんどのダンスクラブが「風俗営業」ということになり、公安委員会の許可を得られないために廃業せざるをえず、職業遂行の自由や、クラブで活動するアーティストらの表現の自由が侵害されるからです。その意味で、これは憲法訴訟でもありました。

クラブの経営者だけでなく、表現者であるDJやダンサー、ミュージシャンなど多くの関係者の声を聞き、彼らの言葉から法律上の権利性を導くヒントをもらいました。それまで憲法上の権利とは遠くにある壮大なものであるかのように感じていましたが、私たちの日々の生活のベースにある、あたりまえのものなのだと気づかされました。

当時はまだインターネットでのライブ配信やSNSでの発信が今ほど一般的ではありませんでしたが、この裁判の意義を考えるシンポジウムをクラブで開催して配信したり、裁判費用を集めるためのチャリティークラブイベントを開催したりするなど、世論やメディアを巻き込むためのさまざまな工夫をしました。公判のたびに傍聴席は満席になり、関心の高さが裁判官にも伝わったと思います。

結果として弁護団の主張が認められ、一審、控訴審で無罪判決を勝ち取り、2016年、最高裁で無罪が確定しました[1]。そしてその年、時代遅れの風営法が改正され、クラブの位置づけは「風俗営業」から新設された「特定遊興飲食店営業」へと変更されたのです。

大阪で起きた風営法違反事件から、「世論を喚起し法律を変えることがある」「司法には社会を変える力がある」ということを知りました。当時は「公共訴訟」という言葉を知りませんでしたが、まさにこれが私と公共訴訟との出会いだったのです。当事者と弁護士だけでなく、理論面を支える研究者、立証活動に協力してくれたクラブ関係者、チャリティーイベントに参加したアーティストやクラブを

1　最判平28・6・7LEX/DB25543348。

誰かの自由のためにたたかうことは、自分の自由のためである
～公共訴訟の取組みを通じて～

愛する人々。「公共」のための訴訟に多くの人が関わり、みんなで判決を勝ち取れたことを、なによりも嬉しく思いました。

　2014年から担当したタトゥーの彫師が医師法違反で摘発された事件も、医師法17条の「医業」の解釈を争う公共訴訟でした。この事件は地裁で有罪判決となり、控訴審をたたかううえでの費用を捻出する必要に迫られて、日本で初めてクラウドファンディングを活用して裁判費用を募りました。こうした公共訴訟では、弁護士は数年間にわたり基本的に「手弁当」で活動せざるをえず、さらに、専門家に意見書を作成してもらうなどさまざまな立証活動の費用が必要になります。私は「お金がないから必要な立証ができず無罪にできなかった」という結果にだけはしたくない一心で、クラウドファンディングを活用することを決めたのです。タトゥーに対する社会の偏見もあり、広く一般から裁判費用を募ることに対しては消極意見もありましたが、結果的に300万円の目標金額を超える支援が集まり、予定していたすべての立証活動ができて控訴審で逆転無罪判決を勝ち取り、2020年に最高裁で確定しました[2]。

　クラウドファンディングを開始したのは、地裁で有罪判決を受け、世間からのバッシングもあって落ち込んでいたときでした。判決に注目していた国内外のメディアも、有罪判決を受けて潮が引くようにいなくなるなか、寄付とともに支援者の方々から「タトゥーは嫌いだけど警察のやり方はおかしいから応援する」「突然自分の職業が犯罪にされるような社会は嫌だ、大事な裁判をしてくれてありがとう」といった応援のメッセージが寄せられるのを見て、思わず涙が流れました。弁護活動に必要な資金を得られたことはもちろんですが、それ以上にこうした励ましに支えられたからこそ、逆転無罪を勝ち取ることができたと思います。

2 ｜ 「CALL4」と性風俗事業者持続化給付金訴訟

　私がクラウドファンディングで裁判費用を募る取組みをしていたころ、東京では谷口太規弁護士と井桁大介弁護士が公共訴訟に特化したクラウドファンディン

2　最判令2・9・16刑集74巻6号581頁。

グのプラットフォームである「CALL4」を立ち上げました[3]。社会問題の解決を目指す訴訟を「公共訴訟」と名づけ、市民がそうした訴訟を身近に感じ、参画・支援できるようにする仕組みをウェブ上で提供する日本で初めてのサービスです。その後CALL4には、入管問題や同性婚をめぐる訴訟など、社会からの支援を必要とする多くの公共訴訟が掲載されるようになりました。

コロナ禍にあった2020年、事業存続の危機に直面した中小企業等を支援するための持続化給付金が性風俗事業者にだけ支払われないという事態が起こり、国を相手に行政訴訟を提起することになった際には、私もその弁護団に参加することになりました。刑事事件で公共訴訟を経験していたことや、いくつかの訴訟でクラウドファンディングによる裁判費用の調達を経験していたことが弁護団に誘われた理由でしたが、私にとっては初めての行政訴訟でした。刑事裁判とは勝手が違い、勉強し直さなくてはならないことばかりでしたが、偏見に基づく不合理な取り扱いをめぐって国とたたかうという点では刑事弁護と共通する部分もあり、やりがいを感じました。

この裁判は、地裁、高裁で敗訴し、現在上告中です[4]。行政訴訟で国に勝つことの難しさを思い知らされながらも、多くの市民の方々から800万円を超える支援が集まるなど、司法に期待されている役割の大きさをあらためて実感することになりました。

3 ｜ 日本初の公共訴訟を支える専門家集団「LEDGE」

そして2023年、CALL4の谷口太規弁護士と井桁大介弁護士の呼びかけにより、社会課題を解決するための公共訴訟を戦略的に提起し、ルールチェンジをめざす専門家集団「LEDGE」を立ち上げることになり、私はその代表に就任しました[5]。プラットフォームであるCALL4と違い、LEDGEは訴訟を担当する弁護士や広報・企画担当者、リサーチャー、団体の運営資金を寄付で集めるファンドレイザーな

---

3 CALL4-社会課題の解決を目指す"公共訴訟"プラットフォーム〈https://www.call4.jp/index.php（最終アクセス：2024年1月22日）〉。
4 東京高判令5・10・6LEX/DB25596072。
5 公共訴訟を支える専門家集団LEDGE〈https://ledge.or.jp/（最終アクセス：2024年1月22日）〉。

誰かの自由のためにたたかうことは、自分の自由のためである
〜公共訴訟の取組みを通じて〜

どの専門家が、実際に公共訴訟を提起し関与していきます。

　諸外国では公共訴訟だけを扱う法律事務所や弁護士が存在し、多くの公共訴訟が提起され、違憲判決を勝ち取り、不合理なルールを変えるということが普通に起こっています。それだけ司法の役割が大きく、寄付のみによって組織が成り立つほど市民の期待も大きいのです。私たちは、日本にも公共訴訟を定着させ、不合理なルールを変える手段として司法が選択肢のひとつになることをめざしています。

　その第一弾として、同年7月に「立候補年齢引き下げ訴訟」を提起しました。成人年齢の引き下げにより18歳から投票することができるようになったにもかかわらず、立候補年齢が25歳や30歳のままであるのはおかしいという問題意識をもった若者たちが原告となり、国を提訴したのです。原告の一人である能條桃子さんは、2019年に若者の政治参加を促進するための団体「NO YOUTH NO JAPAN」を立ち上げ[6]、立候補年齢の引き下げを求めて国会議員への働きかけなどを続けてきましたが、立法の過程でルールを変えることは困難だと感じ、司法を通じたアクションを起こすことを決めたのでした。

　少子高齢化する社会において、若者みずからが社会のあり方を決定する過程に参加することはきわめて重要です。若者の政治への関心のなさが問題視されますが、若者の声を代表する候補者や政治家の不在が一因でもあります。かつて女性に参政権がなかった時代、女性には政治に参加する能力や思慮分別が足りないと信じられていました。今ではそれが単なる「女性差別」であることを誰もが知っています。若者が立候補できるようになり、政治参加が促進することは、これからの日本の社会にとってとても重要なことだと思います。

　LEDGEでは、こうした公共訴訟を戦略的に行っていく予定です。たとえば、「見た目」が外国人であることだけを理由に職務質問の対象にされる「レイシャル・プロファイリング」という問題や、女性が中絶手術を受けたり不妊手術を受けたりするためには「配偶者の同意」が必要とされていることなどのリプロダクティブヘルス／ライツに関わる問題。こうした差別や偏見、不合理なルールに目を向けてみると、そこで苦しみ、尊厳を傷つけられている人たちがたくさんいる

6　NO YOUTH NO JAPAN〈http://noyouthnojapan.org/〈最終アクセス：2024年1月22日〉〉。

ことに気づかされます。社会課題の解決は決して簡単なことではありませんが、同じ社会に暮らす市民の一人として、また、弁護士として自分にできることを考えながら、公共訴訟に取り組んでいきたいと考えています。

4 ｜ 自分らしく生きる

　私は文学部出身で、社会人として３年半働いた後に、法科大学院を経て弁護士になりました。刑事弁護に没頭し、今は公共訴訟という新しい道に進み始めています。これまでの私の歩み自体が、「自分らしく生きる」「自分が決めたように生きる」ことへの模索と奮闘の連続でした。社会からの同調圧力や偏見に抵抗したり、疎外されたりする側に立つことの難しさを感じながらも、自分の信じる「正しさ」のために挑戦し続けてきたからこそ、どのような種類の事件であっても、自分らしい生き方を模索し奮闘する人の傍らで、その実現のために弁護士としてできることをしたいという気持ちが常にあります。

　クラブがなくなっても、タトゥーの彫師がいなくなっても、性風俗事業者が廃業しても、直接的には困らないかもしれません。30歳以上の人は立候補年齢がどうなろうと関係ないかもしれません。しかし、そのような社会で、私は自由に自分らしく生きられるだろうか。誰かの自由のためにたたかうことは、自分の自由のためでもあるのです。

執筆者略歴 2009年大阪弁護士会に登録。刑事事件を中心に経験を積み、2016年にクラブが風営法（ダンス規制）で摘発された事件の違憲無罪判決（最高裁）、2017年に令状なしでのGPS端末を使った監視捜査は違法とする判決（最高裁）、2020年にタトゥー彫師医師法違反事件の無罪判決（最高裁）を弁護人として導いた。2023年、公共訴訟を支える日本初の専門家集団「LEDGE」の代表に就任。著書に『刑事弁護人』（講談社、2019年）。

誰かの自由のためにたたかうことは、自分の自由のためである
〜公共訴訟の取組みを通じて〜

刑事弁護人になるということ

川崎拓也（かわさき・たくや）

[　修　習　]61期
[　事務所名　]藤井・梅山法律事務所
[所属弁護士会]大阪弁護士会

1 ｜ 刑事弁護人とは

「刑事弁護をやりたいと言うけど、きっと最初だけだよ」

司法試験に受かり、就職活動をしている際に、このように言われることが幾度かありました。たしかに、刑事弁護を中心に扱っているという事務所からの募集はあまり見かけませんでした。刑事弁護をネット広告で宣伝をする事務所もなかった時代でした。

そんなときある刑事弁護人から、その理由の説明を受けました。彼はこう言うのです。多くの弁護士にとって、刑事弁護はキャリアの序盤に少し関わるだけである。

それはなぜなのでしょうか。「ないないづくし」だからです。まず、刑事弁護は接見や公判などで時間がかかります。登録後数年経てば民事事件の依頼が増え、刑事弁護に割く「時間がない」。次に、ほとんどの事件は安価な国選です。事務所経営のことを考えれば、刑事弁護をやりすぎると「金がない」。それでもまだ頑張れます。最も大きな障壁は、やれどもやれども「成果が出ない」ことです。この「ないないづくし」の結果、刑事弁護から離れていく弁護士が多いわけです。

では、なぜ私は（そして、彼は）いまだなお、刑事弁護をやめていないのでしょうか。その答えは単純ではありません。しかし、間違いなく言えることは、刑事

弁護がすべての基本であり、みずからの成長にとって有益なものであり、そしてなによりもやりがいがあるからです。

　刑事弁護に携わるということは、人の人生に触れることです。それが否認事件であれ、自白事件であれ、多くの被疑者・被告人にとって、刑事手続は人生における最大級の危機に違いはありません。その場面で、被疑者や家族、友人らの窮地を救うことができるのは弁護人だけです。そして、私たちに求められていることは、無罪判決を勝ち取ることがすべてではありません。ありとあらゆる知恵と技術と法を駆使して、強大な権力に立ち向かい、そして依頼者の利益を守る。これは弁護士という仕事に通底する基本姿勢です。

　本論考を通じて、少しでも刑事弁護人の「やりがい」を感じてほしいと思います。そして、これからの弁護士人生における基本的姿勢を学び、身につけるために、そして願わくばこの国の刑事司法がより良い方向に向かうために、刑事弁護に携わっていただければと願うばかりです。

2 │ 刑事弁護のキャリア

　まずは自己紹介と私のキャリアを振り返ることでひとつのサンプルにしてもらいたいと思います。

　私が刑事弁護人を志したのは、父が刑事訴訟法の学者、特に再審事件の研究をしていたことによります。ただ、子どものときは漠然としたイメージを持っただけでした。京都大学の法科大学院を卒業する頃には、周りのほとんどの友人がいわゆる企業法務事務所に就職するのだと初めて知りましたが、私は漠然としたイメージを抱いたまま、「刑事弁護がしたい」と言い続けてきました。

　修習生になると就職活動が始まります。たまたま友人の修習生が秋田真志弁護士の事務所で修習をしていたこともあり、修習生と指導担当との飲み会で「刑事弁護がしたい。事務所にお邪魔したい」とお願いしたことでなんとか面接にこぎ着けました（秋田弁護士は、映画『Winny』にも実名で登場する刑事弁護のレジェンドと言ってよいでしょう）。意気揚々と自分の刑事弁護人人生が始まると胸を膨らませました。

　しかし、刑事弁護はそんなに甘いものではありません。初めて担当した事件で

　　　　　　　　　　刑事弁護人になるということ

は、迂闊な示談交渉をして被害者を激怒させ、弁護士生活一週間目で、被害者宅で延々と怒鳴られ続けました。もちろん、無罪判決などははるか彼方。尋問ひとつうまくできません。最初の数年は、常にビクビクしていたように思います。

　登録から5年が経ったにもかかわらず、いまだに弁護人席で「被告人は無罪」という言葉は聞いたことがありませんでした。「秋田先生の下でこんだけ事件やってるのに、無罪ないとか才能ないんとちゃうか」などと思い始め、これは刑事弁護から離れるしかないか……などと考え始めました。

　それでもしつこく弁護人として活動していくうちに、徐々に成果が出始めてきました。若手弁護士で弁護団を作った「クラブNOON風営法事件」では、初めて「被告人は無罪」という言葉を聞くことができました[1]。その日は、お金では絶対に買えないものを手に入れた、という高揚感で1日フワフワしていたことを覚えています。

　その頃には、弁護士会の研修で講師をするようになり、ともに講師を務める百戦錬磨の刑事弁護人を見て、「あの人達はなんであんなにすごいんだろう」と思うようになりました。また、法曹三者の勉強会などで裁判官や検察官と議論するようにもなり、「この人達はなんで海外のことを知ってるんだろう」と思うようになりました。今となってはどういう思考過程だったかも思い出せませんが、その二つの感覚の合流点が「留学」でした。そして、大学受験以来10年ぶりに英語の勉強を始めました。

　8年目に日弁連の留学支援制度を使って、カリフォルニア州バークレーでアメリカ刑事司法の研究をすることになりました。1年半の留学生活は、一向に上達しない英語の不自由さを感じ続けながら、自分がマイノリティであるというステータスをも経験できた非常に有益な機会でした（刑事弁護に携わろうが携わるまいが、チャンスがあれば留学は絶対におすすめします）。特に、アメリカの公設弁護人事務所で経験したインターン生活はアメリカ刑事司法を肌で感じることのできた貴重な機会でした。「日本に帰ったら、自由にやろう！」「既存の枠組みに囚われずにやろう！」と固く決意して帰国することになりました。

　10年目はその決意の勢いで比較的自由に思ったことを発言しましたが、日が経

1　大阪地判平26・4・25裁判所ウェブサイト。

つにつれ日本の空気にどんどん染まり、今や見る影もありません。しかし、留学前よりは意見表明することへの意識は大きく変わりました。そのせいか、事件のみならず、さまざまなお仕事・お役目が舞い込むようになりました。

　日弁連では、取調べへの弁護人立会いを実現するための委員会で事務局長を務めています。留学中にアメリカのイノセンスプロジェクトに触れたこともあり、大学の先生方とイノセンス・プロジェクト・ジャパン（旧えん罪救済センター）の運営に関与することになってしまい、気づけば理事になっていました。海外の事情を少なからず知っていることは、刑事弁護を扱う者の中では珍しく、さまざまな研究会で発表の機会を得て、いくつかの論文や翻訳書なども執筆する機会を得ることができました。

　13年目には事務所を移籍しました。現在の事務所は企業法務も多く扱う事務所です。依頼者の傾向も大きく変わりましたが、刑事弁護だけは相変わらず続けています。ロースクールで授業を持つ機会もあり、現在は京都大学と大阪大学で刑事弁護を教えています。人に教えるということは、楽しくもあり、日々の弁護実践に緊張感を持たせるものです。教えておいて自分ができないではハズカシイ。テレビや新聞で刑事司法についてコメントを求められることもあります。一般の方々にわかりやすく伝えることには、通常とは異なる難しさがありますが、刑事司法が法制度である以上、それも重要なことだと考えています。

　端的に言って、刺激的な日々と言ってよいのでしょう。

3 ｜ 刑事弁護がすべてに活きる

　さて、刑事弁護の魅力に戻ります。刑事弁護はすべての基本であり、弁護士としての力を成長させてくれます。

　まず、刑事事件を扱えば、瞬く間に公判の難しさを感じることでしょう。証人尋問で書面ひとつ示すだけでも厳格な根拠と作法が必要です。民事事件では、書証であればなんでもかんでも示すことができますが、刑事裁判ではそうはいきません。民事事件の証人尋問で異議がでることは稀ですが（そもそも、証人尋問まで至る事件が稀かもしれない）、刑事裁判、特に否認事件では異議が何度も飛んできます。主尋問すら緊張の連続です。また、伝聞法則など証拠法のしばりも強く、

法律的関連性の議論など、証拠の出し方ひとつでもさまざまな法的知識が必要とされます。刑事手続が民事手続より優れているわけではありません。刑事法廷で鍛えていさえすれば民事法廷では困らない、ということです。

　さらに、事務所を移籍して驚いたことは企業を依頼者とする事件でも刑事弁護的発想・経験や事実と証拠へのこだわりは、大きなアドバンテージになるということです。企業が事故や労働災害で刑事事件に巻き込まれることが稀にあります。珍しい事態であるがゆえに、対処には不慣れです。適切に対応しなければ、悪気なく証拠隠滅してしまう危険もあります。その結果、強制捜査に至ることもありうるところですが、そのダメージは一般人と比べても劣るところはありません。そのような局面で刑事弁護人は役に立ちます。また、刑事事件でなくても労働者の懲戒手続などでは、被処分者の権利にも十分に配慮したまさに「適正手続」が求められます。この局面では企業は権力を行使する側となりますが、権力者が何をしてもいいわけではありません。今や企業に求めれるのは横暴ではなく、社会の一構成員としての適正さです。結局、ここでも刑事弁護人的発想・経験は役に立ちます。

　このように刑事弁護で培ってきた能力はさまざまな局面で活きています。

　そして、刑事弁護そのもののやりがいです。冒頭で述べたとおり、刑事手続は本来一生に一度も巻き込まれることのない非常に稀有な局面です。そこで、弁護士が果たす役割は、依頼者やその家族・関係者の人生に大きな影響を与えます。与える分だけリターンも大きくなります。冤罪から救うことができた依頼者はもちろん、必死に更生しようとしている依頼者を刑務所に送らなくてすんだときもそうです。仮に実刑判決になっても、彼／彼女が出所後にスムーズに社会に戻ることができるように、一緒に原因を考え、家族と対策を立てる。そうすることで未来への光も見えて来ます。逮捕されてどん底の人に光を見せることができる。こんなにやりがいのある仕事はありません。

4 ｜ 刑事弁護とワークライフバランス

　「とはいえ」です。やはり難しいことに変わりはありません。否認事件ともなれば、毎日接見に行き、ありとあらゆる異議申立をし、証拠を読み込み、尋問の準

備をし、最終弁論を考える。並行して民事事件もおろそかにはできません。いきおい日々の生活は忙しくなり、土日もなくなることがあります。これは残念ながら事実です。

　しかし、この状況は少々改善しているように思います。近時、刑事弁護を扱う弁護士は増え、特に都市部では従前よりも担当する刑事事件の絶対数自体は減ってきています(その一方で、地方単位会では苦しい状況が継続しており、対応が必要です)。その分、一件一件にかける余裕も生まれています。また、特に裁判員裁判では国選報酬も相応に(あくまで「相応」であって「十分」ではない)経済性を考慮されたものになってきています。

　また、国民全体にも、捜査機関の問題点は周知され「逮捕されたら弁護士」「取調べに呼ばれたら弁護士」というニーズも増えています。刑事＝ほぼ国選という状況も徐々に変わってきています。

　何より刑事弁護にともに取り組もうという同世代がなお多く残っています(特にロースクール世代である60期台以後にこの傾向は強いと感じています)。やりがいや悩みを仲間と共有し、時に共同受任により負担を軽減することもできています。刑事弁護人のワークライフバランスも改善してきているように感じられます。

　たしかに楽な仕事というつもりはありません。しかし、その分、やりがい、技術の向上、弁護士としての成長にとって、これ以上の素材はありません。

　みなさんと一緒に法廷に立てる日を楽しみにしています。

執筆者略歴 1981年島根県生まれ。京都大学法科大学院卒業後、2008年に弁護士登録(新61期)。カリフォルニア州立大学バークレー校客員研究員を経て、現在は、京都大学法科大学院・大阪大学法科大学院非常勤講師、日弁連取調べ立会い実現委員会事務局長、財団法人イノセンス・プロジェクト・ジャパン理事などを務める。弁護士登録当初から刑事事件に取り組み、近時は、取調べへの弁護人立会いに関心を持ち、関連の論考が多い。弁護士としてのモットーは「声をあげられない人の声を伝えること」。趣味はお酒を飲むこと。

　　　　　　　　　刑事弁護人になるということ

私、弁護士「も」頑張ってます!

自由と正義と反則攻撃

- -

川邉賢一郎 (かわべ・けんいちろう)

[　修習　]65期
[　事務所名　]弁護士法人Next横浜オフィス
[所属弁護士会]神奈川県弁護士会

1 ┃ 自己紹介

　私は、横浜駅から徒歩５分ほどの場所に「弁護士法人Next横浜オフィス」という事務所を構えて弁護士をしており、その他に月に１回程度「竜剛馬」のリングネームでリングに上がって試合をするプロレスラーの仕事もしています。

　このように自己紹介をするとふざけているのかと笑われることも多いのですが、本人としてはいたって真剣にふざけています。

　もしよかったら、これをお読みになる皆さんにも、「弁護士っていろいろな働き方があるんだな」「こんなふざけた人間でもできるんだから、自分も弁護士くらいはできそうだな」と思っていただければ幸いです。

2 ┃ 今の私の仕事

　現在、私がどんな仕事をしているか、簡単にご説明申し上げます。

　まず弁護士業ですが、弁護士法人Nextという法人を作っていて、東京と横浜にオフィスがあるのですが、実態としては個人事務所に近いものです。

　横浜オフィスは、弁護士２名、事務職員１名というこぢんまりした事務所で、いわゆる普通のマチベンです。

つまり、依頼者は企業よりも個人が多く、事案としても訴額が１億を超えるような事件はまれで、地元密着型、家事事件、一般民事事件を幅広く手がけており、刑事事件もたまにやる、といった感じです。

　収益性の高い事務所ではありませんが、何とか経営は成り立っていて、平日は朝７時から飲みに出るまで仕事をしており、土日は基本的に休み、たまにどうしても平日に会えない依頼者と打合せをするために土日どちらか数時間事務所に出る、という働き方をしています。

　そして、月に１度はプロレスのリングに上がっています。場所は東京都江東区新木場、新宿区歌舞伎町、文京区後楽園といった都内が主ですから、平日の夜に弁護士業務を終えて会場に向かい試合に出ることが多いです。

　本職のプロレスラーのように鍛練を重ねることもできないでいるため、悲惨なほど弱いです。ですから、闘うときのコスチュームをスーツにしたり、六法を凶器にして殴ったりと「弁護士キャラ」をネタにして何とか試合を成り立たせている、というのが精一杯です。

３｜私が弁護士レスラーになった理由、または私がいかにして道を踏み外したか

　もともと、私は高校生くらいの頃から、弁護士という職業に憧れていました。かっこよさそうでしたし、お金も稼いでそうだったからです。

　しかし、大学在学中に旧司法試験を受けたものの択一試験で不合格となり、そのまま大学を卒業して司法浪人となった頃には、なりたいという気持ちも中途半端なものに成り下がり、勉強にもあまり実が入っていませんでした。

　私は、実質的には親のすねかじりの無職でしたが、周囲には「司法試験浪人」を名乗っていました。その方がかっこよさそうでしたし。

　大学を卒業して半年くらいが経った頃、学生時代にサークル活動で学生プロレスをしていた頃の先輩から電話がかかってきました。先輩は大学を卒業してプロレスラーになっていたのですが、彼が所属する団体が主催する興行に私も出場しないか、という誘いでした。私はてっきり、１試合だけのゲスト出場だと思って快諾したのですが、「じゃあ記者会見をするから来てくれ」と言われて行った会場

で、新人レスラーとして入門することになってしまいました。

　私は、記者会見の帰り道、「まいったなぁ……。親に言えないな……」と悩みましたが、流されるようにプロレスラーと司法試験浪人の仮面を被りながら親のすねをかじり続けました。そうこうしているうちに新司法試験が始まり、旧司法試験の合格者が300人程度にまで削減され、私は大学卒業後も２回司法試験に落ちて、もう「弁護士になる」という自分で作った与太話に押しつぶされそうになりました。リングでは不甲斐なく負け続け、深夜に家に帰っては、枕に顔を埋めて大声で何かをわめき続けました。自分の将来に対する不安で頭がおかしくなりそうになっていたのです。

　　「もう、この不安をかき消すには弁護士になるしかない」

　一念発起して、いくつかの法科大学院を受験し、不合格通知も見飽きてきた頃に、なぜか東大の法科大学院だけは私を受け入れてくれました。

　法科大学院を出た後も新司法試験には２回落ち、当事はいわゆる「三振制」で３回落ちると法科大学院からやり直しという時代でしたから背水の陣でしたが、なんとかラストチャンスで司法試験に合格することができました。

　私の司法修習期は65期で、就職氷河期といってよい厳しさでしたが、幸い、弁護修習でお世話になった事務所が私の経歴を面白がってくれて、プロレスラーの活動を続けながら勤務弁護士として働いてよい、と受け入れてくれ、晴れて私は弁護士レスラーになりました。

　その後、弁護士経験１年10カ月で私は同期の弁護士と独立し、現在の事務所を開き、今に至ります。

4 ｜ 二つの仕事をするということ

　弁護士レスラーは日本では今のところ私だけなので、ときどき新聞や雑誌などに記事を載せていただくこともあり、私について以前は「二足のわらじ」、最近だと「二刀流」という言葉で表現されることがあります。

　ただ、私自身としては「二つの仕事を両立させている」という自覚はあまりない

のです。理由はいくつかあるのですが、最大の理由は、プロレスラーとしては規格外に弱く、まともなプロレスラーと言えるか疑問であることです。

　他の理由としては、あまり両立させようとしていないというのもあります。好きなことをやっていたらそれがプロレスラーと弁護士という二つの仕事だった、というだけで、特に二足のわらじを履いてやろうなんて思ったことはないのです。実は、プロレスラーと弁護士の他にもう一つ仕事をしていたこともあります。5年くらい前まで、慶應義塾大学院健康マネジメント科で、研究者の仕事もしていました。査読論文もひとつ共著で書いています。研究の仕事も、なんとなく流れに沿ってやっていたらお呼びがかかって形になった、というくらいの話でした。私は一貫して、興味があること、やりたいことを見つけ、機会をいただいたらそのチャンスに飛びついてきたんですね。

　よく、二つの仕事を掛け持ちして時間管理が大変ではないですか、と聞かれますが、私のようなマチベンをやっていると、弁護士としての仕事量は受任件数や担当事件の流れで増減が激しいため、掛け持ちをしているとかしていないとかいった事情は、さほど忙しさには影響していないように思います。

　とにかく、私は好きなことをやっているだけで、それを「弁護士レスラー」という言葉で捉えると面白おかしいかもしれませんが、別に特別なことをしているわけではないのです。

5　｜　シナジー?　何それ美味しいの?

　よく「弁護士の仕事とプロレスラーの仕事を両方やっていて良かったことは何ですか」と聞かれます。

　私が元気よく「とても楽しいです!」と答えると、たいていの場合は質問した人が「そういうことじゃねえんだよ」という顔をするのです。ごめんなさい、でもその質問で困っているのはお互いさまです。たしかに、プロレスのお客さんが弁護士業務の依頼をくれたり、運営団体が顧問にしてくれたり、逆に弁護士の方のお客様がプロレスを観に来てくれたり、ということはあります。

　でも、たぶん「両方やっていて良かったこと」の質問は、そういうことではないんですよね?　もっと、「プロレスをしていて○○という経験をしたことが、弁

護士業務において○○という発想に繋がり、見事事件を解決しました」みたいなのが聞きたいんですよね？

ないんだな、これが。

より正確には、たぶん本当はいろいろと良いこともあると思うのですが、自分ではなかなか気づかないのです。たとえば、弁護士の仕事をするうえで、私がプロレスラーだということを知った人が、ストーカー被害やヤミ金被害といった、相手方が怖い人の事件を依頼してくれることがあります。それ以外にも、建物明渡の事件を依頼されて現場のマンションに行ったら、玄関に足を踏み入れた途端、占有者がドアを閉めてチェーンロックをかけ、鼻が近づくくらいの距離で「弁護士だからって何でも思い通りになるんですかね」と凄んできたこともあります。怖い目に遭ったときに今までおしっこを漏らさずにすんできたのは、私が怖い目に遭いそうだと予感したらトイレに行く癖があるのと、あとはどんな怖い人もリングで対角線上にいる屈強なプロレスラーほどは怖くないという理由からです。鼻の先で凄んでいる一般の方と、リングで自分を攻撃しようとしている屈強なプロレスラー、明らかに怖いのは後者ですから、目の前で凄んでいる人も怖いですが、耐えられないことはないのです。

でも、これを「シナジー」と呼ぶのには抵抗があります。おしっこを漏らさなかったからといって報酬が高くなるわけではないですし。ですから、ことさらに「二つやってて良かった」ということはありません。しかし、私はプロレスの仕事も弁護士の仕事も大好きですし、スリリングでエキサイティングで、とっても楽しんでいます。

こんなに楽しい仕事をしているのだから、それ以上に利益を求めるなんてぜいたく過ぎますよ！

6 ｜ 弁護士を目指す皆さんへ

私は、弁護士の仕事の良いところは、自分に合った自由な働き方ができるところだと思っています。

弁護士になった法科大学院の同期には、いわゆる「四大事務所」のパートナーもいれば、インハウスロイヤーもいれば、私のようなマチベンもいます。たまに話

しをすると、もうお互いのことがまるでわからない！　同じ職業とは思えないくらい、違った働き方をします。

　私のように、変な兼業をしている人間もいたってよいわけです。もし皆さんがやりたいことがあったら、弁護士をやりながらやったってよいですよね。

　また、弁護士の資格を持っていれば、ある程度食うには困らないでしょうから、もう一つか二つやりたいことがあれば、勇気を持ってチャレンジすることもできるでしょう。もちろん、他の道には脇目も振らず、弁護士として研鑽を積むのも素晴らしいことです。ですが、一度きりの人生なので、せっかくだから楽しく仕事をして、やりたいことをやった方がいいと思うんです。

　私は弁護士として自慢するような能力を持ち合わせてはいませんが、ひとつだけ、自慢に思っていることがあります。独立開業した2014年11月から今まで8年半、一度も、朝目覚めたときに「今日は仕事に行きたくない」と思ったことがないんです。そりゃ、「あまりに天気がよいから海に行きたいな」とか、「仕事をサボってビールでも飲んでたらどんなに楽チンだろう」とか思うことはありますが、そんな夢想をする程度で、本当に出勤が嫌だと思ったことはありません。

　それは、おそらく私が好きなことをやっているからです。好きなことを仕事にしたというより、仕事で好き勝手なことをやっているというのがより事実に近い表現だろうと思います。

　司法試験に受かった方は、その時点でほぼ「夢がかなった」という位置にいると思います。でも、夢がかなったその先の道を歩き続けるのは、時々しんどいときもあります。しんどいけど楽しい、もっと続けたい、と思える仕事に二つも出会えた私は、とても幸せです。

　皆さんも、自由な弁護士稼業を楽しんでみてはいかがでしょうか？

執筆者略歴　現役プロレスラーとしても活動する、日本で唯一の弁護士レスラー。プロレスラーとしては2005年にデビューし、現在はプロレスリングBASARA所属。弁護士としては2012年に登録し、現在は神奈川県弁護士会所属（65期）。リング上では三省堂出版の法律書『模範六法』を武器に闘い、法廷では体力と熱意を武器に闘う。2014年に弁護士法人Next横浜オフィスを開設し、一般民事事件全般と横浜中華街から横浜駅までのエリアの飲食店めぐりに日夜注力している。

私、弁護士「も」頑張ってます！
〜自由と正義と反則攻撃〜

子どもと弁護士と私

坂本知可（さかもと・ちか）

[　修　習　]62期
[　事務所名　]神戸花くま法律事務所
[所属弁護士会]兵庫県弁護士会

1 私の弁護士としての活動のなかみ

(1) マチベンとして

　私は、弁護士１年目から、兵庫県神戸市内にある法律事務所で、いわゆるマチベンをしています。弁護士が常時８名程度は所属している、神戸では中規模の事務所です。依頼者は個人の方や中小企業経営者の方がほとんどで、依頼内容としては家事(離婚、遺産分割など)、労働、自己破産などの債務整理、交通事故、刑事などが中心ですが、犬の引渡請求など類型化できない事件を取り扱ったこともあります。マチベンとしてこれまで仕事をしてきて、弁護士の仕事のやりがいは、月並みですが、依頼者の人生の一大事であり最も辛いときに寄り添うことで、依頼者が次の一歩を踏み出すためのサポートをできることだと思います。結果が伴えば最高ですが、必ずしも良い結果とはならなかったとしても、弁護士が結果に至るまでのプロセスを大切にできれば、依頼者が真の意味で納得してくださることも多いと感じています。

　弁護士の仕事は基本的には個人プレイであり、ある意味孤独な仕事です。しかし、私は、少年事件や過労死事件、障害年金不支給決定取消請求事件など比較的難しい事件で、２〜４名のミニ弁護団を組んで取り組むことがそれなりにあり、チームプレイの面白さも経験してきました。３人寄れば文殊の知恵とはよく言っ

たもので、複数名で事件に取り組めば、1人で取り組んだ場合には思いつかないようなアイデアが思いついたりして、思いも寄らない突破口が見つかったりします。事務所内でチームを組むこともあれば、他の事務所の弁護士とチームを組むこともありますが、弁護士によって事件処理や依頼者対応の方法が異なり、非常に勉強になります。

(2) ライフワークとしての子ども・過労死・憲法

　私は、もともと、神戸須磨児童連続殺傷事件を契機として、付添人の活動に関心を持ち、弁護士を目指しました。弁護士になって数年間は、少年事件での付添人活動が生きがいでした。また、弁護士になってすぐの頃から、弁護士会の子どもの権利委員会に所属し、活動するうちに、児童虐待やいじめの問題などにも取り組むようになり、どんどん活動範囲もやりたいことも広がっていきました。いまや、子どもの権利に関する活動は私のライフワークとなっています。

　また、他事務所のお世話になっている先輩弁護士から声をかけられて始めた過労死問題についての活動も今となってはライフワークのひとつと言えるかもしれません。過労死事件に取り組んだり、過労死等防止推進兵庫センターで過労死遺族の方や支援者の方と一緒にシンポジウムを企画したり、学校に啓発授業に出向いたり、予防のための活動にも取り組んだりしています。

　そして、忘れてはならないのが、憲法についての活動です。明日の自由を守る若手弁護士の会に所属し、憲法を広く市民の方に知ってもらうための活動をしています。以前は、兵庫支部のメンバーで劇団「あすわかひょうご」を立ち上げ、劇を通して憲法について知ってもらうということもしていました。その頃は、今振り返ると元気だったなぁと思いますが、通常業務を終えて、18時半くらいに集まり21時くらいまで劇の稽古をしていました(部活動のノリです)。憲法について伝える活動も私のライフワークのひとつです。

2 ｜ 出産・育児と仕事の両立は大変!?

(1) 子どもが産まれて一変した生活

　私は4年前に第一子を出産しましたが、それまでは、なかばワーカーホリック気味に働いてきました。仕事や活動というのは、やればやるほど成果が出るた

め、とにかく面白かったのです。講師活動やイベント(憲法、弁護団関連など)への参加などで、休日はほとんどないに等しい時期もありました。

　しかし、出産により、私の生活は一転しました。当たり前と言えば当たり前なのですが、子どもがいると子どもが生活の中心になります。やりたいことがたくさんある欲張りな私は、やりたいことをできるだけ継続できるようにどうしたらよいのか考えました。できるだけ、これまで通りの業務量と活動量を維持できるように……と考えていましたが……。本当に甘かったです。結局、チャレンジはしてみましたが、どうあがいても、従前と同様の業務量や活動量を維持することはできませんでした。保育所に預けている子どものお迎えのため、17時過ぎには事務所を出なければなりません。帰宅後も寝かしつけまではバタバタと家事・育児の時間が続きます。子どもを寝かしつけた後自分の睡眠時間を削って仕事や活動をしようと試みましたが、さすがに毎日となると体力が持ちませんでした。

　また、子どもはしょちゅう風邪を引くのです。そして、時には、風邪をこじらせ、入院したりもするのです。最近第二子が生まれたのですが、子どもが2人になると、風邪の移し合い合戦が始まりました。そうなると、せっかく組んだ予定はすべて組み直しをしなければなりません。同業者の夫と「この日はどちらが面倒を見る？」と調整します。2人とも見られない場合には、私の母親に依頼します。夫も私の母親もどうしても子どもを見られない日は、私が依頼者や関係者に謝って予定を変更したりします。「なんだか謝ってばかりだなぁ」と無性に悲しくなる日もありました。

　それに加え、私がぶつかった衝撃的な事実は、子どもは年齢が高くなるにつれて自立して楽になるのかと思いきや、自我が芽生えて、よりややこしくなるということでした(それは子ども側から見ればまさに「成長」ということなのですが……)。4歳になった長男は、言葉が達者になり、動きも機敏で、「おさるのジョージ」を地で行くいたずらっ子に育ち、私とは本気で喧嘩する毎日です。長男と向き合うだけで凄まじいエネルギーを削られます。

　要は、子育て期間は、可処分時間が圧倒的に減少するということがわかったのでした。

(2) 葛藤の日々から生まれた答え

　自身のやりたい仕事や活動ができない悔しさと子どもに向き合う時間も十分に

取りたい自分との葛藤で苦しんでいたある日、夫から言われた一言が心に残りました。

「一生のうちで子どもと過ごせる時間は実質5年間なんだって」。

なんと……。そうなのです。子どもとここまで密に過ごせるのは今だけ。子どもはあっという間に成長して手を離れます。だからこそ、今を楽しまないと損なのです。

最近になりようやく少しずつですが、考え方や気持ちの切り替えができてきたように思います。子どもと向き合う時間も仕事や活動をする時間もどちらも自分にとっては大事。とはいえ、子どもは自分にとって最も大切な存在であることは間違いない。どのような時間の使い方が自分にとって「楽」(ストレスがなく、楽しいと感じられる)だろうか。そう考えると、子どもとしっかり向き合えるだけの精神的余裕を持てるように、少しだけ余白を持った事件の受け方をし、活動は自分がライフワークとして行っているものを中心に据えてできる範囲で続けていくということが今の自分にはベターだというところに行き着きました。

(3) 仕事と出産・育児の両立のために必要な5つのこと

仕事と出産・育児の両立のためになくてはならないこととして、いくつか具体的なことを挙げたいと思います。

一つ目は、コロナ禍においてオンライン化が急速に進んだことです。訴訟に関してはTeamsの利用が進んでおり、かなり負担が減りました。子どもが風邪などを引いて在宅ワークせざるをえない場合でも、Teamsであれば自宅にいても手続に参加できますし、調停期日も電話で繋いでいただき参加できるようになっています。18時からの会議についても、子どもを保育所に迎えに行った後、食事をさせながらオンラインで参加できます。平日の晩や休日開催の研修やシンポジウムなどにも、オンラインとリアルとのハイブリッド開催であれば参加できます。以前は到底適わなかったことが、オンライン化が進んだことにより可能となっていると思います。

二つ目は、さまざまな人間関係を頼ることです。まずは何を差し置いても、子育てをともに行っている戦友としての夫です。夫とそれぞれの得意分野を活かし

ながら分担していくことができなければ、今の私の生活は成り立ちません。そして、私の母親もいざというときには出動してくれます。この2人が私の日常生活におけるキーパーソンですが、それ以外にも保育園の存在は必要不可欠です。おかげさまで、わが子は保育所で多くのことを学び、スクスクと育っています。私自身の精神面のサポートという意味では、同世代の弁護士が多くいる事務所の人間関係も必要不可欠です。子どものやんちゃに悩む私に対して同僚から掛けられた「子どもってそんなもの。大丈夫」の一言でどれだけ救われたか……。子育てというのは、親のみで行うものではなく、さまざまな人間関係の中で行っていくものだと思います（本当は、ベビーシッターやファミリーサポートなど、もっと開拓していけば楽になるのだと思いますが、まだそこまでは手を出せていません……）。

　三つ目は、依頼者や関係者に「迷惑をかける」ことです。私は、妊娠中に切迫早産となり医師より自宅安静指示を受けた際には、依頼者に自宅の近所まで来てもらって打合せをしていましたし、行政の委員のお仕事については他の委員の方に私の代わりを長期にわたり担っていただきました。子どもが風邪になったときには、依頼者に調停期日に1人で行っていただき、私は電話で参加をしたこともあります。快諾してくださった依頼者や関係者の方々には本当に感謝していますし、今は恩を返そうという気持ちで事件や委員の仕事に取り組んでいます。上記のようなお願いをすることは、いずれも、プロとしては失格なのかもしれませんが、「迷惑をかける」ことが許される社会でなければ、男女問わず、子育てをしながら仕事を続けることは絶対にできないと思います。

　四つ目は、経費に追われない環境下に身を置くことです。私は、以前は、経費負担に追われた時期があり、苦しい思いをしたこともありましたが、現在は、経費をミニマムに抑えるスタンスで経営していることや、所属弁護士が複数いるため経費負担を分散できることから、精神的な負担がかなり軽くなりました。自分たちがどのような仕事をして、どのような人生を送りたいかという根源的な思いを共有できる事務所のメンバーに恵まれたことは最高に幸運なことだと思っています。

　五つ目は、近所の喫茶店で仕事をする時間です。現在、純粋に自分自身のための時間というのは皆無です。しかし、私は、たまに打合せや会議などの予定がほとんどなくまとまった時間が取れた日には、事務所ではなく、自宅の近所の喫茶

店で仕事をするようにしており、その時間が、自分にとって、仕事をしているにもかかわらず、リラックスできる時間となっています。

3 ｜ 将来の法曹を目指す皆さんへ

　皆さんの中には、これから子どもを出産し育児をされる方が相当数おられるのではないかと思います。皆さんそれぞれ、生活と仕事のバランスをどのように考えるかは異なると思いますが、人生のいずれのステージにおいても、皆さんが最も「楽」な道を選んでいただきたいと思います。「楽」の意味は、「決して身体を壊さないように、無理しないように」ということと、「人生を楽しく感じられるように」ということです。これは、私が過労死防止の活動に取り組む中で、過労当事者・過労死遺族の方々より教えていただいたことです。

　弁護士の仕事は、裁量が大きく、やればやるほど結果が返ってくる側面もあり、どうしてもやり過ぎてしまうことがありますが、やり過ぎは禁物です。仕事は皆さん自身の人生のためにあるものだからです。この当たり前のことが、生活と仕事に追われると忘れがちになってしまいます。どうか、自分自身が生活や仕事のいずれも楽しいと思えるバランスを探しながら、仕事をしていただきたいなと思います。そうすれば、最高に面白い人生になると思います。それほど、子どもとの生活は喜怒哀楽や想定外の出来事に満ちて面白いですし、弁護士の仕事は奥深くやりがいを感じられる仕事だと思っています。カオスの中で生活する一弁護士として、皆さんにめいっぱいのエールを贈りたいと思います。

執筆者略歴 2010年弁護士登録。神戸市にある法律事務所にて勤務。主に個人の方、中小企業の方からの依頼を受けている。子どもの権利、過労死問題、憲法問題をライフワークとして活動している。2人の男児の母としても奮闘中。

法律家の可能性は無限大！

角田 望（つのだ・のぞむ）

[　修　習　]65期
[　事務所名　]法律事務所ZeLo・外国法共同事業
[所属弁護士会]第二東京弁護士会

1 | 現在の弁護士としての活動紹介

　私は、現在、株式会社LegalOn Technologiesの代表取締役CEOと法律事務所ZeLo・外国法共同事業の副代表弁護士を兼務しています。当社は、AIで契約書審査を支援する「LegalForce」、締結後の契約書の期限やリスクをAIで管理する「LegalForceキャビネ」、グローバル向けのAI契約業務支援プロダクト「LegalOn Review」、意思決定プロセスマネジメント「DecideOn」などを開発・提供しています。

　ZeLoは企業法務全般を取り扱う法律事務所で、特にAIをはじめとする最先端案件に強みを有しています。

　現在の私は、弁護士業という意味での仕事はあまり行なっておらず、もっぱら経営に多くの時間を投入しています。具体的には、全社の戦略や方針を検討したり、お客様に当社のプロダクトを提案したり、社内のさまざまな問題を解決したり。事業を成長させるために必要なことであれば何でもやっています。

　その意味ではこの本の読者の方のイメージする「弁護士像」とは随分とイメージの異なる仕事だと思います。多くの方は弁護士になったら「何を専門分野として仕事をしていこうか？」と考えると思いますが、私の場合は、専門性は特になく、「事業成長のために必要なことであればなんでもやる」というのが基本スタンスで

す。

2 │ LegalOn、法律事務所ZeLoの創業経緯

　私は司法試験合格後、最初のキャリアとしては企業法務を取り扱う大手法律事務所に就職しました。最初の法律事務所では本当に多くの案件を経験しました。企業クライアントの日常的な法律相談から契約書の作成やチェック、M&Aやファイナンス、大量保有報告書の提出事務、株主総会や取締役会の運営。中でも私が面白いと思ったのは訴訟案件でした。私が訴訟代理人として案件を引き受けたからには、絶対にクライアントに勝利を届けたい、絶対に負けない、という思いで取り組みました。国選弁護や一般民事案件も多く扱いました。１件１件が真剣勝負でとてもエキサイティングでした。

　刺激的な案件が数多くあった一方で、企業法務の仕事はドキュメンテーションの正確性も同時に非常に高い水準で求められました。成果物である契約書のドラフトやレポートにミスは許されません。

　多忙を極める中で形式面のチェックに多くの時間を費やす中で、日々の業務をなんとか効率化できないか、という思いも同時に強くなっていきました。

　転機は、2016年頃に訪れました。アルファ碁というAIを用いて開発された囲碁ソフトが、決してコンピューターは人間のプロには勝てないと言われていた囲碁で世界トップのプロ棋士を破ったのです。アルファ碁にはディープラーニングというAI技術が用いられていました。これをきっかけに、メディアでAIという用語を見ない日がなくなりました。まさに2016年頃、世間はAIブームという様相でした。世の中はAIテクノロジーのニュースで溢れるようになっていました。

　新しい技術が次々と出てくる世界、どんどんと進化するテクノロジーの話題に接しているうちに、気づけば、「今人の手で、人の目でやっている契約書業務やドキュメンテーションワークもこのテクノロジーを使えないか？」と考えるようになっていました。日々の私の業務には単純作業も多く、進化の目覚ましいAIテクノロジーの世界とのギャップに焦燥感もあったと思います。自然と「このテクノロジーを使えば契約書のチェックをはじめとする法務業務の在り方が変わるかもしれない」と思うようになっていました。

丁度そのころ、先輩の弁護士から紹介していただいたある先生が、ITツールを最大限業務に組み込みながら弁護士業務をなさっていることを知りました。その先生は、世界中を旅しながら数多くの顧問先を支援しており、ITツールを駆使すれば世界中どこからでも弁護士業務ができることを体現なさっていました。どちらかと言えばアナログなスタイルで仕事をしていた私にとって、「弁護士の仕事はこうあるべき」という既存の枠組みに囚われないそのやり方に衝撃を受けました。「ITツールを活用して法務業務をすることを、すでに始めている先生がいる」。それがわかったときに、「自分たちの手でも法務業務を変えることができるのでは、いや、変えていきたい」という思いが強くなりました。多くの可能性を秘めているITテクノロジーを活用すれば、契約書レビューをはじめとする法務業務を変えることができると確信し、それを実現するための方法を考えるようになっていました。

　2017年、前職の同期であった弁護士の小笠原と最新のテクノロジーを用いたリーガルサービスを提供する、というコンセプトを掲げて前職の法律事務所を退職し、LegalOnと法律事務所ZeLoを創業しました。

3 ｜ 創業後の苦労

　独立した後は、仲間集めから始まりました。無名で資金もない私たちの武器は「夢」だけでした。「法務」と「テクノロジー」の組み合わせにいかに大きな可能性があるか、いかに世の中を進歩させる可能性があるか。会う人会う人に夢を語りました。

　特に最初のエンジニアと出会うのは本当に大変でした。法学部、ロースクール、司法研修所、法律事務所、という法律の中だけでキャリアを歩んできました。エンジニアの知り合いは皆無でした。わずかな縁をつないでは、エンジニアとの接点を探りました。また、エンジニアが仲間に加わり開発チームができた後も、最初の製品がなかなかできず苦労しました。当初想定していたスケジュールは遅延に遅延を重ね、いつまでたっても製品はできあがりませんでした。

　私には弁護士としての知見はありましたが、プログラミング、ソフトウェア開発、AIの知見はありません。開発は専門知識を持つ仲間に頼るしかありません

でした。ようやく最初のβ版が出来上がったのは開発開始から10カ月たった後。最初に調達した資金は底を尽こうとしていました。

β版がようやく完成してほっと胸をなでおろしたのもつかの間、LegalForceはお客様の実用に耐えうる水準ではありませんでした。このままでは、お客様に使い続けていただくことはできない。非常な危機感をもって、お客様からフィードバックをいただいては機能に反映させ、改善する。これを愚直に繰り返しました。「お客様の役に立つ良いサービスを」と常にそう思っていました。試行錯誤を繰り返し、細かい改善を積み重ねる。そして、同じ想いを持つ仲間たちのお陰でLegalForceはお客様のニーズにこたえる製品となっていきました。今ではシリーズ延べ4000社を超えるお客様にサービスをご利用いただけるまでになっています。

4 ｜ 将来の法曹へのエール

　私は、小説『白い巨塔』に登場する若手弁護士に憧れて弁護士を志しました。無名の彼は、医療事故の被害者である自分の依頼者のために、大学病院がアサインした高名な、何年も年次が上の弁護士と対峙し、自らの努力と才覚で依頼者のために勝利を勝ち取ります。私は、相手が誰であっても、相手がどれだけ強くても、自分の頭脳と努力で、組織に依存することなく自分の腕一本で全力の勝負ができる弁護士という仕事に憧れました。

　ところが、今、私はスタートアップの経営者というまったく異なる仕事をしています。これは、私が司法試験を目指したころにはまったく想像もしていなかった未来です。

　ただ、弁護士も経営者も通底するところは大きいと感じます。弁護士は、法律を解釈することによって規範を導き、証拠に基づいて認定した事実を規範に当てはめることによって、法律効果という結論を導きます。そして、その判断は間違えることの許されない非常に重たいものです。

　経営者は英語では最高意思決定責任者＝Chief Executive Officerと表現されますが、「意思決定」が重要な業務です。判断を間違えることが許されない、という意味において弁護士と共通します。世界では弁護士資格を持つ経営者が多いこと

もうなずけます。

　最後に、本書を手に取っていらっしゃる法曹を目指されている方にお伝えすることがあるとすれば、「法曹資格の持つ可能性は無限大である」ということです。社会は法律を礎として成立しています。法律に精通し、事実の把握と判断の技術はどのような場所でも活きるでしょう。

　ぜひあなたにとって、素晴らしい道を見つけてください！

[執筆者略歴] 2010年京都大学法学部卒業、旧司法試験合格(論文全国1位)。2012年弁護士登録(第二東京弁護士会所属)。2013年森・濱田松本法律事務所入所、2017年法律事務所ZeLoと株式会社LegalForce(現：株式会社LegalOn Technologies)を創業、現在は同社の代表取締役を務めている。主な取扱分野は訴訟・紛争解決、M&A、コーポレート・ガバナンス関連業務など。

弁護士志望者へ ❾

オープンなトランスジェンダー当事者
の弁護士として

仲岡しゅん（なかおか・しゅん）

[　　修　習　　] 68期
[　事務所名　] うるわ総合法律事務所
[所属弁護士会] 大阪弁護士会

1 ｜ 弁護士登録と独立に至るまで

　私が今の事務所を開設したのは、2018年の４月でした。弁護士登録から約２年半での独立で、それ以来、自分の事務所を経営しています。

　もともと私が弁護士を目指した理由は二つありました。一つは、学生の頃から社会的少数者や人権問題に関するサークルに所属していたため、そういった問題に携われる仕事に就きたかったことです。もう一つは、私自身の問題でした。すでに公にしていますが、私は男性として出生したものの、社会的には女性として生活を送る、いわゆるトランスジェンダーであるということです。今では状況は少しずつ変わりつつありますが、私のような人間がこの社会で昼の仕事に就いて働いていくうえでは、実際問題として就職の際にさまざまな困難があることが予想されました。それならば、人に雇用されるよりも、自分の才覚で自営していこうと考えたことが、弁護士を目指した理由でした。

　司法試験合格後の就職活動は、やはり難航しました。もちろん、それはトランスジェンダー云々の問題よりも、当時の弁護士業界の厳しい就職事情や、私自身の力不足もあったと思うのですが、「あなたのような人を依頼者にどう説明したらいいのか」「うちのような保守的な事務所には向いていない」などと言われたこともありました。

そういう中で、大阪市内の法律事務所になんとか就職し、その後、独立に至ります。独立開業後は、インターネット集客を工夫して活用しながら、自分でがむしゃらに顧客を開拓し、今ではそれほど仕事に困らない程度にはなりました。

2 | これまでの弁護士としての仕事ぶり

（1）LGBTや性同一性障害に関する業務

弁護士としての取扱い分野は、いわゆる一般的な街弁です。その中でも比較的多いのが、離婚、セクハラや性暴力、そして私の場合に特徴的な取扱い分野として、LGBTや性同一性障害に関する法律問題です。ここ10年ほどの間に、LGBTに関する社会の理解は大きく進みましたが、他方で、いまだに言葉を聞きかじった程度の弁護士や、何が問題なのかわからないという弁護士も少なくないのが実情かと思います。私の場合は、自分が当事者であることをオープンにしているので、LGBTや性同一性障害当事者からの相談や依頼も少なからず寄せられ、その対応にあたっています。

LGBTに関する法律問題で特徴的なのは、職場の不理解からハラスメントに遭いやすいこと、また、当事者の実態に合致した法の整備が不十分な点です。

前者のハラスメントの問題については、ある行為がLGBT当事者にとってなぜハラスメントになるのか、という点について、あまり理解のない相手方や裁判所に対して、当事者の実情や問題の核心をよく理解できるよう主張を構成していく必要があります。たとえば、その人がLGBTであることを本人の意思に反して公表することを「アウティング」というのですが、なぜそれが当事者にとって強い苦痛なのか、職場などでまだ十分に理解されているとはいえません。

また、後者の法の整備という点については、憲法論になることもしばしばです。私がこれまで担当した事件の中で特徴的なのは、性同一性障害特例法と家族関係の問題でした。たとえば、性同一性障害特例法では、法律上の性別変更をするための要件として、「未成年子なし要件」というものがあります。未成年の子がいるトランスジェンダーの当事者は、たとえ性別適合手術により体つきを変えていたとしても、法律上の性別を変えることができないのです。しかし、法的な性別変更が可能な国の中で、このような要件を置いているという国は、極めて稀で

す。私は弁護士としてこの要件の違憲無効を主張し、最高裁まで争いましたが、残念ながら最高裁はこの要件を合憲であると判断しました（最決令3・11・30集民266号185頁）。その結果それ自体は残念だったものの、大きな前進だったのは、最高裁判事の中から、この「未成年子なし要件」を違憲であるとする少数意見が出た点でした。性同一性障害特例法の要件について、明確に違憲であると表明した最高裁判事の意見は、当時は初めてでしたし、私が特別抗告理由書で主張した、「自己同一性を保持する権利」という概念を一部の最高裁判事が採用してくれたのは手ごたえを感じる出来事でした。その事件を受けた当時、私もまだ5年目くらいの弁護士でしたが、たとえ若手の弁護士であっても、工夫次第で最高裁でも闘えるのだということを実感しました。

　LGBTと家族の問題に関しては、性別変更後の認知請求事件も思い入れのある事件です。日本の制度上、法律上の性別変更をした者は、性別適合手術によって生殖能力がなくなっていることが前提になっています。そのため、法律上の性別を変更した後になって、その者の子が出生するという事態が想定されていませんでした。しかし、現在の生殖医療では精子の凍結ができるため、男性から女性に性別変更した後でも、変更前に凍結しておいた精子を用いれば、子ができるのです。そのような子と親との法律関係をどのように解するかは、これまで未知の領域でした。つまり、男性から女性に法律上の性別を変更した者が、その血縁関係のある子に対して、法律上は「女性」であるにもかかわらず、子の認知ができるのか、というのが法律上の難問だったのです。この点について争っている事件について、2024年6月21日に最高裁は、法律上は「女性」であっても、子は血縁上の「父」に対して認知請求ができると判断し、法的な親子関係を認めました。

（2）LGBTや性同一性障害だからといって、特殊なわけではない

　「LGBTや性同一性障害」に関する相談を多く扱っているというと、よく「LGBTや性同一性障害の人にどう配慮したらよいですか？」「何を気をつければよいですか？」と聞かれるのですが、私に言わせれば、それこそが偏見に基づいた発想ではないかと思っています。というのも、LGBTや性同一性障害だからといって、別に何か特殊な人というわけではありません。ただ、皆さんと同じように、差別やハラスメントをされず、平穏に生きたいだけの人々が大半です。ですから、特別に配慮しなければならないことなど、実はあまりないのです。

もっとも、これは言うまでもないことですが、その人がLGBTなどであることをむやみに言いふらしたりしないとか、プライベートなことを興味本位で必要以上に聞いたりしない、本人の嫌がることをしない、そういった当たり前のことが求められているだけです。逆に言うと、そういった当たり前のことができていない人も少なくないのが現状です。実際、私自身も、興味本位で体つきのことを聞かれたりすることがあります。ただ、「人として当たり前のことを尊重する」という感覚を持っていれば、そういった失礼な発言は出てこないはずですし、またそれで十分なのではないでしょうか。

3 ｜ たくさんの講演活動

弁護士業務の傍ら、近年非常に増えてきたのが講演会です。私が司法修習生の頃、知人の企画で一度、人前で対談をする機会があったのですが、その時にお話しした、私のトランスジェンダーとしての経験談が面白いと評判で、それを聞いていたお客さんからの紹介で、別の場にも講演に呼ばれるようになりました。それからというもの、1が2になり、2が4になり、4が8になり……、といった調子で、徐々にお声がかかる回数が増えていき、今では年間100回近い講演をするようになりました。今年、いわゆるLGBT理解増進法が成立したように、ちょうどこの10年ほどは、LGBTに関する社会の関心が高まっていた時期だったので、タイミングが重なったこともあり、今では学校、企業、自治体など、かなり多くの場で講演会や研修会をしています。

また、一時、私のことがメディアに取り上げられたことをきっかけに、関西圏を中心に、テレビやラジオに出演させていただく機会もありました。

トランスジェンダーという社会的マイノリティであることは、ある面では不利な一面ではありますが、他方では似た境遇の人々を力づけたり、社会に変化をもたらすきっかけになったりしていると実感しています。

4 ┃ ヘイトとの闘い

　そのように、LGBTに対する良い意味での関心も高まる一方で、その反動（バックラッシュ）もあります。ここ数年の間、インターネット上を中心に、LGBT、とりわけトランスジェンダーに対するヘイト言説が駆けめぐるようになりました。そういったヘイト言説は、すでにネット上の出来事を超えて、政治の場にも影響を及ぼし始めているのが現実です。

　ヘイトを煽っている人々曰く、「LGBT法が成立すると、トランスジェンダーと称した男性が、女性トイレや女湯に入ることが公認されてしまう」などと言い、「覗き目的で女性用の場に侵入する犯罪者とトランスジェンダーとの区別がつかない」などと主張するのです。

　しかし、当たり前ですが、今年成立したLGBT理解増進法にも、野党案だったLGBT差別禁止法案にも、そのような規定はないですし、そもそもトランスジェンダーというのは、犯罪目的のために一時的に自称するようなものではありません。また、トランスジェンダーというのは、社会的な性別や身体的な性別を移行していくものであるところ、どのようなトイレを使うことが望ましいかはその人の性別移行の状況や生活環境によりけりなので、一概に言えるものではありません。また、公衆浴場に関しては、身体を晒す場であるという性質上、身体の外観が基準になろうことは合理的であり、すでにそれで決着はついていることです。

　こうしたヘイトを煽る主張というのは、いずれもミスリードなのですが、こうした言説に乗せられてしまう人々は一定数いるようで、現在、私にもさまざまな嫌がらせや誹謗中傷が来るようになりました。脅迫や、頼んでいない商品の送りつけ、弁護士会への苦情申入れが煽られたこともありました。

　他方で、先日、私の名誉を毀損するような内容をSNSに投稿していた人物に対して、私は自分で訴訟を提起し、勝訴を収めました。法律を駆使する今の仕事は、それが自分の身を守る力にもなっているので、そういう点でも弁護士になって良かったと思っています。近年は、私以外のトランスジェンダーの人々からも、同様の被害の相談が寄せられており、今後もそういったヘイトに対する法的措置や対抗言説の必要性は増していくように思われます。時代の変化に応じて、そういったヘイト言説にしっかりと対抗できる存在でありたいと考えています。

　上述したようなヘイトにも晒されるなど、マイノリティがこの社会で生きるうえでは、さまざまな障壁があるのは事実です。他方で、マイノリティだからこそできる仕事というのもあります。

　LGBTなどの性的マイノリティ以外にも、弁護士の中には外国人や障がい者もいますし、また女性も弁護士業界ではまだまだマイノリティです。弁護士は、そういった人たちでも、個性の活かし方次第では、自分と社会のために闘っていける仕事です。

　みなさんもそれぞれの個性や人生経験を踏まえ、法律家として活躍してくれることを期待しています。

執筆者略歴 大阪市立大学法学部卒業、関西大学法科大学院修了。2015年末から大阪で弁護士登録し、2018年に独立し「うるわ総合法律事務所」を設立する。トランスジェンダー当事者であることをオープンにしており、戸籍上は男性のまま、女性として弁護士登録。弁護士業務としては一般的な街弁として訴訟や調停等を幅広く扱うが、離婚やセクシュアルハラスメント案件、LGBTに関する案件などが多い。各地の自治体や学校、企業などで講演も数多く行う。関西圏を中心に、テレビやラジオでコメンテーターを務めていた経験も持つ。

「働く」人と一緒に働く弁護士として

山本有紀（やまもと・ゆき）

[　修　習　]72期
[　事務所名　]湘南合同法律事務所
[所属弁護士会]神奈川県弁護士会

1 ｜ 「働く」こと

　光源氏は仕事をしているか。春琴は仕事をしているか。オセロウは、ギャツビーは、若草物語の４姉妹は？

　彼ら彼女らは作中それぞれに働いています。

　ただ、働くことそれ自体が物語の主題にはなっていません。人が、大きなトラブルなく安定して、安心して、その仕事にやりがいを持って働いている様子を物語にすることは、その「働く」が、安定し安心できるものであればあるほど難しいことのようです（ところで、彼ら彼女らの主題と仕事は？）。

　「煙草くさき国語教師が言うときに明日という語は最もかなし」と寺山修司が言ったとき、清々しい志を持っていた青年が諦めの先に国語教師という仕事にたどり着き、日々の澱みの中にその元・青年が立ちつくしています。寺山修司は国語教師という仕事をそういうふうに描いてしまう。でも、国語教師という仕事は、社会においてなくてはならない大切な仕事です！

　働くことは、多くの人の人生の、相当部分を占めています。ロボットと仕事を取り合う未来はあっても、人間が自分の時間や力を差し出して現実に対応し、その対価として生活の糧を得て、その人の人生を続けていく構造自体は、当面変わらないと思います。

そんな人生の相当部分を占める「働く」が、その大きさにかかわらず、それが良いものであるほど物語にならず、主人公の設定に止まるのは、その「働く」が安定した安心なものであればこそ、そこに大きなドラマがないからだと思います。

　そもそも、生活を支える屋台骨である「働く」に、あんまりなドラマがあったら落ち着いて暮らせないですね。良いドラマならそれでもよいかもしれないけれど、トラブルや、緊急事態や、極端な不安定さ、そしてその人の尊厳が傷つけられるようでは余計に悪いのです。

　しかし、労働法が守られない苦しい環境で働いている人はまだまだたくさんいます。残業代をちゃんと支払ってもらえていない人がいます。不当解雇を避けようと考えた使用者が執拗に退職勧奨をすることも残念ながらあります。また、セクハラ、パワハラといった問題も多く、根深く、声を上げた側が二次被害に遭うことも少なくありません。

　なお、これらセクハラ、パワハラによって精神障害を発病した場合、業務の中で負傷した場面と同様、労災の申請をすることができます。労働者を1人でも雇っている事業場は労働保険（労災保険・雇用保険）への加入が義務付けられているところ、労働者の業務災害や通勤災害による負傷、疾病、障害、死亡等に対し労働者災害補償保険法に基づき保険給付が行われるというものです。

　ただし、精神障害の労災については2022年には2683件もの請求がなされたのに対し、労災給付が認められた件数は710件にとどまりました。精神障害の労災は、症状の悪化によりそもそも弁護士に相談するところまでたどり着けていない方も多くいると思われ、また、ストレスによってどのような疾病を発症するのかというそもそもの論点などもあり、まだまだ取り組むべき裾野の広い分野です。

　ところで、2020年、内閣官房は、フリーランスとして働く人は462万人いるとの調査結果を発表しました。2022年、総務省もフリーランスとして働く人の統計調査に初めて乗り出し、有業者のうち、本業がフリーランスの人は209万人（3.1％）にのぼるとの調査結果を発表しています。2023年、特定受託事業者に係る取引の適正化等に関する法律、いわゆるフリーランス保護法が成立しました（2024年3月10日現在は未施行）が、この動きは、労働法により保護されない「働く」人の保護を進めようという動きにほかなりません。

　私は、この一人ひとりの「働く」に関して、その人の安定や尊厳が維持されるよ

うに、万が一損なわれた場合にはそれをできるだけ速やかに回復できるように、日々、事件に取り組んでいます。法律によって目の前の依頼者の権利を守ることを考えながら、同時に、法律によって守られることへの人々の期待を守ること、ひいては人々の法律への信頼を守ることを考えながら働いています。

2 │ 弁護士として働くこと

　働くことに関する法律分野についての取組みを書いてきましたが、私は、神奈川県藤沢市で弁護士をしているいわゆる街弁です。

　今日、街弁の取り組む仕事は民事訴訟、刑事訴訟に限定されません。法定後見や遺言執行者の仕事。IPアドレスの開示や外国人の入国在留手続。スポーツ選手の代理人や子どもの代理人等々。また、死後事務委任契約といって、葬儀や散骨など、依頼者の生前の希望を死後に実現する仕事も出てきています。街弁の仕事を通じて見つけたテーマに深く取り組むために、海外留学に行く人もおり、日弁連の支援制度もあります。また、家庭裁判所の調停官や簡易裁判所の司法委員として裁判所で仕事をしたり、地方公共団体の設ける委員会の委員になったり、大学で実務家教員として講義を担当したりと活躍の場はたくさん広がっています。

　ところで、2022年に家庭裁判所に申し立てられた家事事件総数は114万7682件だそうです。家事事件の数は増加傾向にあり、今後もさらなる増加が見込まれます。神奈川県でも同様の状況であるところ、私の働く藤沢市は県内で4番目、約42万人の人口を有しています。市内に藤沢簡易裁判所があり、同裁判所管轄内の5市1町(綾瀬市、海老名市、寒川町、茅ヶ崎市、藤沢市、大和市)の人口は120万人を超えています。しかし、藤沢簡裁に家庭裁判所出張所は併設されておらず、同簡裁管轄内120万人の家事に関する問題は、370万の人口を擁する横浜市にある横浜家庭裁判所本庁が取り扱っています。

　そのため、現在、神奈川県弁護士会は、藤沢に家庭裁判所出張所を設置するための活動に、5市1町の長や他の士業団体とともに取り組んでいます。弁護士会が取り組む、すなわち、地域の弁護士が主体的に家庭裁判所設置の活動に取り組んでいるということです。

　目の前の仕事に熱心に取り組みながら、同時にアンテナを広げることで、道を

ひらく、その余地は幸運なことに、まだこの街弁という仕事には十分残っています。

現在の私の仕事は、40％が労働分野、30％が一般民事や家事分野、残りが刑事事件、少年事件、法定後見その他諸々となっています。市役所やハローワークでの法律相談に出向くこともありますし、月に1回のペースで神奈川県労働局で仕事をしています。

過労死等防止対策推進法に基づき、厚生労働省が学校へ講師を派遣し過労死防止対策や労働条件に関する啓発授業を実施するという取組みがありますので、この派遣講師として高校や大学に出向くこともあります。就業前の学生さんに労働法の基礎を伝えることは労働トラブルを未然に回避する知識を得てもらう意味で、非常に大きな意義を感じますし、何より相談者・依頼者対応とは違う伝えるための工夫が必要で刺激になります。また弁護士になって以来、防衛大学校いじめ事件の弁護団に加わり、原告やそのご家族、また支援者の方々と一緒に活動しています。

修習生の頃は、内定先（現在の所属事務所）に馴染めるのかを心配し、弁護士になってからは自分一人で法律相談をこなせるのか、はたまた依頼は来るのかと心配していましたが、最初は兄弁・姉弁に仕事を振ってもらい、とにかく目の前の事件を必死にこなす中で、自然とその心配は払拭されてきたように思います。現在は弁護士ドットコムに広告を出しているほか、市役所相談や事務所への問合せがきっかけとなったり、何より以前の依頼者さんや労働組合からのご紹介を経由して仕事につながっていることが多いです。

3 これから弁護士として働くみなさんへ

皆さんの中には、周りと自分を比べて、自分に自信がなくなってしまったり、これに興味がある、あれに興味があると声をあげることに尻込みしてしまったりする方がいるかもしれません。でもそういうふうに思う必要はまったくありません。

あるいは、自分はこの分野に注力してやっていくんだ、こういう働き方でやっていくんだと未来をかなり具体的にイメージしている方もいると思います。

いま興味があること、将来目指していることに関わるものはもちろん、興味がないことも、将来あまり関わりがなさそうなことも何でも顔を出してみよう、なんでも参加してみようという姿勢で取り組まれることをおすすめします。自分の将来に一見関係がないようなことも、必ず役に立つときが来ます。特に街弁はいろんな人生に触れる仕事なので、たとえ浅くても、広くいろいろなことを見聞きしておくことは重要です。

　特に司法修習の期間は、法曹三者のいずれとも自由に行き来ができるその司法修習バッヂの力をフルに生かして、先輩弁護士はもちろん、裁判官、検察官、調査官、書記官、法律事務所の事務局さん……と、いろいろな人の話を聞いて興味関心を広げる何より良い時期であると思います。また、修習同期とのつながりは働き始めてからもとても大切になりますので、ぜひ親交を深めていただくと良いのかなと思います。

　弁護士になってからのアドバイスは、先輩弁護士からいろいろ聞くと思います。大きなアドバイスはもっとベテランの先生に任せて、私自身への戒めも込めて、まずは、忙しくても勉強する時間を意識的に持つことを強くおすすめします。

　街弁が扱う法律は多岐にわたり、しかも日々変わっていきます。新しい制度、新しい通達、重要な裁判例も日々出てくるのでそれらに目を配ること。といっても、自分一人でまともに勉強するのではとても追いつけないので、事務所の雑談、弁護士会からの会員メール、勉強会のお知らせ、弁護士会や裁判所に貼ってあるポスター、すべてを情報をきっかけにして端緒を掴むこと。端緒さえ掴んでいれば、仕事に対する視野、取組み方がまったく違ってきますし、何より自分自身を助けてくれます。

　弁護士を志すみなさんを、一弁護士としておおいに歓迎します！

執筆者略歴　大阪出身。京都大学法学部、立命館大学法科大学院卒。横浜修習。2019年弁護士登録。2024年3月現在、事務所の弁護士は26期から72期まで計9名。季刊刑事弁護104号（2020年）の新人弁護士日記「被告人のまなざし」を執筆。彩流社ウェブコンテンツ「彩マガ」にて、弁護士の仕事や日常の法律のあれこれについて話す「湘南BENGOSHI雪風録」を連載中〈http://xs931199.xsrv.jp/shonanbengoshi-all/（最終閲覧2024年3月2日）〉。舞台鑑賞好き。弁護士もののドラマを見ることも好きで、最近になってNetflixで「ベター・コール・ソウル」を見ました。

キャリア選択と
インハウスロイヤーの魅力

吉田成希 (よしだ・しげき)

[　　修　習　　]73期
[　　会社名　　]株式会社マネーフォワード
[所属弁護士会]第一東京弁護士会

1 ｜ はじめに

（1）法科大学院生時代の私

　私の司法試験合格後のキャリアは、司法修習生ではなく会社員でした。

　弁護士になることが小学生の頃から夢だった私は、「法律は平等なもので、リーガルサービスが届いていない場所にリーガルサービスを届けたい」という一心で、勉強に励み、多くの先輩弁護士に積極的にお話をうかがってきました。

　しかし、裁判傍聴や先輩弁護士との出会いを通じて、「私に喧嘩の仲裁や訴訟ができるのだろうか」という疑問を抱くようになり、さらには「それが本当に生涯をかけてやりたい仕事なのだろうか」とまで思うようになりました。それ以来、私は「事務所弁護士という働き方のほかに、法律を駆使して社会に貢献し、人を幸せにできる働き方はないのだろうか」と考えるようになりました。

（2）司法修習に行かずに企業に就職

　私は、「落ちても2回で司法試験の受験を辞める」と決めていました。これは、社会人に早くなりたいという焦りがあったからでした。そのため、2回目の司法試験を受け終わると私はすぐに企業就活を始めました。

　まだ司法試験に受かっているかどうかもわからない状況だったので、もし受かっていたら司法修習に進むべきかどうかという迷いはありました。そんな私

が、企業で働くことを決心できたきっかけは、私が勤めていた大手メーカーの法務採用の説明会でした。チームで働く魅力や企業の法務部門の重要性を強く実感させてくれました。

　この年に合格はしていましたが、司法試験の合否に関係なく内定を出してくれたこの企業にご縁を感じて、司法修習には行かずに働くことにしました。

（3）司法修習にチャレンジした理由

　私が就職した大手メーカーでは、知的財産に関する業務と契約審査などの事業を支援する法務業務を行っていました。事業を多方面からサポートする経験ができたことで、法務業務の範囲の広さと難しさを感じながらも、とても楽しく仕事をしていました。一方で、勉強会やSNSを通じて、弁護士として新しい働き方をされている方々に出会いました。企業の渉外政策部門で政策提言をしている弁護士、ベンチャー法務で役員をしている弁護士、インハウスロイヤーと事務所弁護士の兼業をしている方もいらっしゃいました。私はこうした出会いからたくさんの刺激を受けると同時に、弁護士の業務領域の拡大を目の当たりにし、弁護士は新しい働き方にも柔軟に対応できる素晴らしい資格なのだと実感しました。

　「社会人経験を経た今このタイミングで弁護士資格を取ることで、これからのキャリアの可能性を広げられるのではないか」と考えるようになり、退職して司法修習に参加する決意をしました。そして、司法修習を経て、現在私は株式会社マネーフォワード（以下、「マネーフォワード」）で、インハウスロイヤーとして勤務しています。

2 ｜ インハウスロイヤーの業務内容

（1）インハウスロイヤーの役割

　インハウスロイヤーの人数は、約3200人です（2023年6月30現在）。私の周りでもインハウスロイヤーとして活躍されている方が多くなっているという印象を持っています。そして、企業は、人権の保護や環境への配慮など社会的な責任を果たしていくことが求められており、社会の期待に応え続けていかねばなりません。その中で、企業の法務部や法務担当者の役割は、非常に大きくなってきています。

インハウスロイヤーの目的は、企業の利益を最大化して、社会にサービスを届けることで社会に貢献することだと思っています。そのためにインハウスロイヤーができることは、法律を駆使して、事業の成長を支える法務業務(以下、「事業法務」)と企業を適正に運営する法務業務(以下、「コーポレート法務」。こちらには、いわゆるコンプライアンス業務を含むと考えています)を通じて、企業の利益を最大化することです。

(2) インハウスロイヤーの業務内容

インハウスロイヤーの業務内容は、以下のとおり多岐にわたります。

事業法務の業務

① 契約書・利用規約の作成

② 新規事業のための法的調査やアドバイス

③ 契約交渉

④ 取引先とのトラブル・訴訟対応

⑤ その他(セキュリティやデータ利活用、ロビイング、IPO対応、許認可を含む当局対応、資金調達、ファンド運営など)

コーポレート法務の業務

１ 取締役会や株主総会に関する事務局業務

２ 組織再編・M&Aに関する業務

３ 社内規程管理・整備

４ 従業員向けのコンプライアンス研修

５ 内部通報や人事労務問題の対応

６ その他(ビジネスと人権、コーポレートガバナンスコードへの対応、有価証券報告書などの開示対応など)

上記のいずれの業務も、企業によってさまざまで法務部門以外の部門が管掌していることもあります。法務部門として管掌している業務範囲や所属している法務担当者の専門性に大きく左右されてしまうので、就職活動の際には採用担当者に細かく話を聞くとよいと思います。また、企業文化や業界ごとの特徴については、各企業のIR情報や統合報告書を見るとわかることもあるので、ぜひ参考に

してみてください。

（3）インハウスロイヤーの働き方の特徴

　インハウスロイヤーの特徴は、事業の成長の速さに比例して対応の速さを求められ、他部門や顧問弁護士などの会社リソースを最大限活用して案件に対応するという点にあります。自分が主担当者として、各部門との調整、プロジェクト管理を行うこともあり、顧問弁護士と直接打合せを行うこともあります。また、事業部門とともに契約交渉やトラブルの対応に同席する場面もあります。

　この時に大切なことは、主担当として「自分で判断できること／判断できないこと」を見極めることです。企業では社内の意思決定に関するルールが定められており、内部統制システムが構築されています。社内ルールから自分で判断できることを見極め、適切な権限者に判断を任せなければなりません。

　また、営業やエンジニアなどの職種の方と一緒に働くことができるということも大きな特徴のひとつです。

　マネーフォワードの法務部門では、事業法務とコーポレート法務の両面から事業運営を支えることが、企業成長のために必要不可欠であると考え、両方の業務を同時に担当できるように体制を組んでいます。生産性だけを考えると、縦割りにしてしまった方が効率的だという考えもあり、このような法務組織が多いように思います。しかし、法務担当者が、事業法務・コーポレート法務の両面から事業に寄り添うからこそ法務にさらなる価値が生まれると考え、組織づくりを行っています。

　また、契約に関する相談をはじめ、新サービスの開発やM&Aや資金調達に関する相談など、複数の部門から多種多様な相談を受けます。マネーフォワードの法務部門には、事務所弁護士経験のある者のほか、他企業や官公庁で法務以外のキャリアを経験してきている者も多く在籍しており、メンバー同士で知見を積極的に共有しながら、チームで日々案件を対応しています。そのため、チームの仲間とともに、好奇心をもって取り組んでいくことができれば、吸収できる知識や経験が非常に多くあります。

　そして、法務責任者が、メンバーから面談で今後のキャリアの希望を聞き、過去の実績および本人の強みなどから判断し、できる限り希望に沿ったチャレンジができるように、メンバーそれぞれに業務の割り振りを行っています。また、マ

ネーフォワードでは法務部門以外の部門に異動ができる制度もあるので、ビジネスパーソンとして今後のキャリアを広げていくには恵まれた環境だと思っています。

　幅広い業務を、多くの人とともに行っていくことになるため、周囲の人に対してリスペクトを持ち、どのような案件に対しても好奇心を持って関わることができる人はインハウスロイヤーに向いていると思います。

3 ｜ さいごに

(1) インハウスロイヤーの魅力・やりがい

　私は、自分が担当した新サービスが発表されたときには、「世の中にインパクトを与えている実感」を持つことができ、「お客様が喜ぶ姿」に感動します。私は、これがインハウスロイヤーの大きな魅力だと感じています。

　インハウスロイヤーの業務には地道な業務から特殊な案件までありますが、日々行っている法務業務が、トラブルを未然に防ぎ、企業活動を毎日安定的に行っていくためにとても重要な業務であることを理解することができます。

　そして、仕事をしているとどうしても辛いと感じてしまう状況に出くわすことがあります。しかし、会社でチームのメンバーとして働いていると、一人だけで完結することはありませんし、一方で、一人で抱え込む必要もありません。企業の中で、仲間として信頼してもらって、互いに支えあい一緒に事業を作り上げていくことができます。

　マネーフォワードの法務では、法務部門の役割を「コンシェルジュ」と表現しています。事業部門に寄り添い、法令・社会規範に沿った正しい道を示し、リスクがある場合には積極的に代替案を示すという案内人の役割を果たすことを大切にしています。事業・社会の未来を想像しながら、事業に寄り添い、事業部門と一緒に頭を悩ませ、法務として正しい道を示すという法務の仕事が、私はとても好きです。

(2) 私からのメッセージ

　読者の皆さまの中には、今、どのような環境で働くか悩まれている方が、いらっしゃるかもしれません。

私は、社会人を経てから司法修習に参加したからこそ、自分の得意不得意に気がつくことができ、トラブルを未然に防ぐ予防法務の重要性や事業づくりに関わることのできる法務業務の面白さを再認識することができました。そして、事業部門に伴走して働くインハウスロイヤーという働き方を再度選択することができました。

　私は、直感的に「自分に向いていないな」という選択肢は選ばないようにし、自分の得意なところで勝負をしていくことを大切にしています。ただ、迷ったら、一歩踏み出す勇気をもって、自分の選択肢を狭めることがないように最大限の努力をするようにしています。また、私は「働く仲間を大切にし、仲間のチャレンジを尊重し、チャレンジした結果の失敗には寛容である場所」を選び続けるようにしています。

　読者の皆様には、自分に合った選択の方法で、自分に合った活躍の場所を選び取ってほしいと思っています。

　最後に、もし司法修習の中で時間があるのであれば、法律書に限らず、たくさんの本を読んでみることをおすすめします。そして、社会の流行やニュースにも興味を持ってみてください。企業法務に関わる場合には、クライアントは各企業です。クライアントを取り巻く環境の理解をしておかないと、適切なアドバイスができません。好奇心をもって、いろいろな情報に触れておくことが、これから先もずっと大切になります。

　ぜひ司法修習を最大限活用して、自分の好奇心の幅を広げ、これからどういう仕事をしていきたいかということに向き合ってもらえると嬉しいなと思います。

執筆者略歴 大阪大学大学院高等司法研究科を卒業後、日本たばこ産業株式会社法務部で知財法務・新規ビジネスの法務支援に従事し、退職後、弁護士資格を取得。その後、株式会社ビズリーチでは、知財法務・ビズリーチ事業の事業法務担当に従事。ビジョナル株式会社に転籍後には株主総会や取締役会事務局を担当。現職の株式会社マネーフォワードでは事業法務、コーポレート法務のほか官公庁対応・紛争対応などを行っている。

Part.3

第**3**部 裁判修習

後悔先に立たず

　弁護修習が終わり、麗子たちの班は民事裁判修習が始まっていた。麗子は、これまでに裁判所に入ったのは学部生時代に授業の一環で行った裁判傍聴のときくらいだったから、最初の数日は登庁するだけで緊張したものだった。しかし、一般の人たちが裁判所に入るために荷物検査を受けなければいけないところ、麗子たち修習生は修習生バッジを見せるだけで裁判所に入ることができ、そんなちょっとした特別感が嬉しくもあった。

　麗子たち修習生の席は裁判官室に設けられているため、裁判修習の間は、裁判官と同じ空間で過ごすことになる。麗子は、修習に入る前にローの先輩から「裁判官室に堂々と入れるこの機会に裁判官室の本棚にどんな本があるか見ておくといいよ」とアドバイスされていた。裁判官室には、壁一面を覆うくらい大きな本棚があり、そこにはさまざまな書籍が並んでいる。やはり要件事実の書籍が充実しているようだ。意外にも弁護士が書いた若手向きのくだけた本も並んでいる。本棚に並んだ本のバリエーションもなかなか興味深く、麗子は、裁判官が期日や会議でいなくなるときを見計らって本棚を眺めていた。

　この日、麗子たち修習生らは、ある工事代金をめぐる事件の記録を検討し、左陪席の烏丸都子裁判官から指導を受けていた。烏丸は小柄ながらも意志の強そうな目元が印象的な女性だった。

　「まず、この事件の概要を説明してくれる？」

　烏丸が男性修習生を指名する。

　「はい。A社がBさんから依頼を受けてBさんの自宅建物を建設しましたが、

その報酬が一部しか払われていないため、残額を支払ってほしいという請負報酬を請求している事案です」

指名された男性修習生は詰まることなく回答する。

「それじゃあ、この事件について、どう考えるべき？」

烏丸が麗子に目を向けた。突然の指名に少しドギマギしながら、麗子は必死に答える。

「ええっと。Ｂさんは、自宅建物が雨漏りする、欠陥住宅だって反論しています。なのでＡ社の報酬請求権と瑕疵修補に代わる損害賠償請求権を相殺できるかどうかが争点になります」

「うーん、間違っているわけではないけど、瑕疵修補に代わる損害賠償請求権は抗弁に当たる事実よね？」
「訴訟物が何かを抑えたら、その請求原因に係る要件事実とそれ以外の事実を分けて整理する。そのうえで、この事件の争点がどこにあるのかという順番で考えるようにしないと。これは裁判官になるんだったらもちろんだけど、弁護士になっても常に意識しないとダメよ」

烏丸から容赦なくダメ出しをされてしまった。

「この事件の訴訟物は請負報酬請求権よね。要件事実は何？」

烏丸は湊を指名する。

「契約の成立、仕事の完成、目的物の引渡し、です」

湊は難なく答える。

烏丸はホワイトボードにブロックダイアグラムを書き始める。

「じゃあ、これに対する抗弁はどんなことが考えられる？」

　烏丸は容赦なく修習生に質問を重ねる。

　麗子はロースクールの授業を懐かしく思い返しながらも必死でメモを取っていた。弁護修習ではいろんな現場に連れて行ってもらい、そこでの所作や依頼者対応など、ロースクールでは学ばないことを経験させてもらったが、裁判所ではロースクールで学んだことの実践のような修習だった。こんなことなら、もっと要件事実を復習しておけばよかった。後悔先に立たずである。

第 **1** 章　民事裁判修習

1 ｜ 民事裁判修習では何をするか

（1）民事裁判修習の概要

　弁護修習が終わり、須磨麗子さんの裁判所での修習がスタートしました。裁判所の雰囲気は法律事務所とはまた全然違うようですね。

　民事裁判修習では、地方裁判所の裁判官室にある修習生席に座って、午前9時30分から午後5時までの間、裁判官と行動をともにします。

　裁判官の多くは、本当に優しく修習生を我が子のようにかわいがってくれます。しかし、ひとたび法服を纏い法廷に入ると、裁判官室での笑顔とは変わって、たちまちキリッとした表情に変わり、テキパキと事件を処理していきます。

　地方裁判所で取り扱われる裁判には、大きく分けて、裁判官3人により構成される「裁判体」で審理する合議事件と裁判官1人で審理する単独事件があります。その他にも、労働審判などのような通常の裁判以外の手続もあります。

　交通や労働、行政事件などの専門的知識を要する事件については、大規模庁ではそれらだけを扱う「専門部」が、中規模庁ではそれらを中心的に扱う「集中部」があることもあります。

　裁判所にもよるとは思いますが、裁判所の各部には、ベテランの裁判長、中堅の右陪席裁判官、若手の左陪席裁判官の3タイプの裁判官が配置されています。修習生は、それこそ腰巾着のように、単独事件をこなしている裁判長や右陪席裁判官と常に行動をともにします。また、比較的若手で期の近い左陪席裁判官は何かと修習生に気を配ってくれることも多いでしょう。

　裁判官は、期日が入る曜日（開廷日）が限られているため、期日がない日には、

事件記録を読み、判決を起案しています。修習生も、基本的には期日に立ち会い、そのための準備として記録を読み、いくつかの事件について判決や争点に関する要約(サマリーペーパー)を提出するといった日々を過ごします。裁判官に期日が入る日は、1日に10件以上もの期日が行われることもあり、修習生側も記録を読み込んでから立会いをしないと期日の内容がわからないため、記録を読み込むだけでも一苦労です。複数の期日に立ち会うと勉強になるので、試しにできる限りの事件記録を読んで期日に立ち会ってみてほしいのですが、当然、すべての事件記録を読み込んで期日に立ち会いながら起案を行うのは不可能に近いです。そこで、民事裁判修習の初めは雰囲気を掴むためにもできる限りの事件記録を読んで期日に立ち会い、雰囲気が掴めて起案する事案も定まって来た段階で、担当裁判官にめぼしい事件を聞いて立ち会う期日を絞るなどしてもよいでしょう。裁判官によっては、期日表に見るとよい事件に丸をしたものを配ってくれたり、修習生の方でどの事件を見るとよいか聞くと丁寧に絞り込みをしてくれたりすることもあります。記録については、間違っても行方不明となることがないよう担当書記官に声をかけて貸出簿に名前や貸出・返却時間の記入を行うように管理されています。

(2) ノートPCやタブレットは必須

　判決起案をするためには、当然ノートPCが必要となりますが、2023年の時点においても、裁判所でノートPCやタブレットを貸し出してはくれないようです。また、裁判所内のインターネット回線への接続も許されず、修習生専用のWi-Fiも飛んでいませんでした。

　また、私が配属された部では、起案したものは裁判所で貸し出されるUSBメモリーに保存し、USBメモリーで担当裁判官に提出するなど、厳格な管理下に置かれました。もちろん、USBメモリーは持ち出し禁止で、書記官室の決まった場所に毎日戻すようにしていました。

(3) 裁判所における修習生の立場

　裁判所では、主に裁判官に加え、書記官・事務官・調査官・家事調停委員といったさまざまな人々のいる職場の中に入っていくことになります。

民事裁判修習・刑事裁判修習共通で特にお世話になるのが裁判官に次いで、書記官です。また、家裁修習では調査官や家事調停委員の働く現場に入ることもあるかもしれません。

　書記官は、記録の管理を行うほか、訴訟の進行に関して調書を作成したり裁判官のスケジュールを把握しての期日調整を行ったり、書面の受付を行ったり、訴訟が円滑に進行するうえで欠かせない縁の下の力持ちの役割を果たしています。

　他にも、和解条項を作成する場面では、書記官の細かいチェックが入りますし、意外と弁護士になってからも、手続について書記官に問い合わせたりと、何かとやり取りすることが多いのです。私自身は、特に弁護士になってから書面の提出から手数料から手続の流れから、書記官に問合せをすることが増え、お世話になりっぱなしです。

　修習生は裁判修習中も、記録の貸し借りに際して書記官にお世話になることも多いでしょう。また、裁判官とは異なり大きな転勤がなかったり、一定の部署でのスキルを積み上げている方も多いため、起案や記録読みの合間に、いろいろお話を聞いてみると勉強になることもあるでしょう。

　また、調査官や家事調停委員も、この方たちは法律の専門家ではないものの（調停委員の中には弁護士がいることもありますが）、それぞれ専門の知識やスキルを活かして日々、事件の処理やそのサポートを行っています。

　この他にも目を向けてみると、裁判所には思った以上にさまざまな職種の人が働いています。私自身が印象的だったのは、刑事裁判修習中にたまたま速記官の方のお話を聞く機会があり、実際にどのように速記をしているのかを目の前で見せてもらったり、速記の機械を少し触らせてもらえたりしたことでした。昨今では速記官の減少が問題になっているのもあり、特に尋問調書はすぐできあがることが大事な刑事裁判において、どのような形で記録が残されているのかを見ることができたのは良い経験でした。

　なお、一部の修習生には、こうした裁判所を支えるさまざまな職員の方に対して、法律の専門家ではないからといって自分の方が上であるかのように錯覚したり、場合によっては事件処理や方針に指図をしたくなる修習生もいるようです。もちろん、どのような人が何を考えて動いているのかを知ることや、特に裁判官との間では自身の考えを議論する場面も重要である一方、あくまで修習生は研修

中の身であり、学ばせてもらう側の立場であることを忘れないようにしましょう。

　また、裁判修習では裁判官の横やそばに座らせてもらえる機会も多いでしょう。法廷の法壇の上に修習生を座らせてくれることもあるかもしれません。そうでなくとも、裁判修習中の修習生は当事者席や傍聴席からよく見える法壇のすぐ隣に設けられることが多くあります。言わずもがな、民事裁判でも刑事裁判でも、当事者の人生がかかった手続が行われています。退屈そうだったり、不適切なリアクションをとったり、ましてや居眠りをするなどの失礼な態度をとることがないようにしましょう。

---

2 ｜ 期日に立ち会う

（1）口頭弁論期日は5分で終わる

裁判所書記官	「令和○年ワ第××号」
裁判官	「それでは開廷します。原告から、令和5年8月14日付準備書面が提出されていますが、これを陳述ということでよろしいですか」
原告訴訟代理人	「陳述します」
裁判官	「次回期日ですが、被告側よりこれに対する認否や反論をしていただきたいと思います。被告代理人、準備にはどれほど必要ですか」
被告訴訟代理人	「2週間ほどいただければ」
裁判官	「それでは次回期日は3週間以降ということで、9月14日午前はいかがですか」
原告訴訟代理人	「差支えです。21日でしたら終日お受けできますが」
被告訴訟代理人	「21日は午後でしたら」
裁判官	「それでは次回期日は9月21日午後1時10分に指定します。被告側は9月14日までに準備書面の提出をお願いします。それではこれにて閉廷します」

実は、民事裁判の弁論期日は5分もあれば終了します。しかも、その大半が次回期日の日程調整のために費やされることも珍しくありません。批判もあるところですが、民事裁判は、刑事裁判と異なり、「口頭弁論」という言葉とはかけ離れた書面による裁判が行われています。

(2) 議論が交わされるはずの弁論準備期日・書面による準備手続期日

このような書面による裁判では、争点が明らかにならないという弊害があったことから、現在の民事訴訟法では、各当事者や裁判官が非公開の場で自由に口頭で議論を交わして争点を明確にし、当事者の主張や証拠を整理することを目的とした弁論準備手続や書面による準備手続が導入されています。こうした手続では、電話会議システムやウェブ上のビデオ会議システムが導入されており、裁判所主導で民事裁判のIT化も進められているところですから、こうしたシステムの最新の活用方法に着目してみるのもよいでしょう。これらの手続における期日の具体的な実施方法については民事弁護修習パートを参照してください[→64頁]。

ところが、このような制度目的にもかかわらず、実際のところ、言質を取られないようにするためか、「書面で主張したとおりです」と述べるだけの弁護士もみられます。このような場合、必然的に、裁判官が主役となって話をしていた印象が強く残っています。中には代理人側から相手方に積極的に求釈明を行ったり、個別の和解協議の場を求めることもあったり、弁護士によってさまざまな進行スタイルが見られるのも面白いところです。

裁判官は、当事者の主張の中でよくわからないところや今後補充してほしいところ、法律構成として追加してほしいことなどについて、効率よくテキパキと質問していました。その後、双方が特に争いたいポイントや方針について意見を聞き、今後の進行について協議をしてから、お決まりの期日調整のやりとりをして、弁論準備期日・書面による準備手続期日は終了します。また、和解協議の場面では裁判官が双方の希望をよく聞きとって着地点を探りながら仲裁をしていた姿も印象的でした。

こうした訴訟進行は、裁判官によっても異なります。可能であれば、さまざまな裁判官の訴訟指揮を見学するのも勉強になるでしょう。

(1) 裁判官の手控えを見よ

　裁判官は、常時100 ～ 200件程度の事件を抱えており、毎月40 ～ 50件もの新件が配点されるといわれています。そのため、新件以上に事件を終局させなければ、雪だるま式に事件が増え続けることになります。

　それだけ多数の事件を抱えているにもかかわらず、裁判官は手際よく期日をこなすのですが、驚くことに、多くの裁判官は、期日では記録をほとんど見なくとも、争点や細かな事実関係を的確に把握しているのです。私が事件を見させてもらった裁判官は、自分用の手控えのノートを毎回期日に持っていき、期日で出た議論を簡潔に書き込む形で情報を整理していました。おそらく、事案の概要や前回期日の状況についてはそのノートを見返せば把握できるようになっているのでしょう。

　また、別の裁判官は、事件ごとに手書きではなくワープロソフトで主張反論を要件事実に落とし込んだブロックダイヤグラム（当事者の主張・反論を法的に構築した図式）、時系列表、争点リスト、期日で話すことなどを簡潔に記載していました。

　このように、人によってスタイルが異なるものの、いずれの裁判官も膨大な事件についてそれぞれ自分なりの情報整理を行っています。裁判官の効率的な期日運営はこうした各裁判官の期日前の入念な準備に支えられていることがわかりました。修習中には、ぜひとも裁判官の手控えを見せてもらうことをおすすめします。

(2) 事件記録の読み方のポイント

　先に述べたとおり、裁判の期日はあっという間に終わってしまうので、裁判官や当事者のやりとりを理解するためには、事案を把握することが必要不可欠です。修習生として期日に立ち会うのであれば、最低限、裁判官の手控えのような「期日メモ」をあらかじめ作成しておくべきでしょう。

　しかし、初めて見る訴訟記録を前にして、私は「こんなに読むのか……」と絶句

しました。事件記録は、主張書面や証拠を含めると、100頁を超えることもしばしばあります。自分で判決やサマリーペーパーを起案する事件の記録ならば読み込まなければなりませんが、それ以外の立合いをするだけの事件についてまで隅から隅まで目を通すことは、時間的に難しいでしょう。

　訴状や答弁書、準備書面などの主張書面は、必要最小限度の記載しかないような場合もあるうえ、主張反論の応報となっているため、そのままでは事案の概要を理解しにくい場合が多いように思います。もし、すでに陳述書の提出まで進んでいるような事件であれば、事案をざっくりと把握するために、当事者の陳述書から読むのもよいでしょう。また、双方の主張について、要件事実論の知識を活用して、ブロックダイヤグラムを作ると、おのずと争点が明らかになりますし、起案を行う際に重点的に起案すべき場所がどこかが把握できるようになります。要件事実については、白表紙にも含まれる司法研修所編『改訂 新問題研究要件事実』（法曹会、2023年）、同編『4訂 紛争類型別の要件事実—民事紛争における攻撃防御の構造』（法曹会、2013年)が基本的なものであり、岡口基一『要件事実マニュアル』シリーズ（ぎょうせい)も使いやすいです。

　ところで、弁護士の書いた主張書面を読んでみると、民事訴訟規則53条1項や79条2項が要件事実に沿った主張を求めているにもかかわらず、意外と守られていないことに気づかされるはずです。知っている弁護士や指導担当弁護士の提出している書面をこっそり見てみると面白いかもしれませんが、裁判官がそのような書面について何を話していたかについては、守秘義務がありますから、絶対に指導担当弁護士などに漏らしてはいけません。

　また、証拠については、すべてを満遍なく見るのではなく、証拠説明書に記載された立証趣旨を読みながら、必要だと思うものを中心的に見るべきでしょう。たとえば、契約書などの処分証書は絶対に確認しておくべきですが、領収証が大量に添付されているような場合であれば、起案のための読み込みではない限り、ある程度は読み飛ばさざるをえないときもあります。

　また少し触れたとおり、最初の方は雰囲気を掴むためにできる限り期日に入ってみつつ、様子が掴めてきたら裁判官にめぼしい期日を聞いたうえで立ち会う期日を絞って集中的に記録を読み込んで参加してみる、などの緩急をつけてみることもおすすめです。

(3) わからない所は調べてから尋ねる

　記録を読んでいて、わからないことや何か気がついたことがあったら、まずは裁判官室にある書庫を漁って、自分なりに調べてみましょう。それでも解決しない場合や、どのように考えるべきか自信が持てないときは、それらをリスト化して、裁判官の手が空いているときを見計らって、率直に尋ねてみましょう。裁判官室は、自由闊達に議論ができる雰囲気であることが多いので、臆病になるべきではありません。裁判官は、修習生からの質問や提案に対して、調べればすぐにわかるようなものを除き、きちんと理由をつけて、その当否を教えてくれます。

　このように、修習に主体的に取り組むことは、争点整理の練習にもなりますし、期日メモを作る癖をつけておくと、自分が法曹として法廷に臨むにあたって、何をするべきかがわかるようにもなります。

(4) 裁判官室にある書庫の本は要注目！

　裁判官室にある書庫にどんな本が入っているかも、隙間時間に眺めておくとよいでしょう。私も麗子さんと同じように、実務修習前に「司法修習後は裁判官にでもならない限り、裁判官室にどんな本が置いてあるか知ることはなかなかできない。裁判修習中に、裁判官室にどのような本が並んでいるかをよく見ておくとよい」とアドバイスされました。その心は、判断者である裁判官が判断に迷った際や調べ物をする際にどんな本を参照するのかを知っておくことは非常に有益である、ということです。

　私自身は、事前のそんなアドバイスをすっかり忘れて裁判修習を過ごしてしまいました。弁護士となった今では、裁判官がどんな本に触れているかはとても気になることが多く、修習中の過ごし方で後悔していることのひとつです。

---

4 ｜ 裁判官の和解テクニック

(1) 裁判官は和解が好き？

　修習をしていると、裁判官は、判決を書かずに、何とか和解でまとめようとしていることに気がつかされます。

もしかしたら、判決文は高度な正確性が求められるうえ、控訴されるリスクもありますから、かなり慎重にしなければならず、起案すること自体が大きな負担になるからではないか、多数の事件を抱えている裁判官の立場からすれば、極力、判決起案を少なくしたいという心理が働くことはやむをえないかもしれない、などと邪推をしていました。

　しかし、裁判官はただ単に楽をしたいから判決を避けるというわけではないようです。ある裁判官は、「当事者が裁判をするのは紛争を解決したいから。双方が納得することで成立する和解こそ、最適な解決手段だと思う。判決にしてしまうと、控訴による紛争の長期化のリスクもある」という趣旨の発言をしておられました。当事者の中には、相手を打ち負かしたいという気持ちから、判決を望む方もおられるのかもしれませんが、主張が100％通ることは考えにくいところです。だからこそ、想定される判決に近い条件で和解することが、紛争解決にとって役に立つといえるかもしれません。

（2）口説き上手な裁判官

　和解を成立させるための「口説き方」は、裁判官によってそれぞれ異なります。「和解がうまい」という評判のある裁判官の期日は、交渉テクニックを学べるため、同席するようにしたいところです。

　私も労働審判の期日で、ある裁判官が当事者の恨みつらみも含めた心情をよく聞き取りつつ、それぞれにとって話合いで獲得できるメリットをうまく示しながら譲歩を促し、きれいに話がまとまる場面を見ることができ、「すごいなぁ」と思ったことがあります。後で話を聞くと、当事者にとって話合いのメリットが何かを当事者の立場からよく考えてうまく提示するように心がけているそうです。

　当たり前ですが、和解といっても、「足して2で割る」という大胆なものではありません。一般論としては、「判決になったらここは認められないかもしれませんよ」というように、双方当事者の立証が弱い部分を指摘しつつ、譲歩できる金額を引き出すことになります。また、原告側に対しては「被告が判決に納得しないと、控訴することになりますし、最悪の場合は支払ってくれないということも考えられますが、和解ならばすぐに支払ってもらえるでしょう」などと説得する場面もありました。

（3）弁護士の対応もさまざま

　裁判所の提示した和解案に対する弁護士側の対応も勉強になります。裁判所の和解案に対して反論しつつも、別の説得的な理由づけに基づく代替案を提示したり、損害額について類似の裁判例を提出したりと、最後まで手を抜かない弁護士もいます。また、あえて一旦は和解を破談させて、相手方や裁判所の様子を見て、次回期日に自分に有利な和解案を再度提案するといった粘り強い交渉をする弁護士もいます。これらの具体的なテクニックは、なかなか書籍では学べませんので、修習の機会によく見ておくとよいでしょう。

　裁判手続は、訴え提起⇨弁論準備での主張整理⇨証人尋問⇨判決というように進んでいきます。和解のタイミングは、おおむね、第1回期日後に、尋問直前、尋問直後の3つのタイミングでなされるようで、実感としては尋問直前の和解成立が多いように思います。裁判官は、尋問に先立って心証をほとんど決めているようにも感じます。尋問によって結論が大きく変わることは、そう多くないという話も聞いたことがありますので、尋問前の和解が多いのも、そのためなのかもしれません。

　なお、和解条項については、裁判所職員総合研修所『書記官事務を中心とした和解条項に関する実証的研究［補訂判：和解条項記載例集］』（法曹会、2010年）が修習中から実務に出てまで役立ちますので、1冊持っておくべきです。この本は、司法研修所の購買所で買うことができ、なかなか他では見かけない書籍ですので、ぜひ導入修習や集合修習で和光に行く際に購入しておくとよいでしょう。

---

5 ｜ これぞ裁判! 証人尋問

（1）法廷といえば証人尋問

　尋問前の和解が成立しない場合、証人尋問をすることになります。やはり、法廷といえば証人尋問ですよね。

　しかし、この証人尋問が曲者であり、事案を把握していないとわけがわからないので、ついつい睡魔に襲われがちです。法廷で居眠りをすると、普段はニコニコと温厚にしている裁判官から、鬼のような形相で注意されるでしょう。そのた

め、あらかじめ作成した期日メモで争点を把握し、証人の陳述書を読み込んでおくべきです。

（2）六法で手続を確認する

　証人尋問をするに前に、証人は「宣誓」をします。このとき、修習生も起立をしなければなりません。また、宣誓の前に、裁判長は、「嘘をつかないという宣誓をしてもらいます。万が一、宣誓したにもかかわらず、嘘のことを供述した場合、偽証罪に問われることもありますので、その点にご注意ください」と告げます。

　法廷で起きている出来事には、必ずといっていいほど根拠条文があります。正直かなり面倒ではありますが、修習生であれば、ぼーっと傍観するだけでなく、必ず六法を持参してこれらの根拠条文を探すようにしましょう。たとえば、起立については民事訴訟規則112条2項、宣誓前の宣誓の趣旨の説明や偽証罪の告知は同6項に規定されています。六法を引きながら、これが「法の支配」なのかと実感することができるかもしれません。

　宣誓が終わると、いよいよ主尋問が始まります。本人訴訟の場合は、裁判官が直接証人に対して尋ねていくこともありますが、通常は、当事者または訴訟代理人が証人に対して尋ねていくことになります。主尋問の後、反対尋問、再主尋問と続きます（民事訴訟規則114条1項）。

（3）「異議あり！」を聞けるか？

　証人尋問といえば「異議あり！」という応酬がされるのかドキドキしますが、異議が出されることは、意外に少ないのが現状です。ちなみに、「異議あり！」と威勢よく叫んだとしても、その理由が法令に記載されていなければ、ただの妨害となってしまいます。異議を出したならば、速やかに、理由を述べなければなりません。たとえば、相手方に対する質問制限の申立て（民事訴訟規則114条2項、115条3項、同条2項各号参照）のうち、どの類型なのかを指摘しなければなりません。実務家であれば、これをとっさに答えなければならないので、かなりシビアな状況だということがわかるでしょう。

（4）小さな認識のズレが大きな事件に

　私は、証人尋問を傍聴していて、明らかに嘘をついているという事案は、実は
それほど多くはないように感じました。どちらかといえば、当事者間の認識の小
さなズレがきっかけとなって、あとあとその距離が広がってしまったという印象
を強く受けました。

　たとえば、ある工事の請負契約をしたところ、配管工事のやり直しをしたが、
その報酬が支払われないといった事件があったとすると、そのやり直し工事が、
当初の請負契約の範囲内なのか、新たな追加工事の発注なのか、といった点が争
点となります。原告側は「追加工事の発注である。契約書はいつも作成していな
いので、追加工事について契約書がないとしても自然である。この工事は仕様書
には含まれていない工事であるから、当初の契約に含まれていない」と主張する
でしょう。これに対して、被告側は「当初の契約の範囲内である。原告が仕様書
に書いてあるにもかかわらず、工事をしなかったことから、被告からクレームを
入れて、事後的に工事をしてもらったにすぎない」と反論することが考えられま
す。このような認識のズレは、私たちの日常生活においても、多く発生している
でしょう。

（5）法律以外の知識も必要

　この設例でいうと、被告側の弁護士であるとすれば、仕様書か工事図面を正確
に読み解き、問題となっている工事が含まれていたことを明らかにしなければな
りません。たとえば、図面を実際に広げて見せて、「この記号は何を意味します
か？」というように、原告側が回答できることで言質を取ることになります。そ
して、最終的に、原告に対して「この記号とこの記号があるのだから、ここには
配管工事をしないといけないのではないでしょうか？」と問い詰め、原告を追い
詰めることができます。こうして、事態の真相は、原告が図面をきっちり読んで
いなかったことにつきることが明らかになるのです。

　このように、証人尋問を成功させるためには、単に法律を理解するだけでは足
りず、専門的な図面や用語を理解し、それを裁判官にもキチンと伝えなければな
りません。修習生として傍聴していると、いきなり専門的な用語が出てくると
サッパリわからないのですが、上手い弁護士は、きちんとその意味を説明しなが

ら尋問をしていきます。そのような尋問ができるようになるためには、専門家の助言だけでなく、問題となっている分野の専門書を購入するなどして、入念に準備をする必要がありそうです。

なお、証人尋問に関する書籍には、大塚武一『30問30答 証人尋問ノート［第2版］』（東京図書出版、2014年）、加藤新太郎『民事尋問技術［第4版］』（ぎょうせい、2016年）があります。

---

6 ｜ 判決起案と講評

（1）判決起案に悪戦苦闘

さて、民事裁判修習の山場といえば、判決起案とその講評です。判決起案では、口頭弁論が終結した事件について判決の下書きをすることになるのですが、思いのほか細かい部分で引っかかってしまいます。

私は、貸金返還事件の判決起案をしたのですが、附帯請求である遅延損害金の起算点はいつか、などの細かい点までも逐一調べなければなりませんでした。また、親族間で貸金なのか贈与なのかが争われている事案でもあり、問題となる時点よりも前からの親族同士の関係性やその変化なども主張の中で細かく織り込まれており、まずはそれを読み解くだけでも一苦労でした。そのうえでそもそも証拠がはっきり残っていない部分もある中で事実認定できるのか、それが争点との間で関りがあるといえるのか、どの程度関りがあるのかを考え出すとなかなか答えが出ず、起案するまでにうんうんと唸ってしまう状態でした。

また、認定できる事実としてどこまでのことを書き込むかはもちろん、結論に向かってどのように事実を評価していくかは、言語化してみるとなかなか難しく、非常に苦労しました。たとえば、原告と被告で大筋は同じことを言っていると思って起案を始めたのに、よくよく見ると細かい部分に差異が生じていたり、書面で出ている話と証人尋問で出た話とに微妙な違いがあったりして、記録の読み直しや結論の修正の要否を考え込むことが多々生じました。自分が思っている以上に記録の読み込みが浅かったのだと反省しました。直感では「こちらだ」と思ったとしても、判決にそう書くわけにはいきません。理路整然と主張を整理

し、緻密に記録を読み込んで事実を認定し、当事者を納得させられるような書面を作り上げなければならない裁判官の職責の重さを痛感しました。

　また、民事事実認定については、白表紙にも含まれる司法研修所編『改訂　事例で考える民事事実認定』(法曹会、2023年)がコンパクトにまとまっていますが、土屋文昭＝林道晴編『ステップアップ民事事実認定[第2版]』(有斐閣、2019年)なども参考になりました。その他にも、先に述べたとおり裁判官室の書庫にある本を参照するとよいでしょう。

　このように、比較的簡単だと思った判決起案についても、調べ物をしなければなりませんし、実際に起案をしてみると躓くことが多々あります。そのため、判決起案をするためには、かなり余裕を持った計画を立てることをおすすめします。

(2) 起案の講評

　起案した判決を裁判官に提出すると、かなり丁寧に添削されて返却されます。誤字脱字レベルのミスがあると、裁判官は修習生のやる気がないと感じてしまうようなので、提出前には一晩寝かせて見直してみるとよいでしょう。また、調べればわかるレベルの法的知識に関する誤りや、計算方法に関する誤りも、能力を疑われますから、避けるべきでしょう。

　裁判官からの講評のうち、もっとも耳を傾けるべきなのは、どんな本にも書いていないような、個別の事件に対する「見方」(View Point)です。事実認定をするとき、客観証拠を重視していること、そこで用いられている経験則、それらの起案の流れなどは、民事裁判修習中にしか習うことができないといっても過言ではありません。裁判官の思考過程を知ることは、二回試験の起案だけでなく、実務に出てからも、弁護士として裁判官が乗りやすい主張を組み立てるためにも非常に役立ちます。

7 ｜ おわりに

　裁判官の判決は、後世に影響を与えることもあるため、一言一句を考え抜いて、慎重に起案された重みのある文書として書かれています。しかも、裁判官

は、「わからない」からといって、判決から逃げることはできず、絶対に判断をしなければなりません。和解期日でたくみに当事者の希望をヒアリングする話術も必要な一方で、最後判決を書く際に自身の判断を論理的説得的に述べる必要があります。

　民事裁判修習では、そのような重い職責を負いながらも、日本の司法を支え続ける素敵な裁判官たちの一面を垣間見ることができました。これまで自分が体験したことのない、そして、裁判官にならない限り、二度と体験できない、本当に貴重な経験であったと思います。

　これらの経験は、裁判官や裁判所職員による手厚いサポートなくして成り立たないものであり、皆さんの血税により運営されているものですから、修習生になった暁には、この機会を無駄にしないように取り組んでいただくことを切に願います。

労働審判集中部

労働審判集中部での修習

　中規模庁では交通事故や労働、行政事件などの専門的知識を要する事件について中心的に扱う「集中部」がある場合があります。

　ここでは、中規模庁の労働審判集中部での修習について紹介します。労働審判集中部といっても、あくまでも中心的に労働事件を扱う部にすぎませんから、裁判官の構成も他の部と変わるところはありません。ベテランの裁判長、中堅の右陪席裁判官、若手の左陪席裁判官の3人が配置されていました。配属される事件も、労働審判だけではなく、通常の損害賠償請求事件や交通事件、医療訴訟などの一般的な民事事件や国賠請求事件も扱いますので、「労働審判しか見られなかった」ということはありませんでした。

　それでも、やはり労働審判集中部だけあって半分近くは労働審判や労働問題に関する事件でしたし、通常の民事事件も職場における不法行為など、労働に関連する事件が多かったように記憶しています。

　このような「集中部」にどんな修習生が配属されるか気になるところかもしれません。配属の基準は明らかにされていませんが、おそらく完全に運だと思います。私は司法試験では労働法選択でもありませんでしたし、修習直前に提出していた身上報告書（現在は、基本情報フォーム[→16頁]）にも労働事件に関する記述はしていませんでしたが、集中部の配属となりました。

　同じ部に配属された修習生をみても、成績もまちまちでしたし、裁判官志望の修習生（後に裁判官に任官しました）も配属されていましたので、希望進路が何かということも関係なかったようです。

　私は、労働審判という言葉自体は聞いたことがありましたが、詳しいこと

は知らなかったため、労働審判集中部への配属が決まってから、慌てて労働法の勉強をしました。時間もあまりなかったので、初心者でもわかりやすいと定評があった森戸英幸『プレップ労働法［第7版］』（弘文堂、2023年）を一読し、労働法のイメージを掴みました（当時は第4版を使用）。

また集中部での修習が始まってすぐに、右陪席裁判官から労働事件について主な類型や審理のポイントなど、解説講義をしていただきました。そのため、労働法を勉強したことがない人でも、集中部でついていけないということはありません。

労働審判の概要

私のように労働法を選択しておらず、労働審判になじみが薄い方のために、ここで簡単に労働審判の基礎について説明します。

1　労働審判制度

労働審判制度は、労働者と事業主との間に生じた労働関係に関する個々の紛争を対象に、裁判官1名（労働審判官）と労働関係の専門的な知識経験を有する者2名（労働審判員）によって構成される合議体（労働審判委員会）で紛争処理を行う制度です。

たとえば、解雇（地位確認）に関するものや賃金に関するものが挙げられます。これらがすべて労働審判となるわけではなく、申立人が早期解決を目指す労働審判になじむものか、腰を据えて主張立証をつくすべき労働関係民事訴訟として提起するかを判断するようです。

2　労働審判委員会の構成

労働審判員2名は、それぞれ労働者あるいは使用者として経験豊富な者が1人ずつ任命されると言われています。修習生は、もちろん労働審判に立ち会えますし、当事者を同席させずに行う労働審判委員会の打合せや合議にも同席できます。しかし、修習生が直接、審判員と言葉を交わす機会はほとんどなく、どの組織に属している人なのかを紹介してもらうこともなかったので、合議等での発言内容から、「この人は労働者側の人だな」「こっちは使用者側の人だな」と判断することしかできませんでした。もしかしたら、質問

すれば教えていただけたかもしれませんが、労働審判を傍聴するにあたって、審判員の経歴を知らなくてもまったく影響はありません。使用者側の人か、労働者側の人かがわかれば十分だと思います。もし修習生に直接審判員に対して質問させてもらえるチャンスが与えられたのであれば、当該事件に関することなど、もっと有意義なことに使うべきでしょう。

　そして面白いことに、審判の中で、使用者側の立場の審判員が必ずしも使用者側の肩を持つわけではなく、「使用者だったら、最低限これくらいのことを定めておくのは当然」という自負があるようで、使用者の対応に厳しい意見を述べることが少なくありませんでした。労働者側の審判員についても同様で、必ずしも労働者側の肩を全面的に持つわけではありません。ある事件では、労働者側の審判員が使用者側の主張を支持し、使用者側の審判員が労働者側の主張を支持したこともありました。

　審判員は自分たちが労働関係の専門的な知識経験を有する者として任命されているという矜持を持っておられ、それゆえに身内に対しても厳しく判断をし、適正な解決を図ろうとしているのだと感じました。

　ただし、審判員は労働関係についての経験は豊富ですが、法的な知識については専門外の方々です。つい、専門家の発言だからといって鵜呑みにしてしまいがちですが、審判員が慣例として発言されていることが、すでに法的に解決している、なんてこともあります。修習生は法律の専門家を目指すものとして、しっかりと法的根拠を意識しながら聞くようにしましょう。

3　迅速な紛争解決の実現

　労働審判の特徴として、原則として3回以内の期日で審理を終結しなければなりません（労働審判法15条2項）。

　また、第1回期日は、原則として申立てから40日以内に指定されなければならず（労働審判規則13条）、相手方にも第1回期日に先立って実質的な内容の答弁書を提出することが求められます（労働審判規則16条）。

　そのため、一般の民事事件は短いものでも1年近くかかるのに対し、労働審判の場合は、長くても3カ月程度での終結になることが多いです。事案によっては第1回もしくは第2回の期日で調停成立あるいは審判もありえますので、タイミングがよければ2カ月程度の民事裁判修習の間に、1つの事件

を最初から最後まで見届けることも可能であり、これは労働審判集中部ならではの特権でしょう。

　労働審判では、第1回期日に当事者の陳述を聴いて争点・証拠の整理をし、可能な証拠調べを実施します（労働審判規則21条）。当事者はやむをえない事由がある場合を除き、第2回期日が終了するまでに主張および証拠書類の提出を終えなければなりません（同27条）。この期日において、調停を試みることもできます（同22条）。労働審判の終結は、調停成立、審判、あるいは労働審判委員会による終了（労働審判法24条1項）がありえます。

　このように、労働審判は紛争の迅速な解決を実現する制度となっています。これは労使間の紛争が労働者の生活に大きな影響を与えるからにほかなりません。

労働審判集中部での修習のメリット・デメリット

　前述の通り、労働審判集中部では、一般の民事事件の割合が少ないうえに、時間を割いて記録を読み、争点整理までして立ち会う価値のある事件となるとさらに少なくなります。また、裁判官から合議事件は人証調べなどを除いて原則として傍聴する必要はないと最初に言われるので、さらに対象事件は限定されることになります。そうすると、立ち会える一般民事事件は通常の部と比べるとかなり少ないでしょう。修習中に裁判官の訴訟指揮を間近で見て、裁判官の意見を聞ける機会は貴重ですから、弁護士や裁判官を目指す修習生にとって、これらの機会が偏った事件に集中してしまうというデメリットは無視できません。

　しかし、実務に出れば労働事件も決して少なくはありません。前述した労働審判委員会の合議や打合せに同席できるのは、修習生の間だけです。労働者側・使用者側の言い分を聞いたうえで、審判委員の率直な感想を聞けたことは、上記のデメリットを差し引いても、是非とも経験しておきたいことです。

　もし、もっと一般の民事事件も経験したいという場合は、選択型実務修習[→262頁]のときに民事裁判修習を選ぶといいでしょう。逆に、通常の民事

裁判の部に配属された修習生でも、労働事件に興味がある方は選択型実務修習で労働審判集中部を選択すれば、短期間ではありますが、体験することができます。

おわりに

　集中部に配属された修習生の中には、「自分は労働事件はやらないから」と適当に時間を過ごしている人もいます。しかし、法律家は自分の人生経験すべてが何かしら役に立つ仕事だと思います。労働事件を直接扱わないとしても、そこで見聞きしたことは決して無駄にはなりません。そして、裁判官にならない限り、修習生の間しか労働審判委員会の合議は体験できません。実務に出たあとに後悔しないよう全力で取り組んでほしいと思います。

STORY ❺
裁判官の隣から見える景色

　傍聴席に目を向けると傍聴人とまともに視線がぶつかってしまうような気がして、麗子は顔を上げることができずにいた。

　麗子は、刑事事件の公判を傍聴していた。修習生席は裁判官のすぐ隣に設けられており、ここからは被告人・証人、そして傍聴人の顔を正面から捉えることができる。裁判官1人で担当する窃盗や暴行などの簡単な単独事件であれば、傍聴人もほとんどいないのだが、今行われているのは世間からも注目されている裁判員裁判の公判であり、満席とまではいかないものの傍聴席は多くの市民で埋まっていた。

　真正面から被告人や傍聴席を見ることは、裁判官や裁判員でなければできない。この光景を体験できるのは修習生の特権である。

　しかし、裏を返せば傍聴席からも修習生の姿は丸見えということであり、左陪席からは「どんなに公判が長引いてもバーの中では絶対に寝ないように！」「あくびも厳禁！」と厳しく指導されていた。裁判は国民の信頼から成り立っているのであり、バーの中の人間が居眠りしたり眠そうにしていたりしたら裁判所への信頼に傷がついてしまうのだ。

　麗子は初めて体験するバーの中に、最初は（ドラマのセットみたい！）とウキウキしていたが、いざ座ってみると傍聴人や被告人の顔が真正面に見えるこの席は、想像以上にプレッシャーを感じるものだった。

　そして、複数の証人の尋問が予定されていたこの日は、覚悟はしていたものの長丁場となっていた。昼食後に眠気覚ましの効果を期待して飲んだコーヒーが利尿作用という思わぬ効果を発揮し始めていた。

　麗子は迫りくる尿意に気もそぞろとなっており、要領を得ない証人の受け答えに対してもイライラとし始めていた。

　隣に座る上杉はどんな顔をして聞いているのだろう。眠気に耐えているのだろ

うか。それとも麗子と同様に生
理現象に苦しんでいるのだろう
か。ふと気になって、麗子は右
隣の上杉を盗み見た。

　麗子の予想に反して、上杉は
真剣な面持ちで証人尋問に聞き
入っていた。麗子の視線にも
まったく気がつかない。そんな
上杉の顔は好奇心に満ちた修習
生の顔ではなく、裁定者である
裁判官の顔になっていた。

　公判後、裁判官室に戻った麗
子（もちろん、トイレも無事にす
ませた）は、上杉に「すごい真面
目な顔で尋問聞いてたね」と声
を掛けた。

　上杉は少し驚いた顔をして、「え、そう？　そんな顔してた？」と自分の顔をつ
るりと撫でた。

　「僕、裁判官志望だから、裁判官の隣に座れるってだけで感慨深くてさ。昨
夜は緊張して眠れなかったんだよね」

　上杉は照れ笑いしながら話していたが、一転して急に真面目な面持ちとなる。

　「もし自分が裁判官だったら、あの尋問からどんな事実を認定するかな、ど
んな補充質問するかなって考えながら聞いていたら、夢中になっちゃって
た。やっぱり裁判官の仕事って難しいけどやりがいがありそうだよね」

麗子は、自分がドラマのセットみたいとはしゃいでいたり、トイレに行きたくて気もそぞろになっていたことを恥じた。

　（そうだよね。私も来年には法廷に立っているかもしれないんだよね）

　これまでは、実務に出ることがまだ遠い未来のことのように感じていたが、上杉の言葉を聞いているうちに、法律家として法廷に立っている自分の姿が急に現実味を帯び始めた。

　私はあの裁判官、検察官、弁護人のように法廷で堂々と振る舞えるだろうか。麗子は将来の自分に少なからず不安を感じながらも、カッコよく振舞っている法廷での自分を想像して少しワクワクもしていた。

　修習は早くも半分が終わろうとしていた。

第2章

刑事裁判修習

1 | 刑事裁判修習の醍醐味

　ドラマのセットみたいだとはしゃいでいた麗子さんと違って、上杉くんは憧れの裁判官の隣の席に座れて感慨もひとしおだったようです。2人から見えるそれぞれの景色はどのように違っていたのでしょうか。

　刑事裁判修習では、文字どおり、刑事裁判を「裁判所側」から見ることができます。あえて「裁判所側」と表現したのは、刑事裁判修習では、刑事裁判官以外に、書記官、事務官と関わることになります。この機会を利用して、外側からは見えない書記官や事務官の仕事内容を見てみましょう。そして、なんといっても、裁判所修習は、任官者以外にとって、裁判所内部を知ることができる唯一の機会です。この機会を存分に生かして、刑事裁判に臨むことが肝要です。

　また、刑事裁判修習においては、裁判官をよく観察することも大切です。雰囲気は部署によってまったく異なります。裁判官同士でよく話す裁判体もあれば、そうではない裁判体もありますが、まったく話をしない裁判体はないように思います。特に、刑事裁判は、国の刑罰権の発動であり、人の人生を大きく変えることになります。そのため、裁判官が悩んでいるシーンをよく目にすると思います。話の内容は、訴訟指揮のこと、判決のこと、私生活のことと多岐にわたります。修習生も交えてざっくばらんな話をすることもあります。私の同期には、裁判修習を経て、裁判官志望の気持ちが芽生え、配属された部総括（裁判所の合議体を構成する裁判官から構成される「第○刑事部」という組織の事務を総括する裁判官のこと。合議体の長となる裁判官）に相談すると、「約2時間にわたって、部総括がいろいろな話をしてくれた」と話をしていました。私自身も、裁判官は、「成績優秀で寡黙な人が多く雲の上の存在だ」と思っていましたが、裁判修習を経て裁判官の

イメージが大きく変わりました。

　これは他の修習にもいえることですが、修習で出会う人にいろいろな話をしてみてください。事件のことはもちろん、事件以外のこと、たとえば、裁判官になった理由、裁判官のキャリアのこと……など、機会があれば話をしてみましょう。

2 ｜ 刑事裁判修習って何をするの?──公判前

(1) 刑事裁判修習の始まり

　刑事裁判修習では、各修習生が配属された地方裁判所の刑事部にて、裁判官の指導を受けます。

　刑事部が複数ある裁判所では、1つの班の修習生が数人ずつのグループに分かれて、各刑事部に配属されます。民事裁判修習と同様に、刑事部の構成は、部長の裁判官(正式名称は「部総括」です。部総括は合議体の裁判長となります)が1名、右陪席の裁判官が1〜2名、左陪席の裁判官が1〜2名います。裁判官室は、裁判所の利用者が訪れることがある書記官室とは画された場所にあり、修習生はそこに設置されたデスクで起案などを行います。弁護士でも裁判官室に立ち入る機会はほとんどありませんから、裁判官室に堂々と入れるのは修習生の特権と言えます。

　本書における民事裁判修習と重なる点もありますので、ここでは主に法廷傍聴、裁判起案、裁判官の合議・裁判員裁判の評議への参加を中心に述べます。

(2) ひとつでも多くの刑事裁判を傍聴することの意味

　法廷傍聴は、開廷日の期日簿を見て、事件を選択して、当該事件の裁判を傍聴することになります。司法試験に合格するまでに刑事裁判の細かなルールについて教科書で学んではいますが、多くの学生は、細かい手続の部分まで把握していません。このため、より多くの法廷傍聴を行うことが推奨されています。また、刑事裁判修習では、民事裁判修習と異なり、第1回公判期日ですべての証拠調べを終了し、後は判決言渡しを指定し結審することも多いため、第1回公判期日か

ら判決までの一連の流れを短期間で見ることになります。大事な部分を見逃さないように、傍聴をしましょう。

（3）法廷傍聴をする上で必要なこと

　刑事裁判では、主に公判前整理手続や公判を傍聴します。とはいえ、漫然と裁判を傍聴していても、何ら得られるものがありません。①常に六法を確認すること、②当該刑事手続、訴訟指揮の根拠条文を調べること、③自分が検察官・弁護人であればどのような訴訟活動をすべきかなどを考えて傍聴をすることなどを意識すると学習効果が高まります。

　そのうえで、自分で考えてもわからないことがあれば、裁判官に尋ねてみましょう。裁判官との対話では、質問事項に対して自分なりに考えた回答を整理して裁判官に伝えましょう。

（4）公判前にやるべきこと

　まず、修習生は期日簿を見て、予定されている裁判の法廷、開始時刻を確認します。刑事裁判の第1回公判前は起訴状一本主義により、手がかりになるのは起訴状だけです。なお、傍聴希望であることは裁判官に事前に伝えておきましょう。

　起訴状に記載されている公訴事実と罪名、罰条の不一致がないか、構成要件事実の記載が漏れていないか、訴因の特定は十分かなどのチェックをしたり、犯罪構成要件の検討を行いましょう。特に、特別法は、司法試験では出題されず、勉強もしていないと思うので、必ず条文にあたるようにしましょう。

3 ｜ 刑事裁判修習って何をするの？——公判

（1）冒頭手続

　修習生は、裁判官が入廷する前に法廷に入室し、法壇の脇にある椅子、あるいは弁護人・検察官席の後方の椅子に座ります。裁判所によっては、「司法修習生」と書かれたプレートが置いてある席に座ることもあります。傍聴席から修習生の

姿はよく見えますから、修習生は、姿勢よく座っておくことが重要です。

　冒頭のストーリーにおいて、麗子さんが注意されていたように、修習生が怠慢な姿をさらすことになれば、司法の信頼は揺らぎかねません。とりわけ、国家の刑罰権の行使に関わる刑事法廷ですから、緊張感をもった態度で臨んでください。

　実際に、修習生が刑事事件の模擬裁判で裁判長をやってみると、「あれ？　人定質問って、何をどんな順番で聞くんだっけ？」「どうやって検察官に起訴状を朗読してもらうんだっけ？」「黙秘権の権利告知って、何をどのように告げるんだっけ？」などとわからなくなることも多くあるでしょう。

　しかし、実務の冒頭手続は、一連の流れで淡々と進んでいきますので、気づいたら冒頭手続が終わっていたなんてことも珍しくありません。そのため、修習生としては、裁判長がどのように人定質問をし、どのような流れで検察官が起訴状朗読を行うのかなどについて、しっかりと意識して傍聴しなければなりません。

　また、弁護人の意見についても、自白事件の証拠意見の述べ方、否認事件のような要件該当性を争っている場合と責任能力を争っている場合とでは意見内容にどのような違いがあるのかをしっかり意識して聞いておくとよいでしょう。これを意識しておくことで、その後の証拠調べ手続の重点がどこにあるのかがわかってきます。

（2）証拠調べ手続——冒頭陳述

　冒頭陳述を聞くと、「本件は、どのような人物が、どのような事件を犯したのか」がわかります。

　裁判員裁判対象外事件において、検察官は、冒頭陳述要旨という書面を作成し、単に読み上げることがほとんどです。しかし、裁判員裁判事件では、検察官は裁判員向けにわかりやすい冒頭陳述を心がけています。たとえば、法廷にあるモニターを使用し、パワーポイントを用いたプレゼンテーションをしたり、事案の背景などを口頭で鋭意工夫しながら説明したりと、裁判官、裁判員に検察官が描く事実の流れをわかりやすく説明している例があります。

　多方で、裁判員裁判対象事件において行う弁護人の冒頭陳述を聞くと、検察官の冒頭陳述とは対照的な印象を受けます。当事者双方のケースセオリーを知った

うえで、裁判所の立場に立って、本件は、「どのような事件か?」を考えてみましょう。

(3) 証拠調べ手続——証拠調べ請求から決定まで

冒頭陳述が終わると、検察官は、証拠調べに移ります。

検察官が提出した伝聞証拠に対して、弁護人が同意するか不同意とするかは、訴訟進行や判決を左右する重要な内容となります。特に弁護人の意見が不同意の場合は、検察官がどのような立証をするのか見ておきましょう。

刑事弁護修習で学ぶことになりますが、否認事件における刑事弁護人の証拠意見の原則は、「不同意」です。その原則を踏まえて、弁護人の立場に立って、証拠意見を考えましょう。

(4) 証人調べ・被告人質問

尋問は刑事裁判の醍醐味のひとつですので、テクニックも含めて尋問をしっかり学んでください。尋問を見ていると、良い質問をする検察官や弁護士、悪い質問(質問の意図が不明確、立証課題と関連性の低い質問を行うなど)をする検察官や弁護士に出会うかもしれません。尋問を見る際は、自分なりに評価をしてみて、それを裁判官と共有してみると勉強になります。

良い尋問って?

良い尋問とは、どんな尋問でしょうか。一般的に、良い尋問に必要といわれることとしては、自身の定立した証拠構造に従って証人に経験した事実をわかりやすく証言してもらうこと、聞き取りやすい声(大きく、ゆっくりと話すなど)、合いの手は入れない、無意味な質問をしない、あらかじめ書証を準備しておくことなどが挙げられます。

各当事者いずれも、限られた時間内に、立証活動を過不足なく行うことが求められています。言葉にするのは簡単ですが、実務家にとって、尋問は永遠の課題です。見ることと実際に行うことは違いますが、いろいろな尋問を見て、「良い尋問」について考えてみましょう。尋問に関する書籍については、キース・エヴァンス(高野隆訳)『弁護のゴールデンルール』(現代人文社、2000年)、ダイヤモンドルール研究会ワーキンググループ『実践! 刑事証人尋問技術——事例から学ぶ尋

問のダイヤモンドルール』(現代人文社、2009年)、同『実践！ 刑事証人尋問技術―事例から学ぶ尋問のダイヤモンドルールpart2』(現代人文社、2017年)があります。

　時には、検察官・弁護人の尋問が功を奏さないことがあります。ここでは、尋問者を反面教師にさせてもらい、どの点が不十分か、どう工夫すればよかったか、しっかり自分の考えをまとめてみましょう。

絶対に確認しておくべき、尋問のルール！

　尋問のルールは、刑訴規則199条以下が細かく定めています。尋問の場面では、尋問者が何を獲得しようとしているのかを考え、尋問のルールに沿った尋問が行われているかも確認してみましょう。

　また、異議が出た場合、裁判体がどのような判断をするのかも観察しましょう。

情状弁護における尋問では、被告人の人柄がわかるワンシーンも……

　被告人が犯行を認めている自白事件は、多くの新人弁護士が最初に１人で担当する事件になるかと思います。もし自分が近い将来、担当するならどう対応するかという視点で傍聴すると、より身につくと思います。

　具体的には、弁護人がどのような情状弁護の獲得目標を持っているのかを意識しながら、弁護人請求証拠の内容、情状証人の尋問や被告人質問においてどのような工夫をしているのかなどについて観察するとよいと思います。また、情状立証の中には、犯行経緯や犯行態様に関わるものもあれば、反省の有無・程度、家族の支援の存在といったことを主張立証するものもあります。裁判官がこれらのうちのどの要素をどのように考慮するかについても、傍聴後に機会があったらぜひ質問してみてください。

反省って、なんだろう？

　「被告人は、本当に反省をしているのだろうか？」

　修習中、こんな疑問を抱くことがあると思います。被告人の反省は、法曹三者いずれの立場になっても、永遠の課題です。ある国選弁護人は、被告人にたくさんの本を読ませて読書感想文を提出させていました。また、ある国選弁護人は、被告人に反省文を書かせていましたが、被告人自身が裁判の法廷において検察官の質問に対して逆ギレをしてしまい、心証が悪くなってしまいました。

　再犯防止のために、被告人が真に犯罪と向き合い、もう二度と犯罪に手を染め

ないと誓わせることは簡単ですが、どのように働きかけることがベストな弁護人なのでしょうか。裁判官の目には、被告人はどのように映っているのでしょうか。これらを刑事裁判修習でぜひ考えてみてください。将来、弁護士や検察官になったときに必ず活きてきます。なぜなら、被告人の刑を決める主体である裁判官の思考方法について考えることは、弁護士志望者にとっては弁論要旨、検察官志望にとっては論告を起案するうえで、より充実した内容にするために欠かせないからです。

(5) 論告・求刑、最終弁論

　証拠調べが終わると、検察官による論告・求刑、弁護人の最終弁論、そして、被告人による意見陳述、判決を経て、公判は終わります。ここでは、証拠に基づく弁論をしているかという点にしっかりと注目しましょう。

　双方の見解を聞くことにより、「あの証拠は○○という意味だったのか」「××証人から引き出したあの証言は、△△を裏付けるもので重要だったのか」などの気づきもあるでしょう。

　結審後、当該事件の判決理由の起案課題が与えられたら、これまで傍聴した事件や、同種事件の判決などを参考にしながら起案してみると、修習の実をあげることができるはずです。

(6) まとめ

　このように、公判傍聴では、司法試験合格までに得た刑事訴訟法の知識を実際の事件の中で再確認しながら、刑事訴訟特有の厳格な手続およびその中での検察官・弁護人の訴訟活動を見ることができます。そして、このような訴訟活動を前提として、裁判官と、その意味合いや評価についてディスカッションをすることで、自身が実務家になったあとの実践的な感覚を身につけることができます。

　また、裁判官以外の裁判の登場人物である、被告人、弁護人、検察官、裁判所書記官の「準備」という点に焦点を当てると、新たな気づきがあるはずです。検察官・弁護人・被告人の行っている準備は、裁判における当事者らの動き、発言を見て、知ることができます。たとえば、被告人質問における被告人の矛盾を指摘できているか、立証の不十分な点を指摘できているか、証拠の分析に誤りはない

か、といったことをしっかりと観察しましょう。そして、このような矛盾や立証の「穴」を見抜くために必要なことは、「徹底的に記録を読み込むこと」です。ただし、「記録を読み込む」ことはとても難しいことです。また、1回で結審する事件は事前に読める記録も限られています。そうした場合は結審後でもかまいませんので、何回も記録を読み込んでみて、誰よりも事件を知っているといえるくらいになることが目標です（が、筆者は弁護士となった今でも悩んでいます）。

4 | 刑事裁判修習中の起案

(1) 刑裁起案って何?

　刑事裁判修習中の起案は、判決起案とサマリー起案の2つに大別されます。配属庁、配属部、個々の修習生のやる気によって異なりますが、刑事裁判修習中には平均して3〜5本は起案します。

判決起案とは?

　判決起案とは、刑事記録を精査し、判決の主文、判決の理由(罪となるべき事実、累犯前科、確定裁判、法令の適用)のほか、事実認定上の問題点を記載し、おおむね1つの事件の判決をすべて書くものです。

サマリー起案とは?

　サマリー起案には、事実認定起案と争点整理起案があります。事実認定起案には、1つの事件における一部の事実認定上の問題点(争点)に対して、みずからの結論および理由を記載するものです。事実認定起案はいろいろあると思いますが、私は、殺意の認定、覚せい剤の認識・認容の有無に関する認定を行いました。

　争点整理起案は、文字どおり、争点整理手続などにおいて、事件の争点を整理するものであり、最終的に、「本件事件の争点は、○○である」という結論を導くものです。私は、裁判員対象事件の争点整理起案を行いました。争点整理は、その後の裁判の進行に重大な影響を与える重要なものなので、しっかりと取り組みましょう。

(2) 何をすればいい?

　刑事裁判修習の全体的な傾向としては、サマリー起案が多く、判決起案の課題を与えられることは時間上の制約もあって少なくなっていると思います。ただ、判決起案は累犯前科などの普段触れない根拠条文に触れるほか、刑事裁判修習でしか体得できないことが多いので、一度は起案しておくことをおすすめします。

　いずれの起案にしても、大事なのは争点に対する事実認定の判断過程です。刑事裁判修習における起案は、現在進行中の(もしくは過去に裁判官が扱った)「生きた刑事事件」を課題とします。裁判官自身も判断に迷っている事案など難しい起案も多いですが、しっかり筋道を立てて検討することが大切です。そのうえで、指導裁判官から起案内容について質問があります。その質問にきちんと答えられるよう、結論への道筋や記録の検討を入念に行っておく必要があります。

　最後に指導裁判官による講評・解説を聞くことは、裁判官の思考や事実認定のプロセスを直接伝授してもらえる機会として非常に貴重です。

　課題となった事件記録は、ときに数百頁にも及ぶこともあります。しかし、刑事裁判修習中は、日中は法廷傍聴や指導裁判官との意見交換、起案の講評などがあるためまとまった時間をとることができません。そのため、まとまった時間をとるために、起案を行う時間が午後5時以降になることもしばしばあります。

　残業をしないに越したことはありませんが、「起案がどうしても終わらない……」というときには、残業せざるをえないでしょう。修習生と同じく裁判官も残業をしている場合、裁判官と話をする機会にもなりますし、裁判官のライフスタイルも垣間見ることができるかもしれません。もちろん、「残業をしないで帰ってください」と言われるときもありますので、適宜指示に従ってほしいのですが、一概に残業が良くないというわけではありません。また、修習生のときに、課題を必死にこなすことはとても重要なことです。一生懸命取り組み、全力で学びましょう。

(3) 起案のコツ?

　刑事裁判修習での起案について、「どのように起案すればよいですか?」と意見を求められることがあります。

　たしかに、量をこなすことも重要ですが、闇雲に起案だけすればよいというわ

けではありません。質にこだわることも重要です。良い起案の近道は、争点と証拠構造を正確に理解して、挙証責任を負う検察官により合理的疑いを容れない程度の立証がなされているのか、提出された証拠は構成要件事実を認定するのに足りるのかといった点を意識したうえで、丁寧にその事件を検討し、指導担当裁判官や刑事裁判教官から指導を受けることです。絶対的な「誤り」というものは少ないと思いますので、果敢に起案をしてみてください。一般的な法律実務家が行う証拠評価や事実認定と少し異なる評価や認定を行って、「○○さん、どうしてこんな認定になったの？」と裁判官から指摘を受けるかもしれません。そのほうが、実りのある修習になります。なぜなら、裁判官に対して、口頭で説明を行う過程で認定に至る論証の不十分さなどに気づくことができるからです。

　ただ、ひとつだけ言えることは、刑事裁判における有罪判決は、被告人の人生に対して、大きな影響を与えるということです。そのため、事実認定をする際には、「有罪であることの立証が本当につくされているのか？」という点をしっかりと考え、その重みを感じながら、起案にあたってください。

　裁判官の起案した実際の事実認定過程が記された判決文や講評レジュメなどを検討し、頭と体の両方で刑事裁判の判決の流れや実務感覚を身につけてください。

---

5 ｜ 裁判官の合議・裁判員の評議への参加

（1）裁判官の合議への参加

　1つの事件を3人の裁判官が担当する合議事件では、裁判官による合議が行われます。合議事件には、殺人、強盗などのように重い刑罰が定められているため、必ず合議体で審理しなければならない事件（法定合議事件）と、争点が複雑であるなどの理由から、本来的には単独事件で審理できるが、特に合議体で審理する事件（裁定合議事件）があります。いずれの場合でも、裁判官が1人で事件を担当する単独事件に比べて、合議事件は、事実認定上および法律上の問題点が多く、かつ論点も多岐にわたっていることが多くあります。

　裁判官による合議では、裁判官の心証をオープンな形で知ることができるので

すが、このような経験は刑事裁判修習でしかできません。また、3人の裁判官が議論することで、事実認定も多角的かつ複眼的になることから、修習生にとって事実認定能力・法的分析能力を養うことのできる絶好のチャンスです。

合議体における口頭での議論は、修習生が思っている以上に、入念な検討がなされます。合議を傍聴することで、裁判官が判決を出すにあたり、どのようなことに悩んでいるかを知ることができます。

(2) 石になったつもりで聞こう!「裁判員の評議」

裁判員の評議の傍聴は、修習生にとっては極めて重要です。なぜなら、法曹資格を有する者は、裁判員の職務に就くことができませんので(裁判員法15条1項4～6号、14号、16号参照)、職業裁判官ではない裁判員がどのような事実認定プロセスを踏むのか、量刑の基礎として重視するものは何かを目の前で見ることができる最後のチャンスだからです。

裁判員の評議では、裁判官が裁判員にどのような説明をしているのか、裁判員がどのような意見交換を行っているのかについて注意して耳を傾けてみてください。職業裁判官とは異なる発想に、はっとさせられるときもあります。裁判員は評議の秘密について守秘義務が課されていますし、修習生も当然に守秘義務を負っていますので、口外することは絶対にあってはならないことです。しかし、評議室で行われていることを心に留めておくことは、自身が実務家になったあと、どのような訴訟活動をすべきかという点で、非常に有益なことです。

もっとも、裁判員裁判の評議は、裁判員の考えに影響を与えることは一切できないとされていますので、もし仮に質問されたとしても、一切回答しないようにしてください。もちろんですが、反応を示さないこと(頷かない、寝ない、首をかしげないなど)。「石」になった気分で取り組みましょう!

6 | 修習生の振る舞い方

上記で一度触れていますが、修習生は、市民の方にとって、法曹関係者として目に映ります。そして、裁判を傍聴に来られている方の中には、関係者もいます。裁判の傍聴以外にも、廊下、トイレ、エレベーターの中などどこで話を聞か

れているかわかりません。多くの市民にとって、裁判は、非日常であり、ある訴訟関係人にとっては、人生がかかった勝負の場所かもしれません。そのような場面に立つ緊張感と意識を持つことは、何より重要なことです。修習生の行動が不適切であった事例は、毎年報告されています。読者の皆さんには無縁のことかもしれませんが、「修習生は、一人の社会人である」という気持ちを持って、修習に臨みましょう。

7 | おわりに

　一般の刑事事件の法廷傍聴と裁判起案を中心に、刑事裁判修習を紹介してきましたが、他にも少年事件の傍聴や刑事模擬裁判を行ったりもします。また、令状部修習といって、裁判所の令状部において、公判前に被疑者を身体拘束している事件について、裁判官が勾留状を発付する手続を見学したり、勾留決定に対する準抗告などの審理や保釈可否の決定の場面に同席したりすることができる機会があります。加えて、刑事部の書記官から刑事部の運用や裁判官からの公判前整理手続に関する小問課題や刑事手続に関する学習指導を受けることもあります。

　刑事裁判修習に限ったことではありませんが、修習はあっという間に終わってしまいます。自由に発想し、たくさん疑問を持ち、考え抜くこと。そして、とにかくいろいろなことにチャレンジしてほしいと思います。裁判修習で得た視点は、必ず、実務家になった際に役に立ちます。たくさん吸収してください！

STORY ❻
調停委員も大変だ

　３組に１組が離婚するとも言われている現代において、離婚話がこじれた夫婦は家庭裁判所の門を叩く。弁護士という心強い味方を引き連れてやってくる人もいるが、調停段階では弁護士をつけずに当事者だけで行われることも少なくないのだということを、麗子は修習で初めて知った。

　調停は、法廷ではなく小さな会議室のような調停室で行われる。調停室に当事者が交代で呼ばれ、調停委員２名が20 〜 30分かけて各当事者から経緯や主張を聞き取っていくのだ。

　麗子は今、調停室の片隅で、夫側の主張を聞いていた。ある日、突然、妻が幼い子どもを連れて自宅を出てしまい、しばらくして裁判所から調停の呼び出し状が届いたのだ。

「私だってあの子の父親なんですよ！？」
「勝手に連れて行くなんて誘拐じゃないか！」

　夫は調停室に入って来たときから不機嫌な様子を隠そうともしなかった。調停室はピリピリとした空気に支配されており、麗子は夫を刺激しないように小さくなって座っていた。調停室の背景に溶け込んでいますように……。そんな麗子の願いもむなしく、夫は時々、調停委員の後ろに座る麗子をギロリと睨みつける。調停開始の際に、修習生の同席について同意は得ているはずだが、だからと言って好意的に受け止めてもらえているわけではないのだ。

「子どもを誘拐しておいて、子どもに掛かる費用を支払えだなんて虫が良すぎると思いませんか？　お金がなくて育てられないと言うんだったら、私が育てますよ」

夫は完全に争う体勢だ。

選手交代の時間となり、調停委員の一人が夫を待合室に送り届け、別の待合室で待機している妻を呼びに行った。その間、麗子はもう一人の調停委員と二人きりとなった。初老の男性調停委員はため息交じりに麗子に声を掛ける。

「代理人がついていてくれたら、もう少し楽なんだけどね……」

男性調停委員は特に麗子からの反応を期待している風でもないため、返事をすべきかどうか少し迷ったが、好奇心に勝てず、麗子は質問を投げかけてみた。

「それはなぜですか？　感情的になる当事者をコントロールしてくれるからですか？」

調停委員は、年若い修習生からの予想外の質問に少し気を良くしたように話し始める。

「コントロールできるんだったら、そりゃあしてもらいたいけど、いくら弁護士さんでもそれは難しいからね。争うポイントってあるでしょう？　僕たちはあくまでも中立的な立場だから、『それならこの点を主張してこういう資料を出したら婚姻費用の減額ができますよ』なんて言えないんだよ。ヒン

トは出すけどね。弁護士さんがついていてくれたら、その辺をちゃんと整理して主張して、必要な資料も出してくれるからね」

調停委員がここまで話したところで、ノックの音とともに、女性調停委員に連れられた妻が入ってきた。

「旦那さんは、黙ってお子さんを連れて行かれたことにご不満なようですね。生活が苦しいなら……その……旦那さんの方でお子さんを育ててもよいと……」

調停委員は夫側の主張をオブラートに包みなおして妻側に伝える。そりゃ「誘拐した」なんてストレートに伝えたら、妻も激高しちゃうもんね。麗子は妻の表情を盗み見た。妻は心底呆れたように眉間にしわを寄せる。

「黙ってって……。まだ1歳の子どもを置いていけるわけないじゃないですか。いつも『俺は仕事で忙しいんだからしょうがないだろ』って言って家のことも子どものことも何もしないのに、何が『自分が子どもを育ててもいい』よ……。どうやって育てるつもりなのか聞いてみたいですね。あの人はいつもそう！　この間だって……」

妻の方のスイッチも入ってしまったようだ。調停委員さんも大変だな。麗子は当事者に見つからないように、静かにため息をついて窓の方に目を向けた。大きな窓から見える空は、麗子の気持ちと同様にどんよりと湿っており梅雨入りが近いことを告げていた。

第**3**章　家庭裁判所修習

1 | 家庭裁判所修習の意義

　須磨麗子さんは家庭裁判所修習（以下、「家裁修習」）で貴重な体験ができたようですね。麗子さんが見た事例のように、当事者代理人の有無が事件の解決にどのような影響を与えるのか、意識して見てみると新たな気づきが得られるかもしれません。ストーリーの中で麗子さんが修習していたのは家事部でしたが、家裁修習では、家事部のほかに、少年事件を扱う少年部でも修習を行います。

　「自分は弁護士になっても少年事件はやらない」と決めている人でも、地域によっては、少年事件が配転されることがありえます。それに、ごく一部の弁護士を除いて、離婚や婚姻費用請求などの調停をしない弁護士は一握りでしょう。そういったことからも、弁護士を目指す人たちにとって、家裁修習は必要不可欠といえます。

　そして、一般的な訴訟と異なり、調停も審判も第三者の傍聴・立合いが基本的に認められていませんから、修習中にしっかり見ておきましょう。実務に出て代理人・付添人としての立ち居振る舞いがわからないまま調停・審判に臨むことにならないようにしましょう。

　家事部修習は、調停委員と一緒に調停に立ち会って当事者の言い分を聞き、調停委員から率直な事件の感想を聞ける貴重な機会です。ときには、代理人の活動について辛辣な感想を聞くこともあるでしょう。調停委員がどのような事実を重視し、判断をしているのかなども含めて、この機会にしっかり学んでおきましょう。

　少年部修習も、家庭裁判所調査官（以下、「調査官」）や裁判官が審判前にどのような点を問題としており、少年にどのような成長を期待しているのかを聞ける貴

重な機会です。そして、検察官が少年審判に立ち会うこともほとんどないことから（少年法22条の2第1項参照）、検察官志望の方もこの機会に少年審判を見ておく意義は大きいと思います。

2 家庭裁判所修習の日程

かつては2年あった修習期間が約1年に短縮されたことから、修習は全体的にタイトなスケジュールとなっています。前述したように、家裁修習の意義は大きいにもかかわらず、その期間は民事裁判修習のクール中に家事部修習が、刑事裁判修習のクール中に少年部修習が、それぞれ2日間組み込まれるだけとなっています（地域によっては刑事裁判修習のクール中に1週間家裁修習が組み込まれたりします）。

つまり、家事部修習と少年部修習はこの2日間で見なければなりません。家裁修習では、適宜事務連絡や裁判官による講義などがあり、残りの時間の中で、家事部と少年部における実務修習を行います。1つの部で2日間しかないことから、起案などの課題をする時間はありません。最終日に「家裁修習で感じたこと」という趣旨のレポートを起案するだけです。

起案の必要がないので、成績評価を気にすることなく、純粋に事件や代理人の活動に集中できます。そのため、限られた時間の中で、貪欲に事件に向き合い、いろいろなことを吸収してください。

3 家事部修習ですること

（1）家事部修習の流れ

とにかく時間がない家裁修習で、修習生がすることは記録を読み、調停や審判に立ち会うことです。家裁で扱う事件は一般公開になじまず、調停室自体も狭いので、修習生の立合いも1事件につき原則1名程度に制限されているようです。

朝、登庁すると、修習生用のテーブルに事件の一覧が記載された期日簿が置かれています。修習生は、修習同期とともに自分が傍聴したい事件を選んで、調停

の時間までに事件記録を読み込みます。適当に事件を選ばずに、いつもより早めに登庁して記録を読み比べて事件を選ぶとよいでしょう。そして、短い時間の中で、記録を読んで事件を把握しなければいけませんから、事実関係と争点を把握し、仮に自分が調停委員であれば、どのように進行するかを考えておきましょう。記録を読むときは人間関係を図に書いたり、争点や事件の進捗、今回の調停で何を話し合うのかなどを自分なりにメモにまとめながら読むとよいでしょう。

　家裁で扱う事件はデリケートなものも多く、当事者が修習生の立会いを拒否することもたびたびあります。そうなっても落胆せず、次の傍聴に向けて準備を始めましょう。

　立会いの同意が得られたとしても、調停室ではメモを持ち込み、メモを取ることが禁じられています。もちろん当事者に対して発言することも許されません。記録を読むときに自分でまとめた人間関係図や争点をしっかり頭に入れて、調停に臨みます。当事者の言い分を聞いて、「自分が調停委員だったらどのような落としどころに持っていくか」「代理人だったら依頼者をどのように説得するか」といったことを考えながら聞くと勉強になります。

　そして前述したように、実務に出たら絶対聞くことができない調停委員の意見・感想はぜひとも聞いておきたいところです。一方当事者が席をはずし、他方当事者を呼びに行く間などは絶好のチャンスです。わずか数分の短い時間ですが、この機会を逃さず、調停委員が抱く事件に対する意見や感想など話をうかがいましょう。

（2）感情の対立をどのように収めるのか

　家事事件では、当事者の感情がぶつかることがよくあります。当事者の一方が泣き出したり、怒り出したりしますが、当事者の人生にとって、重大な事柄であることを考えると、当然のことです。このとき、双方代理人、調停委員の発言や行動をよく観察しておくことが大切です。当事者と同じように、感情を高ぶらせる代理人もいるかもしれません。将来、弁護士になった際、感情の激しい依頼者に出会うことがあると思いますが、そのとき、どのように対応すればよいのでしょうか。弁護士として、冷静になって話すことは、依頼者の目には頼りないと映るかもしれません。他方で、代理人も、依頼者と同じように、感情をあらわに

することは、法曹倫理に反することもあります。法律家として、声を荒げたり、法に触れることはしてはなりません。その境界線の難しさ、依頼者コントロールの難しさを垣間見ることができる貴重な修習です。

<h2>4 | 少年部修習ですること</h2>

（1）少年部修習の流れ

記録について

　少年事件の場合は、口頭での話合いを前提とする調停事件と異なり、記録の分量は比較にならないほど多いです。警察や検察による捜査結果をまとめた記録（「法律記録」と呼ばれます）のほかに、調査官による調査結果をまとめた記録（「社会記録」と呼ばれます）があります。法律記録は供述調書や実況見分調書など刑事裁判で目にするものとほとんど同じですが、社会記録は家裁修習でしか見ることはできません。社会記録は、調査官が少年や保護者などと面接した結果や、学校・就労先に対する照会調査、心理テストといった各種検査の結果がまとめられています。法律記録からは少年の犯した事件の概要しかわかりませんが、社会記録からは少年がこれまでどのような生活を送ってきたのか、家族や学校との関係はどうかなど、少年の人となりを知ることができます。法律記録と比べて、よりプライベートな内容となっているため、たとえ付添人であっても社会記録を謄写して持ち帰ることは実務上、許されません。修習生もこの記録の取扱いは十分慎重に行いましょう。

社会記録はどのように作成されるのか?

　社会記録は調査官によって作成されますが、調査官はどのように記録を作成しているのでしょうか。

　調査官は、裁判所職員採用総合職試験を受験して採用され、裁判所職員総合研修所において、法律学、心理学などの観点から2年間の研修を受けます。とても専門性が高い職種です。調査官は、少年に対して何回か面接を行います。面接のほか、少年の通う学校、児童相談所、福祉機関と連絡をとり、情報を収集することもあります。修習生が少年に対する調査官面接に同席することができる場合も

ありますので、面接時の少年や少年の親の対応を観察してみましょう。

　仮に、少年が、「その時は、学校のテストで忙しく、家庭の問題もあり、ストレスが溜まって犯罪をしてしまいました」と答えた場合を想定してみましょう。少年の言うとおり、ストレス過多で犯罪に手を染めたとすれば、今後もストレスが溜まったときに、犯罪を犯す可能性があることになります。この場合、調査官は、少年がストレスに弱い原因についてさらに調査・検討していくでしょうし、また、「ストレスではない、他の理由があるのではないか？」といった視点から、少年の成育歴を調べるなど掘り下げて考えていきます。

　以上のように、調査官の作成した社会記録は、多角的な視点からまとめられたものであり、少年の更生のために必要不可欠な資料といえます。

（2）少年審判

少年審判でやるべきこと

　少年審判は、事案の真相を明らかにし、刑罰法令を適正かつ迅速に運用することを目的とする刑事裁判と違い、少年のための保護的色彩が強い手続です。審判傍聴の準備の際は、法律記録・社会記録を読むほか、「少年の更生」のために必要なことや適切な処遇について考えておくとよいでしょう。

　審判傍聴の前には、裁判官から適切な処分について、意見を求められることもあるでしょう。裁判官とある程度の議論ができるよう、過去の処分例や少年特有の問題について、検討をしましょう。

　なお、少年審判の傍聴も、家事調停と同様、メモを持ち込むこともメモを取ることも許されません。審判室の後ろ、もしくは、脇でおとなしく座っておくことになります。

少年は、事件のことをどう考えている？

　裁判官は、少年に対して、「今回の事件は何が悪かったと思うのか？」「それを防ぐにはどのようにすればいいのか？」といったさまざまな質問を行います。

　少年のタイプは千差万別で、試験観察を終えて見違えるように成長した姿を見せる少年もいれば、口下手で通り一遍の反省の言葉を口にするだけの少年もいます。裁判官も、少年の受け答えに合わせて、質問内容を変えたりしています。裁判官、調査官、書記官、少年以外にも、付添人、両親、雇用主などが出席するこ

ともあります。審判に参加している人達がどのような発言を行い、その発言に対して裁判官はどのような評価を行っているのか、といったことを観察しましょう。審判に参加する人たちにもいろいろなタイプがいること、そしてそれに合わせてさまざまなアプローチが必要であることを肌で実感できるのではないでしょうか。

　そして、他の修習と同様、大切なことは、フィードバックを行うことです。同期の修習生や裁判官と意見を交換し、どのように振る舞うべきだったのか、を考えてみましょう。

少年部修習で考えるべきこと

　審判を受ける少年の多くは、家庭環境に問題を抱えています（岡田行雄編著『非行少年の被害に向き合おう！―被害者としての非行少年』〔現代人文社、2023年〕参照）。中には少年をその家庭に戻せないほど問題が深刻である場合もあり、実務に出てから一番頭を悩ませるのは、こうした家庭環境に問題のある少年の環境調整をどのように行うかです。その家庭に戻せず、他に受け入れ先がなければ、少年の犯した罪の軽重にかかわらず少年院送致しか選択肢がなくなってしまいます。付添人が少年の受け入れ先を見つけられるかどうかで少年のその後の人生が大きく変わるのです。こうした少年の受け入れ先はその地域によっても異なります。少年部での修習の間に、どのような環境調整の手段があるのかを学んでおきましょう。

---

5 ｜ 修習生の振る舞い方

　冒頭でも述べたように、修習期間の短さにかかわらず、家裁修習での経験は実務に出た後、大変役に立ちます。家裁修習が始まる前に、裁判官や調査官などから、少年および家事手続について、講義を受けますが、事前に『少年事件ビギナーズ ver.2.1』（現代人文社、2023年）や秋武憲一『離婚調停［第4版］』（日本加除出版、2022年）などに目を通しておくと流れがわかりやすいと思います。

　どの修習にも当てはまることですが、将来、実務家になったときを想像して、常に「自分ならどうするか？」という問いを持ちながら、修習に励むとよいでしょう。頑張ってください！

裁判官になる前、なった後、やめた後

西 愛礼（にし・よしゆき）

[　　修　習　　]68期
[配属裁判所]千葉地方裁判所
※2021年退官。現在は大阪弁護士会所属。

1 ┃ はじめに

　私が裁判官になることを考え始めたのは、大学1年生の時でした。元々、私にとって裁判官は馴染みがなく、雲の上の存在でした。しかし、勉強終わりに友達とラーメンを食べているとき、その友達が裁判官になりたいと言ったことで、裁判官という仕事が一気に身近に感じられました。裁判官という選択肢があったんだ、私だって一生懸命勉強して司法試験に受かれば裁判官になれるんだと感じた瞬間でした。結局、私もその友達も同期として裁判官に任官し、二人とも初任は千葉地方裁判所に配属されました。あの時、彼とラーメンを食べていなければ、彼の一言がなければ、私は裁判官になっていなかったかもしれませんし、初任地で一緒に仕事ができたことは本当に良いめぐりあわせだったと思っています。この本に出会った読者の方々にとって、私の体験談が彼のラーメン屋での一言のようになったら素敵だなと思っております。

2 ┃ 裁判官を志望した理由

　裁判官を志望した理由の一つ目は、私は知り合いが被告人や被害者になったことが何度かあり、刑事事件そのものに興味関心がありました。そのため、各地で

刑事裁判を通じていろいろな物事やいろいろな人の生き方を見て、人間というものを少しでも知りたい、一生懸命考えて少しでも良い判断をすることで世の中に貢献できればと思っていました。

　理由の二つ目は、ワークライフバランスは非常に重要であり、きちんと家族と時間がとれる仕事がしたいとずっと思っていました。裁判官は忙しいものの、休暇はとれますし、育児休暇も取得することができます。一人の裁判官である前に、一人の人間として良い夫や良い父親になることが私の夢でした。

　理由の三つ目は、何人もの裁判官と一緒に話してみて、心から尊敬し、私も彼らのように頭が良くなりたいと思ったこと、そして彼らと一緒に働きたいと思ったことでした。裁判所という職場で尊敬する方々と出会い、一緒に働くことができたことは私にとって大きな財産だと思っています。

3 ｜ 裁判官任官の経緯

　司法修習が始まる前、私も一応大規模事務所の就活をしてみたものの、私の興味関心が刑事分野にあったことやワークライフバランスを重視していたことから、企業法務は合わないかもしれないと感じました。もっとも、集中的に刑事弁護ができるのは小規模の事務所が多く、任官をするとなったときに内定を辞退すると特に迷惑をかけてしまうとも思いました。そのため、任官ができなかったときに就活を始めればよいと考えなおし、早々に弁護士事務所への就活をやめてしまいました。結局、内定なしの状態でも任官に支障はありませんでした。

　司法修習では、はじめの自己紹介から裁判官志望であることを話しました。修習中は、裁判官になるかもしれない人にいろいろと伝えたい・教えたいことがある裁判官・検察官・弁護士がたくさんいらっしゃったので、自ら裁判官志望を公言することで充実した指導を受けることができました。なにより、修習の組やクラスに私の任官を応援してくれる人がたくさんいて、彼らの期待を背負って成長できたことはかけがえのない経験だったと思っています。

　司法修習の各クールはとにかく全力で取り組みました。民事裁判・刑事裁判修習では、人の数倍の起案をし、何度も裁判官から指導を受けました。民事裁判修習では、当時、最低３本は起案をしましょうと指導されていたのですが、私は大

小合わせて30本以上書きました。裁判官と同じ記録をもとに議論するのがとにかく楽しかったです。検察修習でも人より多く事件を担当し、暇があれば検察庁中を歩き回って検察官に話を聞きに行きました。弁護修習でも起案とリサーチをこなしたうえ、いろいろな場所に連れて行っていただきました。選択型実務修習では、刑事事件重点事務所(しんゆう法律事務所〔当時〕)と離島事務所(宮古島ひまわり基金法律事務所〔当時〕)において他ではできない経験をし、もし弁護士になるならどちらかの事務所で仕事がしたいと思いました。

　裁判官志望者同士で自主ゼミを組み、優秀答案の検討会も行いました。司法研修所の教材をもとに事実認定起案を行い、みんなで答案を添削し合ったり、証言にある犯行態様が実際に可能か検証してみたりもしました。一緒に勉強し合える仲間がいたおかげで、成績についても問題なく修習を修めることができました。

　集合修習中に任官志望者の提出書類に関するアナウンスがあり、判事補採用願、希望認知調査票、履歴書、新任判事補志望者カードなどを提出し、二回試験後に採用面接がありました。その後、「千葉地裁事補に採用内定」という電報が届き、新任判事補採用の閣議決定を踏まえ、任官式で辞令を受け取ります。司法研修所で1週間の新任判事補研鑽が行われ、その最中に配属部を知らされました。新任判事補研鑽のあと、初任地の千葉地裁に着任しました。

4 ｜ 裁判官の仕事

　私が裁判官の好きなところのひとつとして、憲法で唯一働き方が定められている職業だということがあります。すなわち、裁判官はその良心に従い独立してその職権を行い、憲法と法律のみに拘束されます(憲法76条3項)。歴史的経緯もあり、裁判官の独立は裁判所内部でも非常に意識されています。着任早々、私の意見も一人の裁判官の意見として扱ってもらえたことが非常に嬉しかったです。

　他方、裁判官は独立して実際に国家権力を行使する以上、新人という言い訳も通用しません。裁判所法76条に、「裁判官は、評議において、その意見を述べなければならない」と定められているように、どんなに難しい問題であったとしても一生懸命調べたうえで、自身の意見を述べなければなりません。合議は理屈で決まるものであり、経験で決まるものではないため、裁判長・右陪席や裁判員と

は異なる見解を有していた場合、忖度せずに互いが納得するまで議論しなければなりません。そのため、私は裁判官として意見を尊重されることを実感するとともに、その重い責任も実感していました。

　新任判事補は左陪席裁判官として、合議事件の主任裁判官になります。どのような公判審理を行うかということを期日メモにまとめたり、合議の対象に関して知識や時系列等をまとめた合議メモを作成したり、判決文のファーストドラフトを行います。「主任裁判官は、『これは私の事件だ』と胸を張って言えるような仕事をしなさい」「主任裁判官は事件について誰よりも記録を読みなさい」という指導は今でも心に残っており、現在の仕事にも生きています。

　裁判という司法権の行使が正当化されるのは国民の信頼が根拠になります。そのため、国民から信頼を得られるように、日々研鑽に励まなければなりません。裁判所が素晴らしいのは、みんな勉強好きで、各種勉強会・研究会が充実していることです。それだけでなく、社会常識に即した判断ができるよう、さまざまな分野に興味関心を持つことが推奨されています。私自身も写真やボランティアといった趣味に没頭したり、勉強して保育士免許、情報セキュリティマネジメント、ワインエキスパートといった資格を取得したりしました。

　初任地明けには弁護士職務経験制度によりアンダーソン・毛利・友常法律事務所で弁護士として２年間活動しました。裁判所が弁護士や当事者からどのように映っているのかを実感し、改めて司法の役割と責任の大きさを知りました。

5 ｜ 裁判官退官後の仕事

　その後、私は家庭の事情により依願退官することになりました。悩みましたが、同期や先輩の裁判官にも相談をしたうえで、私にとって大事なものを改めて考え、依願退官することに決めたのです。地裁所長を通じて退官の意向を伝えた後、閣議決定を踏まえた依願退官の辞令を受け取りました。

　裁判官の仕事が嫌になったというわけではなく、裁判官の仕事は大好きでした。退官した今思うのは、自身の価値観が短い裁判官生活に大きな影響を受けていたということです。私は現在弁護士として仕事をしていますが、根は裁判官だと思う機会が多々あり、裁判官時代にお世話になった方々に感謝が尽きません。

退官後は、刑事事件重点事務所として修習でお世話になった後藤・しんゆう法律事務所で弁護士をしております。私が思っていた以上に修習の頃に関わった方々によく覚えていただいており、司法修習を全力で取り組んでよかったと思うとともに、身の回りの方々に感謝しております。

　裁判官と弁護士を両方経験した私にとってできることやすべきことを考え、未熟な裁判官経験に恐縮しつつ、現在では「元裁判官」の弁護士として冤罪の防止・救済に関する活動や研究に励んでいます。具体的には、プレサンス元社長冤罪事件とスナック喧嘩犯人誤認事件という冤罪事件で無罪判決を得て、世界中の冤罪に関する知見を体系的にまとめた『冤罪学』という書籍を出版しました[1]。裁判官と弁護士の両方の視点をもとに、両者の架け橋になることができればいいなと思っております。

6 　司法修習生の方へ

　司法修習生から、どうすれば裁判官になれるのかという相談をよく受けます。裁判官は説得的できちんとした判決文を書かなければならないことや、評議や和解勧試に際して内外の人と意思疎通ができなければならないことは当然ですが、少し見方を変えると、裁判官は見解や立場の異なる人と対等かつ理性的に議論をしなければならない仕事です。相手と喧嘩する原因があるような状況で議論をすることは簡単ではありません。どんな仕事でも一緒に仕事がしたいと思える人を採用するとよく言いますが、裁判官の場合は、たとえ意見が異なったとしてもきちんと誠実に向き合って議論ができる人が採用されるべきだと思います。

　また、裁判官と弁護士・検察官・研究者のどちらになりたいか迷っているという相談もよく受けます。これについてはその人の人生で重視するものによって答えが変わると思いますが、少なくとも後で「あれだけ悩んで決めたんだから後悔はない」と思えるように「両方からたくさん話を聞いてたくさん悩もう！」と答え

1　プレサンス元社長冤罪事件は大阪地判令3・10・28LEX/DB25571817、スナック喧嘩犯人誤認事件は大阪地判令5・1・17判例秘書LO7850106。『冤罪学―冤罪に学ぶ原因と再発防止』（日本評論社、2023年）。

ていました。

　裁判官志望以外の修習生からも、何に留意して裁判修習を過ごせばよいのかという相談をよく受けます。私はいつも、今しか見ることができないものを探してみようという話をしていました。裁判官室の図書棚にどんな本があり何が読まれているのか、令状審査はどのように行われているのか、裁判員との評議はどのように行うのか、和解や調停の一方当事者と話したあと他方当事者と何を話しているのかなど、裁判修習でしか見ることができないものはたくさんあるはずです。

　最後になりましたが、私が裁判官になった経緯や、修習先の事務所で弁護士をしていることなどを踏まえて、私は、人生には素敵なめぐりあわせがたくさんあると思っています。ぜひ裁判官という仕事を縁遠いものと考えず、そして目の前の物事に全力で打ち込んでください。読者の皆さんといつかめぐりあえる日を楽しみにしております。

執筆者略歴 1991年生まれ。2014年一橋大学法学部卒業。2016年裁判官任官、千葉地方裁判所において刑事裁判に従事。2019年アンダーソン・毛利・友常法律事務所弁護士（弁護士職務経験）。2021年裁判官を退官、後藤・しんゆう法律事務所弁護士。プレサンス元社長冤罪事件、スナック喧嘩犯人誤認事件などの弁護人を担当。日本刑法学会、法と心理学会、イノセンス・プロジェクト・ジャパンに所属。著書に『冤罪学―冤罪に学ぶ原因と再発防止』（日本評論社、2023年）。

　　　　　裁判官になる前、なった後、やめた後

コラム
9

司法修習生フォーラム

「司法修習生フォーラム」ってなぁに？

　受験生、合格者の皆さんは、「司法修習生フォーラム」という言葉に聞き覚えはないのではないでしょうか。筆者は、74期司法修習生フォーラムの共同代表を務めていたので、お話ししたいと思います。

　司法修習生フォーラムというのは、司法修習生が主体となって、人権問題・社会問題を取り上げて企画するシンポジウムです。73期までは「7月集会」（さらに昔は「1月集会」）という名称で開催されてました。シンポジウムの開催時期が毎年7月（さらに昔は1月）だったため、このような名称で呼ばれていたのです。しかし、74期はコロナの影響により修習開始が遅れ、7月に実施することができず、名前を変更することになりました。

　そうは言っても、7月集会や1月集会という名称は、代々引き継がれてきた歴史もあり、先輩方が積み上げてきた歴史を自分達の代でまったく異なるものに変えてしまってもよいのかという悩みはありました。実行委員の間でも、これまでの歴史だけでなく、人権活動という特色のシンポジウムである以上、「集会」という名前を残したいという意見や、「集会」という名称は政治的な思想を感じさせてしまい、参加することに抵抗を感じる人もいるのではないかなど、さまざまな意見が上がりました。しかし、最終的には、思想・信条にかかわらず、より多くの修習同期とともに学び、知見を広げていきたいという思いで一致しました。

　そうであれば、いろいろな人が参加しやすいフラットな名称にしようということになり、皆で考え抜いて決まったのが司法修習生フォーラムという名称なのです。

司法修習生フォーラムには、どのような人が入るの？

　実行委員会が本格的に結成されるのは、司法修習生として正式に採用された頃からです。前年の実行委員が動いてくれるのは結成される時期くらいまでですから、結成後は完全に自分達だけで動かしていくことになります。

　最初はまだみんな司法修習生フォーラムどころか、修習すら右も左もわからない状態です。なので、「人権問題や社会問題について学びたい！」という熱い気持ちを持った人だけではなく、「配属された修習地以外の修習生とも仲良くなりたいなぁ～」という動機で参加する人もたくさんいます。

　どのような目的で入ったとしても、司法修習生フォーラムを成功させるという共通の目的に向かって何度も会議を重ね、時には夜通し熱い議論を繰り広げ、またある時にはフィールドワークに出掛けるなど、行動をともにするうちに仲は深まっていきます。こうした経験を通じてできた仲間は、一生のかけがえのない存在になることでしょう。

全員集合！ゼロから作り上げる私たちのフォーラム！

1　初めての顔合わせ

　だいたいどの期も、導入修習の間に顔合わせがあるようです。全国の修習生が集まるので、初めて会う人ばかりです。なので、「知ってる人がいないから行きにくいな……」なんて思う必要はありません。興味があれば積極的に参加してみてください。顔合わせでは、簡単な自己紹介をした後に、実行委員長や事務局、会計、広報などの役割を決めて、フォーラム開催までの大まかなスケジュールを決めていきます。

2　フォーラムの内容

　これまでの司法修習生フォーラム（旧7月集会）は、まずプレ企画を行い、その数カ月後に本番のシンポジウムが開催されます。シンポジウムは「全体会」といくつかの「分科会」で構成され、2日間にわたります。

　取り上げるテーマはその年ごとにさまざまで、プレ企画、全体会、分科会を合わせると10以上のテーマを扱う年も少なくありません。実行委員は、

自分たちで取り上げたいテーマを決め、担当を決めていきます。担当する
テーマは自由で、1人でいくつもの分科会や会計、広報などをかけもちする
人もいれば、修習や家庭との兼ね合いでひとつの分科会に集中する人もいま
す

　ちなみに74期は、さまざまな個性の実行委員が集まっていたこともあっ
て、取り上げたテーマも例年以上に幅広かったように思います。たとえば、
「ビジネスと人権」「ヤングケアラー」「セックスワークと給付金」「コロナ禍の
労働問題」等々6つほどありました。

お金はどうするの？

　新型コロナウィルス感染症が流行していない年は、1カ月に1度ほど実行
委員が集まって会議をしていました。しかし、会議だけではなく、時には当
事者の話を聞きに行ったり、希望者でフィールドワークを行ったりするな
ど、足を運んで準備をする機会はたくさんあります。これを聞いて「え……
交通費でどれくらい掛かるんだろう？」と不安に思われた方もいるかもしれ
ません。

　そこは、ご安心ください。司法修習生フォーラムでかかる交通費などは、
先輩弁護士からのカンパで賄われます。ただし、そのカンパを集めるのも、
実行委員自身です。実行委員が、カンパを募るお手紙を各地の法律事務所に
送ったり、弁護士の集まりに参加したときにカンパを求めたりします。これ
までカンパを集めた経験がある人は多くないと思いますし、筆者も、実行委
員としてカンパを集め始めたときは「知らない先生たちにカンパをお願いし
て大丈夫かな……」と不安でした。しかし、この司法修習生フォーラムのカ
ンパ集めは慣行行事となっているので、「あー、今年ももうそんな時期かー」
という反応が返ってくることも多いです。また、事務所に直接カンパのお願
いに行くと、ときには食事に連れて行ってもらえたり、美味しいお酒を飲ま
せてもらえたりすることもあるでしょう。そのときに、先輩弁護士の仕事の
話など将来実務家になってから役に立つ話もたくさん聞けたりします。

将来設計が変わることも!?

　司法修習生フォーラムの大きな魅力のひとつは、分科会の打合せを通じて特定の分野における第一人者の方から直接話をうかがうことができるということです。第一人者と言われる先輩弁護士の中には、7月集会の実行委員をされていたという方も多く、また、そうでない場合であっても、熱心に人権問題に取り組む修習生からの依頼だからと、快く講師を引き受けてくださったりします。

　司法修習生フォーラムを通じて、最先端で活躍している弁護士の話を間近で聞くことで、これまで自身が気づかなかった社会問題に出会い、みずからもその分野で活躍したいと思うきっかけになることもあります。司法修習生フォーラムに参加すると、「一生涯かけてやり遂げたい」と思える分野に出会えるかもしれません。

一生の副産物に!?

　司法修習生フォーラムは、作り上げる過程で、自然と企画力や事務処理能力が磨かれます。実務に出てこれらのスキルが無駄になることは決してありません。そして、前述したように実行委員のメンバーは一生のかけがえのない存在となり、司法修習生フォーラムが終わっても交流は続いていきます。現実的な話として、A班の実行委員とB班の実行委員の間で集合修習の情報を交換し合ったり、二回試験前にオンラインなどで勉強会をしたりすることもできます。法曹になってからも、グループLINEで相談し合ったり、各地に出張に行ったときには朝まで飲み明かしたりもします。全国に司法修習生フォーラムの同期がいることは非常に心強いものです。

　司法修習生フォーラムは、全国の修習生と一緒にひとつの大きなシンポジウムを自分たちで作り上げていく中で、自分自身を高めつつ、思わぬたくさんの副産物が得られる素敵な機会です。司法修習生になればぜひ、司法修習生フォーラム（時代によって名前が変わる可能性があります）をSNSなどで調べてみてください。

Part.4

第**4**部

検察修習

STORY 7

雀士・湊による取調べ

　東西にのびた大部屋は机やキャビネットでいくつかのスペースに仕切られていた。全体的に色味はなく、昭和の時代に流行した型であろう机やキャビネットも色あせており、キャスターのついた椅子は麗子が身動きするたびにキィキィと小さな悲鳴を上げていた。

　ここは検察庁の中の一室。麗子たちがいるスペースから少し離れて、指導担当の検察官と事務官らの姿が見え隠れしている。双方の声が明瞭に聞こえるほどの距離ではないが、何かトラブルが起こればすぐに察知できる絶妙な距離である。麗子の席から指導担当検事の表情までは見えないものの、おそらく検事は頼りない弟子達を見守る師匠のような顔でこちらに神経を向けているに違いない。

　麗子から見て左手側の角を挟んで湊大河が座っていた。そして湊に向かい合うように、二十代後半の男性が座っている。少し伸びかけの髪は天然パーマのせいで鳥の巣のようにもじゃもじゃと絡み合っていた。この男性は、盗撮の嫌疑で送致されてきた本物の被疑者である。

　弁護士の後を金魚のフンのようにくっついてまわる弁護修習や、記録を読んで裁判を傍聴することの多い裁判修習と違って、検察修習では修習生が実際に取調べを行い、起訴をするかどうかを検討して、決裁官から決裁を受ける。実際に起こった事件を取り扱うのだから、その緊張感は他の修習とはひと味違っていた。

　麗子と湊の班は、電車の中でスマートフォンのカメラ機能を使って、女性のスカートの中を撮影したという盗撮事件を担当することになった。この事件では、湊が主任になり、被疑者の取調べも湊が行う。麗子は、副任として湊がまとめた供述調書を隣でパソコンに打ち込んでいく役割だ。湊の前にはモニターが置かれ、麗子が打ち込んだ文章が表示される仕組みになっている。

「つい魔がさして面白半分で撮影してしまいました……」

被疑者男性は、うなだれながら殊勝な様子で質問に回答する。

「そうですか。でも写真フォルダを見ると、他の日にも同じように電車内で撮られたと思われる写真が残っていますよね」

湊は、一切の感情を見せることなく淡々と質問を続ける。

「ええっと……よく覚えていないですが、お酒に酔った勢いで撮ってしまったかもしれません……」

被疑者は、落ち着かない様子で湊と麗子の視線から逃げるように視線を泳がす。

「あなたは会社勤めで勤務時間は９時から17時までですよね」

湊は書類に目を落とす。
被疑者は「はい」と湊の質問の意図をうかがうように慎重に答える。

「別の日に撮影された写真のプロパティを見ると、撮影された時間が17時33分になっていますね」

湊がゆっくりと視線を上げると被疑者の目をひたと見つめる。表情自体は大きく変わらないものの、誤魔化しを許さない決意の現れた厳しい目つきだった。麗子は湊の静かな迫力に気圧され、自分が被疑者側でないことに思わず安堵した。

「……」

湊の言わんとすることに感づいて被疑者は押し黙る。

「あなたは退勤後、わずか30分で記憶が曖昧になるほどの量のお酒を飲んで、居合わせた女性のスカートの中を盗撮したということになりますが？しかもこの30分には会社からお酒が飲める場所、さらにそこから被害女性と遭遇した電車までの移動時間も含まれています」

湊が畳みかける。
被疑者は降参したように小さなため息をついた。

●　●　●　•　•

「さっきの取り調べ、すごかったね〜」

修習生室に戻ると、麗子は湊に感想を伝えた。

「検察志望だから気合いも入るよ」

ふふんと笑いながら湊が答える。
そうか。指導担当検事はリクルーターも兼ねているって誰かが言ってたっけ。ただ与えられた課題をこなすことしか頭になかった麗子は湊の回答に少し焦りを感じた。もし、私が検察官になりたいなら、ここで良いところを見せなきゃいけないのよね……。

「よーし、次は私が主任の番だよね。私も頑張るぞ〜！」

麗子は自分を鼓舞するように宣言した。

「お、やる気じゃん。もしかしてライバル？」

湊はニヤニヤと麗子を茶化した。

STORY 7
雀士による取調べ

第1章 検察修習では何をするの?

1 | 検察修習とは

　一瞬での判断能力が求められ、また相手の動作や表情から情報を引き出していく麻雀が好きな湊君は、その能力を取調べでも遺憾なく発揮していました。その姿を見て須磨麗子さんも刺激を受けたようです。また、少し前までは机や椅子が古いところも多かったようですが、最近の検察庁は新調されてきれいになっているみたいです。

　検察修習には、起訴をするか否かを判断するまでの「捜査」段階の修習と、起訴後の「公判」段階の修習に分かれます。また、刑務所などの刑事施設を見学できるほか、タイミングが合えば、司法解剖などにも立ち会うこともできます。

　検察修習の多くの時間は「捜査」段階の事件の取組みに当てられます。「捜査」段階の事件は、さらに被疑者が逮捕・勾留されている「身柄事件」と勾留されていない「在宅事件」に分けられます。他の修習とは異なり、指導係検事の下で、修習生が主体的に事件を捜査します。そして、収集した証拠に基づいて、被疑者を起訴するべきか否かという「終局処分起案」をします。修習生は、2〜3人ほどの複数人で班分けされて事件を担当し、事件ごとに班の中で主任を決めます(修習地によっては副任が決められる場合もあります)。

　修習地によって、修習生が担当する事件の数は異なります。大規模庁より小規模庁の方が割り当ててもらえる事件数が多いようです。ただし、割り当てられる事件数が違っても、「身柄事件」と「在宅事件」の両方を取り組むことができる検察庁が多いようです。在宅事件が早く終わった人には、事件の「おかわり」をさせてもらえるところもあります。

　また、修習生には修習生室が用意されています。班だけでなく、同期の修習生

と相談し合って事件を検討することも許されているので、班のメンバー以外とも事件を通して距離が縮まります。過度に遠慮することなく、闊達な議論のできる環境を作るようにしてみてください。

2 | 検察修習のはじまり

（1）検察修習に臨む心構えを学ぶ

　検察修習は、まず検察庁での仕事に関する講義・講話から始まります。ある地域の配属庁では、「指導係検事講義」「検事正講話」「次席検事講話」「総務部長講義」「検務事務説明」が行われたそうです。

　これらの講義などでは、取調べの方法や一般的な証拠評価の方法（特に客観的証拠の重要性）、決裁の受け方といった実務的な知識のみならず、司法試験受験生の頃はあまり意識してこなかったような、検察の理念[1]から被害者対応まで、実務上の重要な問題についても教わります。

（2）模擬演習

　講義・講話が終わると、実際に取調べをするための準備として、模擬演習が行われます。模擬演習の内容は修習地によって異なりますが、弁解録取手続（刑訴法203条1項）などを行うことが多いようです。この場合、検察官や検察事務官が被疑者役を演じ、修習生が検察官役となって行います。

　ここでは、実際の弁解録取手続では、被疑者への権利の説明後、弁解を確認することはもちろんですが、ただ被疑者の言い分を聴くだけでは不十分です。なぜなら、弁解録取書は、公判で証拠として提出された場合、逮捕直後の弁解の内容とその後の被疑者供述との整合性を確認するための重要な資料となるからです。そのため、弁解に不合理な点はないか、確認しておく点はないかなど、頭を働かせながら聴き取ったうえで、正確に調書に録取しなければなりません。

1　「検察の理念」〈https://www.kensatsu.go.jp/content/001320631.pdf（最終閲覧2024年4月4日）〉。

（3）被害者やそのご家族・ご遺族との関わり

　捜査段階では、被害者、被害者のご家族・ご遺族の被害感情は、起訴・不起訴を決めるにあたっての判断要素のひとつになります。公判段階では、被害感情が求刑に影響することもあります。また、被害者やそのご家族が事件を目撃している場合には、事実認定をするにあたっても重要な証拠になります。

　もっとも、犯罪類型によっては、被害者が強い恐怖を感じるなど精神的なダメージを受けていることもありますし、そのご家族やご遺族も精神的なショックを受けていることが少なくありません。

　被害者などから話を聞く際は、被害者に対する二次被害にならないよう慎重な言動を心がけましょう。他方で、被害者の供述の信用性については少しでも判断を誤ると冤罪につながりかねないため、聞取りの際に、信用に足る供述なのかどうかを慎重に判断しながら、事実確認をしていく必要があります。

　こうした被害者やそのご家族・ご遺族への対応は、検察独自のものではなく、法曹三者に共通することです。裁判官にとっては、被害者が証人として召喚された際に補充質問などで関わることがありますし、弁護士にとっても、刑事弁護人として被害者と示談をすることや、反対に、被害者などの代理人として被害者参加手続を通じて事件に関わることもあります。どの進路に進むとしても被害者などの対応が必要になります。検察修習でのこの経験が役に立つので、日々被害者や被害者のご家族・ご遺族に対応している検事や事務官の関わり方を観察し、習得しておくと、将来の役に立つと思います。

（4）事件は「生きている！」

　修習生が検察修習で取り扱う事件は、実際に起きた事件です。まさに「生きている事件」といえます。検察修習は、客観証拠を見て立証に役立つものか否かを検討するのみならず、被害者や関係者などの生身の人間と接し、供述の信用性があるか否かを自分で考え、決断しなければなりません。緊張感を持って修習に臨まなければならないだけではなく、修習中にも「この事件は、生きている！」と実感することも多いと思います。

　検察庁には警察から、次から次に証拠が送られてきます。刑事裁判に提出されている証拠は厳選されているため（刑訴規則189条の2）、その背後には、多くの証

拠資料が存在します。また、修習生が証拠が足りないと考えた場合には、検事の指揮のもと警察に補充捜査の指示を出し、その指示に基づいて警察から新たな証拠が送られてきます[補充捜査について→237頁]。そうしていると、当初は薄かった記録も終局処分のときには分厚くなっています。

　修習生が主として事件を処理していく中で、修習生はどうすればいいのか何度も考える場面に直面するでしょう。しかし、検察修習は、2〜3人ほどの班で検討して行動するので、一人で考えるわけではありません。また、修習生には相談できる指導係検事がいますし、検察事務官もいるので、事件処理で悩んだ場合には相談できる環境は整っています。自分たちで考え、それでも答えが出なかったり、不安になったりした場合には検事や検察事務官に聞いてみましょう。また、修習生は指導係検事の下で修習を行なっている以上、「報・連・相」を忘れてはいけません。

　また、自身の決断が他人の人生を左右する責任重大な修習であることに変わりはありません。だからこそ、人との向合い方についてもじっくりと悩み、考えることのできる機会に恵まれた、やりがいのある修習といえるでしょう。

3 ｜ 何よりもチームワークが大事！

　捜査実務を行う際の手順について細部にわたる厳格な指導を受け、その際の注意事項も説明されます。たとえば、被疑者との連絡の取り方、警察や事件関係者と連絡を取る際の電話かけの手順、さらには名乗り方や用件の伝え方といった指導を受けることになります。

　また、検察修習では、1つの事件を複数の修習生チームで担当するので、チームメンバーの修習生との関係も大切です。共同作業を通じて距離が近くなる分、事件への考え方の違いから、時に衝突することもあります。遠慮せず議論をつくして、納得できる事件処理をしてください。こうした衝突を恐れずに班のメンバーと向き合うことで最終的には絆も事件への理解も深まります。

第2章 実践！捜査から終局処分まで

1 事件の配点

　検察修習が始まれば、指導係検事から在宅事件の配点があります。身柄事件は、軽微な在宅事件と比べて修習生に任せられる事件の数自体が少ないことから、適した身柄事件があれば配点してもらえます。身柄事件を配点してもらえた際は、身体拘束期間があるので（刑訴法208条）、タイムスケジュールの管理には注意が必要です。

　修習生に配点される事件の類型は、占有離脱物横領や窃盗（万引きが多い）、恐喝、暴行、傷害、迷惑防止条例違反（痴漢や盗撮）、廃掃法違反（不法投棄）などが多いです。

　事件の配点前には、どんな事件が配点されるのかと気合いが入っている修習生や、無難な事件が来るように願っている修習生などさまざまです。配点された事件の記録は、指導係検事から渡されます。薄い記録が渡される場合もありますが、記録の薄さは、捜査が進んでいない可能性や証拠収集が困難である可能性もあり、決して容易というわけではないことには注意が必要です。

　実務修習一般に共通することですが、特に検察修習は、積極的に行動することで実務修習の充実度が大きく変わります。せっかくの検察修習の機会ですので、「被害者のいる事件をみたい」「クレプトマニアの事件をみたい」といった希望があれば、その希望が叶うかどうかはわかりませんが、指導係検事に事前に相談してみるのもいいかと思います。

2 | 証拠の収集

（1）あなたならどうしますか?

　想像してみてください。

　被害者の財布がとあるショッピングモールで置き引きされました。被害者の申告によると、その財布の中には3万円とクレジットカード、運転免許証が入っていました。その後、ショッピングモール近くの公園で被疑者が警察官から職務質問を受け、被疑者は持っていた財布の中の提示を求められました。そして、財布の中にある免許証は違う人物のものであることが判明しました。また、被疑者はそのとき、財布のほかに現金約1万円および時価約2万円の新品の腕時計を持っているのみでした。

　警察が照会をかけると、30分ほど前に財布や現金などについて紛失届が出ていました。しかし、被疑者は、「財布は、ショッピングモールの入り口に落ちていたので、警察に届けようとしていたところである」と弁解しました。被疑者は、財布や現金については窃盗罪で送検されました。被疑者は、「財布を拾ったのは職務質問を受ける直前であり、自分は犯人ではない」と弁解しています。

　あなたに配点された事件がこのようなケースの場合、起訴するか不起訴にするかの判断をする際に、犯人性を検討する必要があります。犯人性を検討するためには、どのような証拠が必要だと考えますか?　またその証拠を得るために必要な捜査は何かについて、どのように考えますか?

（2）一緒にイメージしてみよう!

　修習生は、事件が配点されると、まずは警察から送られてきた証拠を検討することになります。しかし、前述の事例のように事件の情報はまとまっていません。修習生は、証拠を何度も見返し、終局処分をするためにどの証拠からどの事実を認定できるのか、認定する事実のために追加でどのような証拠を収集しなければならないのかを考えることになります。

　先ほどの例だと、犯人性の立証のためには、置き引きされた場所が映っている防犯カメラや財布が置き引きされた時間帯以降の被害者のクレジットカードの利

用歴を調べ、利用歴があるならば利用された時間帯における店舗の防犯カメラの映像を確認することなどもひとつの手がかりとなるでしょう。

　被害者の財布の中には、現金3万円が入っていたとのことですが、その後警察が犯人から任意提出を受けて確認すると、現金1万円しか入っていませんでした。終局処分をするためには、被害金額も確定する必要があります。被疑者が持っていた新品の腕時計は、「いつ」「どこ」で購入したのかについて、送検時に特定できていなければなりません。特定できていない場合には、補充捜査をすることで、被害額の特定につながることもあるでしょう。

　どのような証拠を収集するのかは、事件によっても、人によっても異なります。読者の皆様には、自身が検察修習で前述の事例のような事件が配点された場合、犯人性や被害額を立証するためには、どのような証拠が必要か、またその証拠を得るために必要な捜査は何かを考えてみてください。

（3）証拠の重要性

　検察が捜査を開始するのは、警察から事件が送致されてからです。すでに警察の捜査によって得られた被害届、実況見分調書、写真撮影報告書、被害者の供述調書、被疑者の供述調書などが記録につづられています。

　しかし、記録につづられているのは、送検するのに最低限の証拠と考えておいた方がいいでしょう。犯人性、構成要件該当性、違法性、責任能力などの立証に何が必要かを考えながら、記録を隅から隅まで何度も読み返し考えることになります。

　修習生は、犯人性に関する証拠は安易に考える傾向がありますが、修習生が考えている以上に犯人性の立証は厳格です。被疑者が犯人性を認めていれば、安心する修習生も多いですが、後にどのような弁解をしてくるのかはわかりません。ですので、想定されるいかなる弁解にも備え、客観証拠の収集は不可欠です。

（4）警察への補充捜査の指示

　警察の捜査記録は何度も読み返すことになります。捜査記録を読み返すことで、必要な証拠が不足していたり、ある証拠と別の証拠が矛盾していたりするのではないか、との疑問が生じることがあります。修習生が補充捜査の必要性に気

づかなければ、指導係検事から助言を受けることになります。

　補充捜査が必要になれば、主に警察に指示を出します。警察への補充捜査の指示を行うときは、修習生が指導係検事から助言や指導をあおぎながら、警察署に直接電話をして、どのような証拠が必要であるかを伝えます。

　初めて警察に電話をして、警察官から、「こんな事件でここまで必要ですか？」といった反応をされても、指導係検事の了承を得ている以上は、補充捜査の必要性を丁寧に伝えて捜査の依頼をしましょう。ただし、検事の代わりに警察に補充捜査の指示をしているからと言って、偉そうな態度をとることは厳禁です。謙虚な対応を心がけましょう。

(5) 修習生自身による捜査

　補充捜査の中でも、警察官に頼まずに、指導係検事の捜査権限に基づいて、修習生自身が被疑者の取調べ以外の捜査をすることもあります。たとえば、被疑者や被害者の供述を裏づける事実の有無について、事件関係者や目撃者から電話で話を聞き取り（通称「電聴」）、電話聴取報告書を作成します。

　電話で話を聞き取る相手が、目撃者に過ぎない場合には、事件に巻き込まれることを嫌い協力的ではない人も少なくありません。その場合には、丁寧に感謝を込めて対応するほかありません。そういう方もいることを想定して、渡されている資料を読み込んで事前に準備をしておくことをおすすめします。

---

3 ｜ 「しゅうしゅうせい」の取調べ

---

(1) まずは電話かけから

　身柄事件の場合には、呼出しのために被疑者に電話をする必要はありませんが、在宅事件の場合には、被疑者を電話で呼び出すというところから始まります。身柄事件でも、被害者から話を聞く際には、被害者に直接電話をし、日程を調整することになります。修習生は、初めて電話をかけるときは、緊張することでしょう。電話がつながっても、平日の日中に仕事をしている被疑者の場合には、仕事を理由に協力してもらえないこともありえます。

しかし、被疑者に来てもらわなければ終局処分ができないので、来てもらえるよう説得をするほかありません。被疑者から「行けない」という返答がきた場合に備えて、自分なりに対応策を考えておきましょう。念のために事前に検察事務官や指導係検事に過去に「行けない」と言った被疑者にどのような対応があるのか聞いておきましょう。

（2）予定どおりにならないことも？

検察修習で取調べをする人は、多くの場合、被害者や被疑者です。しかし、たとえば、体調不良で来ることができない被害者や出頭を約束したにもかかわらずすっぽかす被疑者など予定通りにいかない事態もありえます。修習期間終了間際に取調べを入れると、終局処分に間に合わないこともあるので、期間に余裕をもって取調べを予定しておくのが無難でしょう。

（3）取調べ拒否？

「しゅうしゅうせい？　検事さんでもない人に、取調べされたくない……」

修習生が取調べをする前に、検察官が修習生の身分を説明したうえで、被疑者から承諾を得なければなりません。そもそも、「修習生が取調べをしてもいいのか？」と気になる方もいると思います。

戦前の裁判所構成法には、今の修習生にあたる司法官試補に対し検事代理としての権限を付与する規定があったものの、戦後に施行された裁判所法にはそのような規定がないため、慣行として行われていた取調べ修習の合法性が問題となりました。これを受けて、取調べ修習が違法とならないようにするためのルールとして相島一之司法研修所長（当時）が明らかにしたのが「相島六原則」です[2]。

2　①指導検察官があらかじめ個々の事件ごとに事案の概要・問題点・発問要領などを説明指導すること、②被疑者の呼出は指導検察官の責任と名において行ない修習のみを目的とする不必要な呼出をしないこと、③指導検察官は修習生の身分を説明し被疑者の自由な意思に基づく承諾を得ること、④指導検察官はあらかじめ黙秘権の告知を行うこと、⑤修習生の被疑者に対する質問にあたっては指導検察官が同室し指導監督を行なうこと、⑥修習生が作成した調書はそのまま流用することなく、指導検察官があらためて取調べを行い調書を作成することの6つからなります（相島一之「司法修習生の修習指導について―昭和38年度司法修習指導担当者協議会におけるあいさつ」研修時報22〔1964年〕6～8頁）。

この相島六原則を充足する場合、合法性は問題にはならないとされています。しかし、この相島六原則のルール上、被疑者から修習生による取調べの承諾を得られなければ、修習生はその被疑者の取調べはできません。

被疑者が修習生の取調べを承諾しないことは、時々あるようです。承諾を得られない以上、修習生が取調べをすることはできませんから、指導係検事に他に配点してもらえる事件がないか相談してみましょう。

(4) 被疑者との初対面

ほとんどの修習生は、逮捕されたり、検察庁に送検されたりした人と話をしたことはないことでしょう。実際の取調べでは想定外のことが起こることも少なくありません。たとえば、検察での取調べ段階になって、捜査記録とまったく異なることを話し出す被疑者もいます。また、被疑者の中には、修習生の取調べというだけで、検察官とのやり取りとは明らかに態度を変えてくる人もいます。さらには、修習生が動揺していることを目ざとく見抜いて、被疑者が態度を悪化させてしまったり、高圧的に接してきたりするといった事態に陥ることもあります。ですので、緊張していたとしても、被疑者に対してはそれを見せずに、毅然とした態度で、かつ、気持ちの余裕を持って挑んでください。

警察から送られてきた窃盗事件の記録を読んでいると、「なんてひどい被疑者なんだ！」「どうしてこんなに何度も犯罪を繰り返すんだ！」と思うこともあるかもしれません。しかし、実際に被疑者を取り調べて生活状況などを聞き取ってみると、たとえば、何日も食事をとっていなかった、クレプトマニアといった依存症を抱えているがゆえに窃盗に至ったなどの事情が判明することもあって、被疑者に対して当初抱いていた印象が大きく変わることもあります。

他方、犯行を認めていたとしても、取調べ当初はまったく反省していない様子の被疑者もいます。しかし、取調べの過程で、被害者の声を届けたり、被疑者の家族の言葉を伝えたりすることで、「怖い思いをさせた」「冷静に思い返すとやりすぎてしまった」「迷惑をかけた」と被疑者自身が気づき、反省を深めていく瞬間に立ち会えることもあります。

（5）困惑する取調べ

　主任の修習生が捜査記録をもとに取調べを行い、同じ班の他の修習生が被疑者の供述をパソコンに打ち込んで供述録取書（調書）を作成します。主任は、取調べに臨む前に、捜査記録を読み、聴取事項を作成します。しかし、捜査記録とは異なる供述をする被疑者も多くいます。「お酒飲んでいたので覚えていません」「警察に届けるつもりでした」「そんなつもりはなかったです」といった捜査記録に出てきていない弁解が出てくることもあります。そのため、修習生は、取調べ前に、客観証拠をもとに、あらゆる弁解を想定し、その想定した弁解が客観証拠によって不合理と言えるか否かといったことを事前に念入りに検討しなければなりません。仮に、捜査記録に沿う供述だったとしても、調書を完成させることは修習生にとっては難しいものです。なぜなら、流暢に話してくれる被疑者はまれで、被疑者から一連の事実を聞き出すことは根気のいる作業だからです。そして、修習生は、被疑者から聞き出した事実を構成要件該当事実や情状に関する事実として頭の中で整理し、その場で文章化して、口頭で他の修習生に伝え（これを「口授」と言います）作成することになります。

　ときには、当初の予定時間をオーバーしてしまい、被疑者に再度来てもらうこともありえます。取調べは、修習生にとって予想外の出来事も起こります。だからこそ、念入りな事前準備と時間の意識が求められます。

　また、調書には細かい決まりがあります。たとえば、1文ずつ改行する、主語を入れる、取調べを行った場所を記載するなど、さまざまなことに注意しなければなりません。ちなみに、取調べ場所については、同じ本庁内であったとしても、事件の送致先が「区検」事件なのか、「地検」事件なのかによって記載が異なるので注意が必要です。

　取調べの最後は、調書をプリントアウトして被疑者に読み聞かせ、その内容を確認してもらいます。調書の内容がすべて正しいと同意を得られたら、被疑者に署名および押印（通常は人差し指の指印）をしてもらって、調書は完成となります。

　これらの手続をひとつでも間違えると証拠能力が認められないうえ、完成後に調書内容の間違いに気づいても変更できませんので、十分に注意してください。

（6）最後は指導係検事にバトンタッチ

　最後は、指導係検事に交替し、指導係検事がもう一度被疑者から事情を聞き、調書を改めて作成し直します（相島六原則について参照［→239頁］）。指導係検事が作成した調書は、修習生が作成した調書とまったく異なることもありますが、落ち込む必要はありません。

　修習生が作成した調書をそのまま使うことができないということが前提ですので、自分が作成した調書と検事が作成した調書のどこが違うのかということを意識してください。検事がどのような事実を重視しているのかといったことがわかり、弁護士志望者や裁判官志望者にとっても今後の参考になるでしょう。

---

4 ｜ 事件は現場で起きている？

　捜査記録を見るだけでは、具体的に犯罪の態様などがイメージできない事件もあると思います。また、被疑者や事件関係者の取調べをしてみても、現場の状況がわからなければ、犯行当時どのような状況だったのか、被疑者や関係者が言っていることが本当なのか、判断することが難しいこともあります。

　その場合には、たとえば、公道のような誰でも行くことができる犯行現場であれば、同じ班の修習生と現場を見に行くことで、犯行状況を具体的にイメージすることができたり、構成要件該当性や違法性阻却事由の存在を判断することが容易になったりすることもあります。

　もっとも、捜査は指導係検事のもとで行なっているので、現場に行くことについても必ず事前に検事の了承をとっておくようにしましょう。

---

5 ｜ 起訴状・不起訴裁定書の起案

（1）起訴する場合——起訴状の起案

　検察官は起訴権限を独占しており（刑訴法247条）、裁判所に起訴して犯罪の処罰を求める責任があります。また、起訴便宜主義のもと、起訴するかどうかの裁量を与えられています。しかし、裁量といえども、先例との整合性をとりながらあ

らゆる事情を総合的に考慮し、起訴処分あるいは不起訴処分の結論を出し、一件の事件を解決する終局処分を決定します。検察修習の最終目標は、終局処分をすることです。

　検察修習で、起訴処分とした場合には、まず起訴状を作成しなければなりません。起訴状には、公訴事実・罪名および罰条を記載します。当たり前のことですが、公訴事実は構成要件をすべて満たすものでなければ犯罪が成立しません。

　そして、起訴に際しては、構成要件該当事実に証拠はあるのか、その証拠はそれぞれどのような関係にあるのかなどを検討しなければなりません。そのほか、証拠の選定、被告人の記載に誤りはないか、二重起訴ではないか、告訴期間を徒過していないか、管轄、公訴時効、共犯規定の適用の有無、勾留期間内の起訴かなど、検討すべきことは多岐にわたります。

　修習生が起訴をすると方針を立てた場合、公訴事実を起案することになります。公訴事実の書き方は、独自の決まりがあります。研修所から配られた白表紙や検察庁にある本を参照し、わからないことがあれば、検事や検察事務官に助言指導をあおぎましょう。また、公訴事実の書き方は、これまでの修習生が作成したものを見せてもらえる修習地もあるので、一度検察事務官に聞いてみるのもいいかと思います。

（2）不起訴処分とする場合──不起訴裁定書の起案

　不起訴処分には、起訴猶予、嫌疑不十分、嫌疑なしなどがあります。修習生が担当する事件で不起訴処分とする事件は、起訴猶予や嫌疑不十分が多いです。

　起訴処分か不起訴処分かについては、明確な線引きがあるわけではありません。そのため、修習生にとっては、迷う事件もあるかと思いますが、動機や犯行に至った経緯、被害の程度、被害感情、示談・被害弁償の有無、前科・前歴の有無、反省の程度などを考慮し、終局処分を検討し、不起訴裁定書を起案します。

（3）起訴・不起訴を判断するにあたって

　ひとつひとつの事件はそれぞれ違うものです。たとえば、同じ窃盗罪でも、金銭に困ったための犯行であったり、依存症に起因する犯行であったり、転売目的であったり、その動機や犯行に至った経緯は違っています。すべての資料や被害

者、被疑者の供述に目を通して事件を分析し、事件の本質を細部まで把握することは大きな労力を伴うことでしょう。しかし、起訴処分とすることが妥当なのか、不起訴処分とすることが妥当なのかをじっくり検討することも検察修習の一つの目的ですので、時間が許す限りあらゆる証拠を見て考え抜いてください。

また、検察官志望者だけではなく、裁判官志望者や弁護士志望者にとっても、検察修習は貴重な経験です。実務家になってしまうと、検察の仕事を間近で見る機会はほとんどなく、また、個別の事件について検事と踏み込んだ話をすることは立場上できません。検事と処分の方針の考え方についてたくさん話をすることをおすすめします。実際に日々、起訴処分・不起訴処分を判断している検事と個別事件に対して踏み込んだ話を聞くことで、検事の視点や検事が弁護人に求めることは何なのか知ることができます。

6 │ 「決裁」って何?

終局処分をするためには、上席検事や部長検事などの決裁官による決裁が必要です。終局処分の責任を負う事件の担当検事が、万が一にも間違いのないように何重にもチェックを行います。

修習生は、指導係検事の決裁を受けることになります(修習地や事件によっては、指導係検事の決裁を受けた後、総務部長、次席検事、検事正の決裁を受けることもあります)。決裁には、捜査記録のほかに、修習生が起案した起訴状または不起訴裁定書、決裁用のメモを作成して臨みます。

決裁では、修習生が決裁用のメモをもとに事案を簡潔に説明し、判断に至った理由とその証拠を丁寧に述べます。決裁官は、修習生の話を聞きながら、捜査記録を確認し、少しでも疑問があれば、質問をします。修習生は、慣れていないうえ、緊張していることもあり、うまく話せないものです。修習生は、本物の検事ではないので、決裁でうまく話せないのは当然です。ですので、決裁でうまくいかないと思ったとしても、落ち込む必要はありません。

修習生は、何度も捜査記録を読み返し、少しでも疑問があればそのままにしないことが重要です。そして、決裁官に証拠の提示を求められたときにすぐに当該証拠を見せることができるよう、どこにどの証拠があるのか付箋を貼っておくと

便利です。もっとも、記録に付箋を貼ってもよいかどうかは、指導係検事や検察事務官に事前に聞いておきましょう。

7 | 公判実務修習

　検察修習は、捜査だけではなく、起訴後の公判についても修習があります。公判担当検事と事例検討、質疑応答を行い、時間が合えば公判傍聴にも臨みます。機会に恵まれた修習生は、証人テストにも立ち会うことができます。

　ただ、検察修習は、前述したように主に捜査の修習を行うため、公判部修習はごくわずかしか時間がありません。公判部における修習では、何冊もの膨大な記録のある事件も多くあります。記録を読み、事件を検討するだけでも１日があっという間に過ぎてしまいます。その後は、尋問事項を検討したり、立証趣旨を検討したりします。

　検察官志望者にとって有意義な修習となることは当然ですが、たとえ弁護士志望であっても、検察官の立場で尋問を考えることは、将来弁護士になった際に、検察官の反対尋問を想定して弁護活動を行ったり、被告人質問を考えたりするときに必ず役に立ちます。せっかくの機会ですので、機会があれば検事に積極的に質問をして、検事側の視点を学んでおきましょう。

8 | 里親検事

　修習地によっては、１クラス全員を担当する指導係検事のほかに、取調べや公判手続を学ぶため、各修習生に「里親検事」が割り当てられることがあります。この場合、修習生は、自分に配点された事件を処理しつつも、里親検事の取調べや公判の傍聴をすることもできます。ただし、里親検事は多忙であるため、待っていてもなかなか声をかけてもらえないかもしれません。修習生が見ることのできる事件があるか、里親検事に積極的に聞きに行きましょう。

9 | 施設見学

　検察修習では、捜査・公判修習以外にも、修習地によっては、刑務所見学ができたり、タイミングが合えば司法解剖の立会いもできたりします。

　刑務所見学には、これまで行ったことがない修習生も多いでしょう。刑務所で刑務作業を見学すると、想像していたものと違う光景であると感じる人もいるかもしれません。受刑者は、真面目に、テキパキと刑務作業を行っています。そして、受刑者が生活をする場所である舎房も見学をすることができ、彼らの普段の生活を垣間見ることができます。これらの体験を通して、「なぜ、刑務所に入っても犯罪を繰り返す人が多いのか？」「再犯防止を含めた生活再建をどのように進めて行けばいいのか？」といったことを改めて考えてみてはいかがでしょうか。

　司法解剖は、人数には限界があり、検察修習を受けている全員が立ち会えるわけではありません。もっとも、司法解剖は希望する修習生のみですので、安心してください。

10 | おわりに

　検察修習では、修習の中でも唯一修習生が主体となって事件を扱うことができます。多くの修習生は、検察修習で初めて「生きた事件」に接して、被疑者の処遇について判断することになりますが、その判断に至る以前にもそれぞれの過程において適切な判断を積み重ねることとなります。被疑者や被害者の人生を左右することとなります。しかしながら、萎縮する必要はありません。失敗を恐れるよりも、精一杯自分で考え、実りある検察修習にしてください。

　おおいに挑戦し、失敗し、「もがき苦しむ」ことで、必ず、今後の法曹人生の糧となるはずです。

検察修習の過ごし方
検事への道

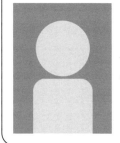

A検察官

1 │ はじめに

　司法試験に合格した皆さん、おめでとうございます。そして、まだこれから司法試験を受験される皆さんも、合格前からその先の修習のことまで考えられる向上心の高い方々なので、きっと近いうちに合格されるでしょう。

　司法試験合格後、一息つく間もなく、修習、実務と目まぐるしく環境が変わる中で、法曹三者のいずれかを選択することになります。

　これから、ご紹介するのは、あくまでも、私の修習での経験です。

　修習内容は、修習地ごとに少しずつ異なるし、時代とともにどんどん変わっていくものなので、参考にならない部分もあるかと思いますが、イメージを掴んでいただければ幸いです。

2 │ 検事になろうと思った理由

　私は、司法修習である大規模庁に配属されました。この時は、弁護士志望で、すでに法律事務所の内定もありました。しかし、せっかく司法修習に行くのだからと思い、裁判所も、検察庁も、それぞれ、裁判官・検察官になるくらいのつもりで取り組みました。

修習の全体的なスケジュールは、別の部分ですでに説明されていると思いますので、それを前提にお話しします。

　検察庁修習では、主任として主体的に事件にかかわることができます。それが、私にとっては新鮮な体験でした。生の事件の担当者として、事件の真相を解明して、適切な処分（主に起訴するか不起訴にするか）を決めるため、警察官と協力し、自分でも取調べを行って修習生や指導担当検事や決裁官と議論するのが楽しくて仕方ありませんでした。被疑者が被疑事実を認めている事件でも、その動機や、経緯にかかる小さな嘘など、取調べをすると新しい発見がありました。事案をよく把握し、証拠を突き合わせ、関係者から丁寧に話を聞いていくことで、真相が見えてくることが面白く感じました。また、指導検事が褒め上手だったので、取調べが上手いと褒めていただいたのですが、そのことも、楽しく修習に取り組めた要因になりました。

　処分については、本当によく悩みました。自分の判断が、被疑者の人生や被害者の人生を左右することになるのです。被害者が希望すれば、処分結果の通知をします。切実な思いをもって、被害届を出した被害者の気持ちを考えると、安易に不起訴にするわけにはいきません。起訴・不起訴を決するために、修習生や、検察官に意見を聞くなどして、たくさん考えたのを覚えています。

　このようにして、一生懸命に取り組んでいた検察庁での修習中、私は、周りの人達から「いきいきしているね」と言われるようになりました。私の検察庁での修習は第3クールだったので、検察修習より前に、弁護士事務所と裁判所でそれぞれの修習を終えていましたが、その時には感じられなかった充実感がありました。また、時間が飛ぶように過ぎていき、気がつくと定時になっているように感じました。そのように時間を忘れて取り組めた修習は，私にとって初めてでした。

　正直に言うと、報酬や、2年に1度のペースでの全国転勤がある点が気になり、そのまま弁護士になった方がいいのではないかと悩みました。また、幼少期から弁護士になりたいと言い続けていた夢が叶う直前に、別の職業にあっさり変えてしまってもいいのかとも思いました。

　それでも、今、弁護士になったら、もう検事になる機会はない、後悔したくないと思い、検事になろうと決め、検事志望に転換しました。

　検事任官の正式な内定が出るのは、二回試験合格発表後です。二回試験受験後、法務省で実施される面接を受け、二回試験に合格していれば、正式に内定をもらうことができます。

　私が検事を志望し始めてからやったことは、起案の勉強でした。それまでも、真面目に取り組んでいたのですが、周りの修習生は優秀で、起案の成績は上位グループに入れずにいました。もともと検事志望ではなかった私は、必死に対策をしていたわけではなかったため、検事志望の修習生に遅れをとっていると思い、起案を頑張りました。

　起案は、なぜか、各クールの最初にあるので、導入修習でやったことを必死に復習し、白表紙を読むなどしました。先輩などに頼って、勉強方法を聞くなどもしました。

　私自身、なぜ検事任官できたか、教えてもらえたわけではないので、あくまで想像になってしまうのですが、起案の成績のほかに、実務修習での取組みの姿勢と、面接が実施されることから、人柄が考慮されているのではないかと思います。検事任官した同期を見ていると、みんな、実務修習を一生懸命に楽しんで取り組んでいた人たちばかりでした。残念ながら志望していたのに採用されなかった修習生は、一生懸命なことは間違いなかったのですが、どこか無理をして空回ってしまっていたような気がします。短い期間でできるだけ経験を積もう、いろいろなことをやろうと思うと時間が足りず、焦る気持ちはわかるのですが、無理が生じて、すべて中途半端になってしまうのは良くなかったのではないかと思います。

　なお、私が頑張ったこととして、起案を挙げましたが、集合修習までは上位の成績を取ることができたものの、二回試験の成績はあまり振るわないものになってしまいました（それでも、無事に検事になることができました）。その経験から、たしかに、同期には司法試験や起案の成績が優秀な人たちも多く、予備試験合格者などの早期合格者もたくさんいたので、成績が無関係とは言えませんが、すべてでもないと思います。また、年齢や司法試験の受験回数について気にしている人も多いのではないかと思いますが、社会人経験者で検事任官している人もいま

すし、私も含めて司法試験複数回目での合格者もおり、多様な人材が採用されているなと思いました。司法試験の成績が振るわなかった検事志望者の方がおられましたら、検察庁での実務修習を終えるまではまだ巻き返せる、と思って真摯に取り組んでください。

4 | 検察官の仕事について

　検察官になると、研修（約２カ月）、新任期間（１年）、新任明け期間（２年）、A庁（２年）、A庁明け（２年）、再A庁（２年）と原則２年ごとに転勤することになります。

　研修では、座学および例題を使っての演習を通じて、実務に出るための研修をします。新任期間は、大都市圏に配属され、捜査・公判の基本を実践形式で学びます。新任明け期間は、おおむね地方都市に配属され、新任明けで学んだことを活かしつつ、さらに難しい事件に挑戦したり、配点される事件も多くなったりして徐々に戦力として活躍するようになり、希望者の中には、留学に行く人もいます。A庁期間は、また大都市圏に配属され、現場の主戦力として最も多忙な時期を過ごします。A庁明け期間は、おおむね地方都市に配属され、引き続き、忙しく過ごすことになります。

　２年に１回の転勤は、通常どおり勤務しながら引越し準備をしなければならないため、大変です。また、転勤は、ライフプランが立てづらいことから、私は、大きなデメリットとして捉えていました。しかし、実際に転勤をしてみると、２年に１回荷物の整理ができて家がすっきりするし、掃除もできます。また、いろいろな土地の食や文化に触れられること、配属地の周辺の観光地に行きやすく、休日が楽しみになることから、デメリットばかりではありませんでした。

　検事は、ざっくりと、大規模庁では捜査部と公判部に分かれ、中規模から小規模な庁では主任立会と呼ばれる、捜査から公判までを一人で担当して仕事をすることになります。

　修習を終えても、初めはわからないことだらけで、先輩検事に聞いたり、自分で調べたりして日々の執務に取り組むことになります。初めは被疑者が事実を認めている問題点の少ない事件で基本を学び、その後、少しずつ難易度の高い、事実認定に問題点のある事件や否認事件、事案が複雑な事件を任されるようになり

ます。

　検察庁では、面談がよく実施されます。そこでは、執務で困ったことがないか、次の配属地の希望などの聞取りをされますが、どのようなキャリアを歩みたいか、どんな事件を担当してみたいかということも聞かれます。私自身は、まだ、具体的なキャリアプランがあるわけではないので、いろいろ経験を積む中で考えると答えているのですが、事件配点や希望があれば叶えてくれようとする組織だと、面談のたびに実感しています。

5 ｜ それを踏まえて修習で見ておいた方が良かったと思うところ

　これから修習に行く方々に、検事になった今、修習生に戻れるなら見ておきたいところをお伝えしようと思います。これをお伝えしたいと思った理由は、私が修習生だった頃にも、今のうちにいっぱいいろいろ見ておくようにと言われたのですが、何を見るべきかわからなかった記憶があるためです。

　刑事裁判修習では、勾留関係の判断についてもっと見ておくべきだったと思います。

　この事案で勾留請求却下になるのか、勾留延長請求が却下、または日数が請求より短くなってしまうのかと思うようなことがあり、先輩などに聞いても、以前より判断が厳格になっているとよく言われます。また、勾留取消しや保釈も同じです。裁判官がどういう点を考慮しているのかなどはぜひ詳しく見てきてください。被疑者の関心は、できるだけ軽い処分を受けることだけではなく、できるだけ早く釈放されることにもあるので、これは弁護士になった場合にも必ず役に立つと思います。

　また、できるだけいろいろな裁判官の話を聞いて、いろいろな裁判官の公判を見るべきだったと思います。検事になってみると、裁判官によってそれぞれ個性があって、考えもそれぞれ少しずつ違うのだということがわかりました。だから、せっかく裁判官室に入ることができるのだから、先に述べた勾留の考え方はもちろん、公判で、認め事件の場合に、どの証拠を請求すべきか、要旨の告知で何を挙げるべきか、情状証人や被告人に何を聞くべきか、どの点を重視しているのか、裁判員裁判事件で、裁判所がどこまで裁判員に法的な部分を説明するの

か、量刑グラフは見せるのかどうかなどそれぞれの裁判官に細かく聞いて、法廷で見てほしいと思います。

　弁護修習では、捜査段階で弁護士が知れる情報が何かということを知ってほしいと思います。ここを見ておかなければ、弁護人の言うことが理解できず、意思疎通が図れなかった結果、弁護人と対立することもあります。そもそも、刑事弁護人と検事は問答無用で対立するものと思うかもしれませんが、意外とそうでない場合もあります。たとえば、示談の有無が処分に大きく影響する場合、勾留期間との関係で、示談の進捗を早期に確認する必要があります。また、釈放する場合には身元引受人への連絡を弁護人にお願いする場合もあります。しかし、弁護人は、被疑者の事件記録を捜査段階では見れません。そのため、処分の見込みを考える手がかりは被疑者供述だけになり、検事と弁護人が考えている処分の見込みに大きな差がある場合があります。捜査の秘密は容易に明かすことができないため、弁護人に処分前に言えることは決して多くありませんが、弁護人側から見えているものを把握していなければ、適切な対応ができない場合もあると感じます。

　そして、民事弁護・民事裁判修習も大事です。刑事事件の後に民事的な訴訟が提起されることは少なくありません。その視点がないと、被疑者・被害者それぞれの思惑が読み取れないことがあります。

6 ｜ まとめ

　ここまでいろいろ述べましたが、まだ、検事歴の短い若輩者が、自分の拙い経験をもとに述べたものなので、話半分に聞いていただくくらいが良いと思います。私の経験が少しでも誰かの参考になれば幸いです。そして、検事志望者が増えてくれれば、嬉しく思います。

　これからの皆さんの修習が充実したものになることをお祈りしております。

Part.5

第 **5** 部

集合修習・選択修習

　和光での集合修習も終わりが近づいており、秋の始めのひんやりした空気が心地よかった。日曜のＤ遊園地は家族連れやカップルが多く目につく。そのカップルのうちの一組が麗子と島津だった。和光で過ごす時間も残り少なくなり、そろそろ二回試験も気になり始める時期ではあるが、麗子は島津と遊園地に遊びに来ていた。

　導入修習の時にも何度か来た遊園地である。あの時は、これから本格的に始まる修習に不安と期待でいっぱいで、遊園地の景色も麗子にはフワフワして映っていた。

　「麗子はさ、企業法務があってるんじゃない？　自分で事件取ってくるとか依頼者対応とか麗子には難易度高いだろ」

　いくつか内定はもらっていたものの、まだ進路を決めかねていた麗子に対して島津がアドバイスをする。

　「企業だったら、産休・育休だってちゃんと取れるし、中には産後２年くらい育休取れる企業もあるみたいだよ。子どもが２歳になるまでのんびり専業主婦するのもいいんじゃない？」

　島津は続ける。
　麗子は島津のアドバイスを聞いているうちにモヤモヤした気持ちがどんどん膨らんで体の底から大きなうねりとなって湧き上がってくるのを感じていた。

　「……なんで私が自分で事件取ってこれないと思うの？　依頼者対応も私に

は難しいの？　まだやったことないのに、島津くんにはできて私にはできないってなんでわかるの？」

　心の声が無意識に口から出ていた。独り言のような小さな声だったが、はっきりと島津の耳に届いた。
　予想外の言葉に島津は驚き、思わず麗子の顔を見つめる。麗子自身も自分の発した言葉に驚いているようだった。これまで島津のお節介を麗子は嫌がるどころか、どこか嬉しそうに受け入れて従っていたのに、今、島津の隣にいる麗子はまるで知らない女性のようだった。
　「それに……」。麗子は湧き上がってくる想いの流れに身を任せるように言葉を続ける。

　「子どもを産んで仕事を休むのは私だけなの？　『のんびり専業主婦する』って赤ちゃんがいるのにのんびりできるわけなくない？　専業主婦だと保育園に入れられないって知ってる？　そもそも私、専業主婦したいなんて思ってないよ。せっかく実務に出れるのに２年もキャリアが途切れたら周りの子たちと差がついちゃう」

　カップルや家族連れの楽しそうな歓声が遠ざかったように感じ、麗子は自分たちだけ別の空間にいるような感覚に陥った。

　「いや、別に専業主婦になれ、なんて思ってないよ。働きたいなら働いてもいいよ。だけど、出産は男にはできないんだから、産休は麗子が取るしかないでしょ？　俺まで産休・育休取っちゃったらどうやって生活するの？　それだったら麗子だけ休んで子育てに専念して、俺が稼ぐ方が合理的じゃない？」

　島津は駄々をこねる子どもを諭すように麗子を説得した。

　「二人とも働き続けられる方法を探そうとは思わないの？　保育園とか育児

支援制度とか。それに今、『働きたいなら働いてもいいよ』って言ったの、気づいてる？　私は働き続けるのに島津くんの許可が必要なの？　同じ資格があって同じくらい働けるはずなのに」

麗子はもはや島津と目を合わそうとしなかった。

「そんなの言葉の綾じゃないか……」

自分の説得を聞き入れようとしない麗子の頑なな態度を面倒に感じて島津は呟いた。

島津の最後の言葉を聞き流して、麗子は自分の言葉を反芻していた。私はどういう働き方をしたいんだろう。どんな法曹になりたいんだろう。企業法務だって仕事としてやりがいがあるだろう。大きな企業に入れば、海外の人とも働くことができる。実務修習で見てきた街弁の仕事も、苦労は多そうだがそれでもどの弁護士もエネルギッシュで生き生きとしていた。要件事実から争点をてきぱきと整理していく裁判官の姿は本当にカッコよかったし、検察修習ではみずから捜査に携わることができて、まるで真実を探っていくようでワクワクした。

（私は……。私は何になりたいの……？）

目を凝らせばはっきり見えそうなのに、焦点を合わせようとしたらするりと逃げていく夢の中の風景のように、麗子は自分の本心を掴み切れずにいた。

近くの家族連れの楽しそうな笑い声が秋の空にゆっくりと溶けていった。

STORY 8
私がなりたいものは……。

第 1 章 起案に追われる集合修習

1 はじめに

　集合修習で久しぶりにゆっくり過ごした二人でしたが、なんだかしっくりこない様子ですね。島津くんが変わってしまったのでしょうか。それとも麗子さんが変わったのでしょうか……。

　集合修習とは、埼玉の和光にある司法研修所で行う1カ月半の修習プログラムです。全国の修習生がA班とB班と呼ばれる2班に分かれて順番に研修を受けます。導入修習と異なる点は、期間が1カ月半と長いことと、分野別実務修習を終えた修習終盤に行われることです。これまでの修習の総まとめとしての意味もあり、必然的に、カリキュラムも二回試験や実務を意識したものとなっています。短い期間内に必要な知識や実務能力を習得してもらうために、各教官は研修内容に創意工夫を凝らしています。

　修習生にとっては、慌ただしい分野別実務修習を終えてホッと一息つき、勉強のため、まとまった時間を取れる貴重な機会でもあります。と同時に、二回試験を数カ月後に控えていることを実感し、そろそろちゃんと対策をしないとまずいのでは……と、不安と焦燥が頭の中にじわじわと広がり始める時期です。

　集合修習、それは二回試験を突破するため、弱い自分と向き合わなければならないおおいなる修行の道のりです(決して脅しではありません)。

2 集合修習で苦労しないために

　「二回試験対策は集合修習が始まってからでいいや……」などと安易に考えていると、大変な目に遭います(残念ながら実体験です)。

集合修習では、基本的な部分はすでにきちんと勉強していることを前提に、応用部分からスタートします。しかも、1日目からカリキュラムがみっちりと詰まっています。気楽な集合修習を夢見ていた私は、集合修習の初めに配られた予定表を見て、「えっこんなに大変なの……」と途端に不安に襲われました。その不安は的中し、1日を何とか乗り切るだけで疲労困憊となってしまいます。

　もちろん、課題も大量に出されます。基本をある程度理解していないと、課題に追われ精いっぱいで、予習もままならないという窮地に陥ります。課題に追われる合間に、模擬裁判など実務を意識した研修の準備も行うことになります。集合修習では、Teams経由で課題を提出します。

　また、グループワークが多く取り入れられます。導入修習でも同様ですが、実務修習での班で仲良くなった人だけでなく、他の修習地の修習生と学び、情報交換をしつつ、ときには遊び、グループワークをきっかけとして仲良くなっていく機会にもなります。私も、集合修習で仲良くなった他の修習地の修習生と、実務に出てからの研修で再会し、飲み歩いたことがあります。いろいろなタイミングで出会う仲間たちが、一生の友人になることもあります。そのような貴重な機会でもありますので、積極的にグループワークなどにも励んでください。

　このような集合修習で、課題と予習復習、さらには模擬裁判の準備をこなしながら、苦手科目の対策をするというのは案外大変です。

　そこで、皆さんにおすすめしたいのは、分野別実務修習中に修習生同士でゼミを組んで、これまでに受けた各クールの問題を解くことです。起案までできなくても、記録を読み、議論しながら証拠構造を図示するだけで、おおまかな感覚が掴めます。私は、刑事系科目はゼミをやっていたのであまり苦労しませんでしたが、民事系科目のゼミをしなかったので、そのツケがはっきりと起案成績に出てしまい、集合修習で地獄の苦しみを味わうことになりました。

　分野別実務修習の合間に同期の修習生と交流することは、息抜きにもなりますし、ぜひ検討してみてください。

3 ｜ 起案の山

　集合修習中は、各科目2回計10回、即日起案(当日中に書き上げて提出しなけれ

ばならない起案)をします。即日起案は、二回試験と同じスケジュールで同じ形式で行われることもあり、二回試験の模擬試験としての性質もあります。1回目は修習が始まって1週間後くらいだったと思います。午前9時50分から午後4時40分までの間に(途中1時間の昼休憩がありますが、昼休憩中も起案をすることが認められています)、科目によっては100頁を超える記録を読み、答案構成し、数十頁起案する、それを1日1科目で5科目繰り返す……。とにかく大変です。ペンを持つ手はズキズキと痛み、頭はクラクラし、自分はこんなに書けないのかと、精神的にも辛くなります。

　集合修習における起案の成績が、たとえ良い成績であっても過信をしてはいけません。しかし、悪い成績は、放置していると危険です。特に、70人位のクラスで下から数番目以内など、特筆して悪い成績をとってしまったときは、必ず教官にアポイントを取って面談しましょう。何が悪かったか教えてもらえたり、勉強法などの今後のアドバイスももらえたりします。特筆して悪い成績とは、たとえば5段階評価ならE、三段階評価ならCが一番評価の低いカテゴリーですが、中でも「E－」「C－」のようにマイナスがついている、教官の警告付箋がついている、といった例が挙げられます。要するに、「このままだと二回試験はヤバいよ」と言われている状態のことです。二回試験は周囲の人と同じことをしていれば落ちない試験なので、大多数の修習生がクリアしている何かを取りこぼさないよう、自分の中のズレを見つけて修正することは必須です。

　2回の即日起案は大変です。また、たった2回の即日起案で二回試験が求めるものとのズレを発見し修正しなければなりません。集合修習が終わると、二回試験までに起案を教官に見てもらえる機会は基本的にはありません(A班の場合は集合修習後も教官に起案を見てもらえることもあります)。わからないところは集合修習中に積極的に質問して解消しましょう。

4 ｜ 模擬裁判

(1) すべてが自分たちの手作り

　起案以外にも、民事および刑事それぞれの模擬裁判のカリキュラムがありま

す。模擬裁判では、裁判官、弁護士役だけでなく、当事者や証人などの全登場人物を修習生が役割分担をして演じます。それぞれの役割に配布される台本は、他の人は見ることができません。弁護士役は、事前に味方の証人役や当事者役から聴き取りをして尋問事項を作成します。証人役から必要な話を聴き出すのは工夫が必要です。曖昧なことしか話してくれないときに、そもそも知らないのか、知っていても話してくれないのか判断に悩みました。これも、おそらく証人の台本に指示があり、修習生が成長するよう考えられていたと思います。情報を適切に聞き出す技術は、法曹三者で共通して必要になる技術です。どの分野に進むとしても身につけるべき能力の訓練ができる貴重な機会となります。

　聴取した情報をもとに、尋問事項や書面作成、口頭での発言内容を検討していきます。教官から一定の指導をしてもらえることもありますが、基本的には、修習生同士で議論し、自分たちの手作りで、訴訟活動の準備をしていきます。

　尋問は本物さながらで迫力があります。いつもは穏やかな修習生が、相手方弁護士役の反対尋問に「異議があります！」と立ち上がっている様はかっこよく、「私もいつかはかっこいい異議を申し立てたいな」と思ってしまいました。

　また、他の修習生の尋問を見学していると、攻撃的に証人を責めたてる人、予定時間を大幅にオーバーしても平然と尋問を続ける人、フレンドリーに尋ねる人といったように多種多様で、尋問は担当者の人柄が出ると感じました。実務に出てからは、他人の尋問を見学する機会はそこまで多くありません。尋問の仕方には、個性がかなり反映されます。個々の尋問が他人の目にどのように映っているのか、修習生同士で意見の交換ができるとさらに実りのある研修となります。

（2）裁判官志望は大変！

　裁判官役は、裁判の進行と整理を行います。また、書面や証拠調べの結果を踏まえて判決を起案します。裁判官志望の修習生にとっては、教官に自分をアピールできるチャンスでもあります。普段は控えめであまり発言しない裁判官志望の修習生が、集合修習が始まってからは積極的に手を挙げて発言し、ディスカッションでも率先してチームを取りまとめていました。そして、その様子を教官が見回り、チェックしていました。裁判官志望の人は、起案の成績はもちろんですが、周囲とのコミュニケーションや進行能力も含めて評価されますから、「大変

だなぁ」と見ていました。

　逆に、できる限り将来なろうと思う職業以外を選ぶように、と言われることもあります。裁判官志望なら弁護士役、弁護士志望なら裁判官役といったものです。法曹三者の別の立場を体験することは非常に貴重な経験となります。

5 ｜ 過ごし方

（1）できる限りすべての講義に出席しましょう

　集合修習中、体調を崩す修習性が結構いました。ストレスのかかる環境のもと、仕方のないことであり、中には、数日連続で休んでしまう人もいます。

　講義を欠席するときには、欠席届の提出・承認が必要です。また、二回試験受験には、出席日数の要件があります。それだけではなく、二回試験対策のためには、何よりも第一に、講義に出席することが欠かせません。重要な分野が取り上げられることも多いですし、教官のちょっとした発言のニュアンスで、「ここは大事なのかな？」と直感したりします。後でノートを見せてもらうだけでは限界があると思います。

　どうしても出られない事情がある場合でない限り、原則として、すべての講義に出席しましょう。

（2）修習生同士で交流しよう

　集合修習中、ゼミを組んで勉強したり、休日に会ったりして、修習生同士は結構仲良くなります。普段交流のない他地域の修習生とも知り合えます。司法研修所には体育館があって、バスケや卓球、バドミントンもできます。テニスコートやグラウンドもあります。寮の談話室や共用室も使用できます。せっかくの機会なので、交流して仲良くなれると楽しいです。仲の良い修習生と、広大な司法研修所内をのんびり散策するのもおすすめのひとつです。

　1カ月半という期間は思いのほか長く、きちんと乗り切るのは大変です。上手く息抜きもしながら集合修習を乗り切ってください。

第 **2** 章 **よりどりみどりの選択修習**

---

1 | 選択修習

　現在の司法修習においては、1カ月半程度の期間、選択型実務修習（選択修習）の期間が設けられています。選択修習の目的は、司法修習生が各々、その実情に応じて、主体的に修習内容を選択、設計することにより、分野別実務修習の内容を深め、分野別実務修習では体験できなかった経験を積むこととされています。

　このような目的だけを見ると、分野別実務修習の応用編のようにも思えますが、選択修習の特徴のひとつとして、分野別実務修習や集合修習と異なり、成績がつかないことが挙げられます。修習生としては、成績評価のプレッシャーから解放されて、ほっと一息つける時期といえるでしょう。

　もっとも、A班の場合、直後に控えている二回試験の勉強に時間を割くことになりますし、B班の場合であっても、二回試験がまだ先だからといって遊びすぎると、集合修習で痛い目を見ることになります。A班は、選択修習中に任意で二回試験対策の勉強会が組まれるケースも目立ちます。そのような勉強会においては、通常、実務修習中および集合修習中に行われた各起案の分析や、再起案を持ち寄っての意見交換がなされます。

2 | 全国プログラムと個別修習プログラム

　選択修習には、配属修習地の裁判所、検察庁および弁護士会が提供する「個別修習プログラム」のほか、特定の地域の配属庁会が提供している「全国プログラム」や、みずから企画をして司法修習生指導連絡委員会の承認を得て行う「自己開

拓プログラム」(ただし、外国は不可)があります。

　選択修習の修習先は、原則として、分野別実務修習における配属修習地ですが、3週間を限度として　配属修習地以外での修習(全国プログラムで他府県に行くなど)が認められます。全国プログラムの申込期限は、個別修習プログラムよりもかなり早い段階です。人気の高い代表的な修習先は、法テラスの事務所修習です。法テラスはその修習内容だけではなく、旭川、沖縄、宮古島など、全国各地に点在していることから、配属修習地を離れのびのびと修習を楽しむ機会としても人気があり、抽選の倍率が跳ね上がっています。

　なお、ホームグラウンド修習といって、分野別修習のときの指導担当弁護士の事務所において、最低1週間以上、修習を行う必要があります。ホームグラウンド先の方針にもよりますが、A班の場合、二回試験の勉強に配慮してくださる事務所もあるようです。

3 ｜ 個別修習プログラムの内容(当地の場合)

(1) 実務庁合同

　実務庁が合同で提供するプログラムとしては、民事模擬裁判と刑事模擬裁判が挙げられます。集合修習においても、模擬裁判を行う機会は一応は用意されています。しかし、1クラスで1つの裁判を体験するため、原告訴訟代理人役で5人以上、それも準備書面を作成する部分だけ担当、などという事態となり、広く深く裁判実務を知る機会とまでは言いがたいのが現状です。

　これに対し、実務庁が合同で提供する模擬裁判の場合、たとえば、10人程度で原告訴訟代理人、被告訴訟代理人、裁判官を分担するので、各修習生が準備書面の作成や尋問なども一通り体験することができます。

　なお、私は民事模擬裁判を選択したのですが、基本的に自由時間が多いため、打合せの切りのいいところでお昼休みを取り、普段行かないような少し遠いお店にランチを食べに行くこともありました。

（2）裁判所

　裁判所では、各部において民事部での民事交通事件や民事医事事件、刑事部での裁判員裁判の傍聴コース、家庭裁判所での家事・少年事件コースなど、分野別修習では必ずしも詳細に取り扱わなかった事件を見る機会が与えられています。

　通常の実務修習に比べて、1つの部にいる修習生の人数が少ない傾向にあるので、裁判官と話す時間が自然と長くなり、経験を積めることはもちろん、裁判官と仲良くなれるところが利点です。

（3）検察庁

　検察庁のプログラムで人気なのは、講義・見学コースです。警察犬訓練所で警察犬と触れあう、飲酒検知の体験を行うなど、裁判所や弁護士会のプログラムとは一風変わった面白い体験ができます。競争率はかなり高く、個別修習プログラムのなかでは一番人気といっても過言ではありません（このことについて、裁判官が「検察庁に修習生を取られてしまう。模擬裁判にももっと来てほしい」とボヤいているのを耳にしました）。

　その他、捜査公判補完修習といって、否認事件や共犯事件など、分野別修習のときには扱うことが少ない複雑な事件について、捜査・公判修習を行うプログラムもあります。

（4）弁護士会

　弁護士会提供のプログラムは、実に多種多様です。

　まず、ひまわり公設事務所修習、自治体での修習、税理士事務所での修習など、修習環境が特殊なものがあります。

　次に、何らかの特訓を目的とした修習があります。民事弁護特訓コースというやや包括的な内容のものもあれば、高齢者・障害者実務修習や労働問題に関する修習など、ある特定分野についての見識を深めるコースもあります。

4 │ 自己開拓プログラム

　他方、司法修習生みずから選択修習先を開拓することも可能で、このような場合を自己開拓プログラムといいます。民間企業の法務部、地方自治体の法務関係部門など、法曹の活動に密接な関係を有する分野につき認められます。これは、自身で企業や地方自体などに問い合わせて交渉するなどして受け入れてもらわなければなりません。

　やる気さえあれば、全国プログラムや個別修習プログラムよりも貴重な経験ができるのが自己開拓プログラムだと思います[コラム「自己開拓プログラム」→273頁]。

5 │ プログラム選択時の留意点

（1）はじめに

　最も多いのは、個別修習プログラムとホームグラウンド修習のみで選択修習の計画を立てるケースですが、それぞれ提供期間と定員が決まっているので、スケジュールの組み方は悩ましいものです。

（2）提供期間の問題点

　あるプログラムは、３週間という長期間だったので、他のプログラムとスケジュールを組む都合で敬遠されていました。事情を知らない裁判官から、当該プログラムの人気がない理由を尋ねられたこともありました。

　また、私が選択した新人弁護士即戦力養成修習というプログラムは、消費者事件、少年事件、離婚事件などについて１週間で学ぶものであり、大変貴重な経験でした[コラム「弁護プログラム」→270頁]。

　しかし、Ａ班の場合、プログラムの提供時期が二回試験の直前１週間であったため、あまり人気はありませんでした。二回試験の直前となると、どうしても選択修習に身が入らないとか、体調を崩しがちになるといった制約があるので、計画を立てるときはその点も踏まえて慎重になってしまうこともやむをえないでしょう。

（3）定員の問題点

　選択修習のプログラムには定員があり、定員オーバーの場合は抽選となります。全国プログラムの抽選にはずれても、まだ個別修習プログラムを選ぶ機会が十分にあり、あまり心配する必要はありません。

　問題は、個別修習プログラムでさらに抽選にはずれてしまうことです。個別修習プログラムについて、抽選になる確率が高いプログラムばかり選んでしまうと、どれもこれも第1希望からはずれて、結果的にすべて人気のないプログラムになってしまうことがあります。

　私の場合、事前に検察庁のプログラムが一番人気と聞いていたので、検察庁のプログラムを避けて、模擬裁判や家裁修習などを第1希望とし、すべて第1希望のプログラムになりました。このあたりは情報戦になりますので、修習生同士情報交換を行い、どのプログラムの競争率が高いのか見極め、スケジュールを立てる必要性があると思います。

6　｜　おわりに

　たしかに、選択修習には、成績評価がつきません。しかし、真剣にやるだけの価値があるプログラムばかりが「よりどりみどり」用意されているので、これを活かさない手はないと思います。

　選択修習中、プログラム提供元の法曹の先輩のなかには、「僕たちの時代にもこんな修習があったらよかったのに」とおっしゃっている方も複数おられました。選択修習は、今を生きる修習生の、いわば特権なのです。

　また、いざ自分が弁護士となり、委員会に所属してみると、修習生に他では味わえない面白い経験をさせてあげようと、皆が知恵をしぼって選択修習のプログラムを作成していることもわかりました。

　かつての修習生の立場と、現在のプログラム提供者としての立場から、ぜひこの貴重な機会を活かし、自分に合ったプログラムをじっくりと選んで、適度にリラックスしつつ、多くを学び取っていただきたいと考えています。

検察プログラム

　検察プログラムの魅力は、何といっても現場を体験できるところです。それも、検察実務修習中ですらなかなか見ることのできない現場です。特に印象深かったものについて紹介します。

更生保護施設見学

　更生保護とは、罪を犯した人や非行のある少年を実社会の中で適切に処遇することで、その再犯や非行を防止し、自立や改善更生を助けるものです。更生保護施設は、更生保護事業法に基づいて運営されます。刑務所を出所した人などの中で、頼る人がいないといった理由でただちに自立更生することが困難な人に対して、一定期間、宿泊場所や食事を提供し、就労指導や生活指導を行います。全国に103施設あります（2023年8月1日現在）。

　更生保護施設の見学では、施設概要や沿革などを聞いた後、利用者が宿泊する部屋や管理施設を見学します。施設の方から、さまざまなお話を聴くこともできます。また、修習生の率直な質問にも答えてくださいます。

　住宅地の中にある更生保護施設が抱える問題として、地域住民との関わりがあります。運営当初は、近くのマンションの住民から警戒され利用者とのトラブルになりかけたこともあったが、更生保護施設で夏祭りなどのイベントを企画し、地域住民にも開放する実績を積み上げていったことで、信頼を獲得したところもあるそうです。施設の入口前にある広場で、近くのマンションに住む子どもたちが楽しそうに遊んでいる姿も見られました。

　刑事事件を担当する弁護士の立場としては、検察官の終局処分や裁判官の判決が下された後、自分の担当した人たちが実際にどのような処遇を受けていくのかは、重大な関心事です。特に、起訴猶予や執行猶予となった人で、

所持金も身寄りもなく、食事や寝る場所すらない人を担当することもあります。このような場合、弁護人としては、生活保護の申請、中央保護所入所などといった選択肢のほかに、更生保護法に基づく更生緊急保護を受けられるよう、弁護活動中から、検察官に「保護カード」を発行してもらい、すみやかに保護につなげ、とりあえずの寝食を確保する必要も出てくるかもしれません。

　更生保護施設がどのようなものか、そこで働く人たちはどんな顔をしているのか。弁護士が知っていれば、被疑者や被告人に具体的に説明して理解してもらうことができます。更生保護施設見学は、弁護士会の刑事委員会が企画することもあります。ぜひ、一度は足を運んでもらいたい場所です。

薬物捜査実務講習

　実際に薬物犯罪の取締りをされている警察官の方に来ていただき、実務のお話を聴きます。講習中に写真が回されてきて、何だろうと手に取ると、赤い塊のようなものが写っていました。聞くと、薬物中毒者に顔を食べられてしまうという凄惨な被害を受けた方の顔写真とのこと。衝撃を受け、薬物の恐ろしさをダイレクトに感じました。

　大麻や覚醒剤を使用した場合の効果や判別方法など、豊富な資料とともに充実した講義を受けることができるでしょう。

　また面白いものとしては、実際に使われている道具を使って、修習生が自分の指紋や足跡の鑑識にチャレンジすることもあります。なかなか綺麗にサンプルが取れず、鑑識の難しさと苦労を目の当たりにします。

科捜研見学・講習

　科捜研の実務について説明を受け、何人かの修習生が、ポリグラフ（嘘発見器）を装着して質疑応答に応じる実験を行います。あらかじめ被験者の修習生にのみ答えを教え、質問者が選択肢の中から順番に「これですか？」と聞き、ポリグラフの数値に変化がないか観察します。表情を見ている限りでは

淡々と答えているように感じる場面でも、ポリグラフでは変化が見られたりするなど、かなり盛り上がります。

受験生の頃に馴染みのある「ポリグラフ」がどのように使われているのか、その効果がいかほどかは、実際に体験してみないとわからないでしょう。

空港業務見学

実際に空港に行き、講義では、過去に発見された偽造パスポートのサンプルなどを見ながら、入管や税関の仕事内容を聞きます。

また、薬物摘発状況の説明を受け、麻薬犬が薬物探知のために働いているところを見学します。いかに空港が国内での犯罪を未然に防ぐために重要な役割を果たしているかを実感します。

検察官の講話

現場の見学ではありませんが、現役の検察官による講話の時間もあるかもしれません。検察修習の講話とはまた違った観点から、検察官のあるべき姿について話を聴きます。特に印象に残ったのは、検察という組織の中の人間関係だけでなく、法曹以外のさまざまな人たちとも積極的に関わるようにしているという検察官の姿勢でした。

狭い組織の中で働くうち、組織にとっての「利益」を最優先にしてしまうことや、そうでなくても、自分でも気づかないうちに少しずつズレが生じていくことはままあることだと思います。特に刑事事件に関わり、人の重要な権利（財産権、身体の自由など）を制約することのできる立場にある者にとって、万が一にも不当な人権侵害を引き起こしてしまわないよう自分を律し続けることの大変さを垣間見ることができました。

このほかにも、警察署で防弾チョッキや警棒の説明を受けたり、パトカーの機能や稼働状況をお聴きしたり、普段は体験できないさまざまな体験ができるでしょう。また、修習地によって特色があると思います。

弁護プログラム

弁護プログラムという選択

　選択修習にはさまざまなプログラムが用意されています。配属地の裁判所や検察庁、弁護士会が提供するプログラム（個別修習）だけでなく、都市圏の大規模事務所や知財部、あるいは過疎地域の事務所で修習ができる全国プログラムに、みずから修習先を開拓する自己開拓プログラムなど、本当にさまざまなものがありました。実務修習に入ってすぐくらいの時期に渡された選択修習の説明書類は、60頁にわたっており、その量の多さにびっくりしたものです。

　当初は、南の島での全国プログラムや、こうした機会でないと潜入できない企業などでの自己開拓も考えたのですが、もともと面倒くさがりである私にとって、志望理由の記載や各種書類の添付が必要な全国プログラムも、自分でいちから修習先を開拓しなければならない自己開拓プログラムもハードルが高く、しかもこれらのプログラムはその他の個別修習よりも申込み締切日が何カ月も早いということで、あっさり諦めてしまいました。

　それでも、まだ大量にある個別修習の中から希望するものを選ばなければならず、プログラムの説明書類とにらめっこしてさんざん迷ったあげく、私は弁護士会の提供する「新人弁護士即戦力養成修習」をその1つとして選びました（選択修習は約6週間あるので、期間や日程がまちまちのプログラムの中からパズルのように組み合わせて3パターンほど考えて希望を出さないといけないのです）。

弁護プログラムの気になる内容

　希望が通って、私は、この「新人弁護士即戦力養成修習」を受けることになりましたが、気になるのはその中身です。事前に配布されていた説明書類には「講義、演習等を通じて消費者問題、家事事件、少年事件等についての対応力を高めることを目的とした修習」との記載があるだけで、具体的にどんなカリキュラムが組まれているのかは直前まで知らされませんでした。

　実は、プログラム名の「即戦力」という文言から、私は、「家事事件の相談が入ったら、こういう点に気をつけて聞き取りを行います！」「そしてこういう場合にはこの手続を！」「こういう場合はこっちの手続で！」「裁判所ではこういう立ち居振る舞いをしましょう！」というマニュアル的なものを伝授してくれるのではないかと勝手に想像していました。

　しかし、今思えば、事案によって多岐にわたるこれらの分野について、たった1週間で実践可能な状態に仕上げるなど到底無理な話です。新人弁護士に必要となりそうな知識を1週間で与えるとなると、基礎知識に関する講義が中心になってしまうのもやむをえないことなのかもしれません。弁護士の仕事というのは、マニュアルに頼るのではなく、基本を習得したうえで、自分の頭で考え、処理していくものですからね。

少年事件の模擬接見

　さて、そんな講義・演習中心だったプログラムの中にも、いくつか面白いものがありました。その1つが少年事件の模擬接見です。少年事件の特殊性や注意点などの講義を受けたあと、グループに分かれて模擬接見・模擬面談を行うのです。

　当然、平日の昼間に少年を連れてくるわけにはいきませんから、少年役をするのも少年の保護者役をするのもすべて弁護士です。しかし侮るなかれ、数々の少年やその保護者と対峙してきた弁護士は、彼らの特徴を見事に押さえており、見た目はともかく、まるで本物の少年や保護者と話しているのかと錯覚してしまうほど、リアルに演じてくれるのです。余談ですが、検察修

習や裁判修習でも模擬取調べや模擬裁判を行う際に、事務官や裁判官が当事者役をしてくれたりするのですが、彼らの演技力の高さに毎回驚かされました。「きっと各庁で演技研修があるに違いない」とすら思いましたが、今のところ、弁護士会ではそのような研修にお目にかかったことはありません。

　さて、成人相手の通常の刑事事件と異なり、少年事件では、突然やってきた見知らぬ大人に少年が警戒していたり、うまく自分の身に起こったことを説明できなかったりするので、聞き取りだけでもまったく勝手が異なります。また、最終的には刑罰を負わせるのではなく、更生を目指していくわけですから、初回接見の段階から学校との関係や交友関係などを意識しないといけません。

　私は、この模擬接見で、少年（役の弁護士）相手に敬語で話をしていたため、少年に心を開いてもらえませんでした。このときの体験は、実務に出て初めて少年事件が回ってきたときに役立ちました。

　さらに、こうした弁護士会のプログラムでは、その分野に詳しい弁護士が担当するので、実務に出てから困ったことがあれば、そのときの弁護士に相談しやすいという大きなメリットもあります。

　最近は、二回試験直前期の選択修習で個別プログラムを選択せず、ホームグラウンド修習で勉強ばかりしている修習生も多いと聞きますが、実務についてからのことも考えて、いろいろなプログラムにチャレンジしてほしいと思います。

コラム
12

自己開拓プログラム

南川克博 みなかわ・よしひろ　福岡県弁護士会

新聞社での修習を選択した理由

　私は、選択修習の自己開拓プログラムとして、福岡地場の新聞社(株式会社西日本新聞社)での修習を選びました。

　自己開拓プログラムを選んだ理由は、「知らない世界に飛び込むことが大好き」という自分の性格につきます。ロースクールやその後の司法試験浪人時代はガマンして(？)法律の勉強に没頭していた分、修習でこのようなプログラムがあることを知ったときには興奮を隠せませんでした。

　次に「自己開拓プログラムでどこに行くか」ですが、私は当初から新聞社を第一候補としていました。その理由は大きく3つです。

　1つ目は、記者と弁護士の共通性、つまり、「どちらも人の話を聞きそれを文章にする職業である」点です。記者の方の取材術を学ぶことはこの先の弁護士人生に必ずプラスになると思いました(実際にこの点は今も活きています)。2つ目は、私が学生時代にメディア教育のNPOに所属していたため、メディアが身近な存在であった点です。そして、3つ目は、福岡において西日本新聞社のシェアはものすごく、その理由を中に入って知りたいと思ったことです。いわゆる企業研究的な側面です。

　自己開拓プログラムを受けるには、自分で修習先を探し、交渉し、修習受け入れの同意を得る必要がありました。裁判所から提示される締切もタイトであるため、修習生にとってはこの一連の手続が難関です。私は、大学時代にお世話になった方のご友人が西日本新聞社に勤務されていたためスムーズに手続が進みましたが、同じプログラムを選んだ同期は、裁判所で司法部の記者(もちろん友人知人ではない)に直接話しかけるなど、まさに「自己開拓」し

コラム12

273

ていました。今思うと、このような体当たりの交渉も修習で学ぶべき点だったのかもしれません。

新聞社での修習内容

　私は修習先の新聞社から2週間のプログラムをご提案いただき、福岡修習の同期数人とともに修習しました。プログラムは非常に濃密で、新聞社内のさまざまな部署を見学させていただいたり、現場の第一線で働く記者の方からの講義を受けたりと、刺激的な内容が盛りだくさんでした。特に自分の印象に残っているプログラムを(突然ですが)ベスト3形式で挙げたいと思います。

　〈第3位〉　プロ野球観戦

　スポーツ部でのプログラムの一環として、修習地を本拠地とするプロ野球チームの試合を観戦させていただきました。取材同行なので試合前にはグラウンドに出て選手たちの練習を間近で見学します。いつもテレビで見ている選手は想像以上に大きかったです!

　また記者の皆様が試合観戦中にもスマホやパソコンを駆使してさまざまな情報をリアルタイムで入手しつつ速報的に記事を作成している様子を見学できたのも印象的でした。

　〈第2位〉　編集会議見学

　編集会議とは、新聞社のさまざまな部門の担当者が、新聞にどのような記事をどのように載せるかを話し合うものです。取材同行や施設の見学といったプログラムと比べて派手さはないのですが、刻一刻と動く社会情勢にあわせて記事の一面や掲載場所が変わっていく様や、それぞれの部の担当者の意見のぶつかり合いを目の当たりにしたのが強烈に印象に残っています。

　記事の配置や、見出しの色合いに新聞社の意図やメッセージが込められているという雑学も学ぶことができました(詳細は企業秘密だそうです!)。

　〈第1位〉　模擬取材

　新聞社の修習で一番思い出に残っているのは、模擬取材です。これは、あるテーマについて修習生が街頭に出てみずからインタビューを行い、インタ

自己開拓プログラム

ビュー内容に基づいて記事を書くというものです。新聞には載らないものの、記者の方からフィードバックをいただくという、身にあまるほど贅沢なプログラムでした。普段何気なく読んでいる新聞記事ですが、いざ自分で書いてみると非常に難しく、記者の方が「いかに読みやすく、メッセージを伝えるか」ということに全神経を注がれているか気づきました。そして、弁護士になっても裁判官や依頼者、相手方に書き手の意図が伝わる明瞭な文章を書くことがとても大事であることを模擬取材で改めて痛感しました。

これから修習生になる方へ

　最後になりますが、今修習生の方、これから修習生になろうとする受験生の皆さんには、自己開拓プログラムでの修習を検討するにあたって、以下の点を心の片隅に留めてもらえればと思います。

　①　「その修習先に行く意味を自分の中で見出す」

　自己開拓プログラムの修習をより良いものにするための心構えであると同時に、自分が楽しめること、興味を持てる分野を開拓するべきです。実際に私は福岡県弁護士会で広報の会務を担当していますし、企業を研究したいという想いが強くなり結果としてMBAも取得しました。せっかく貴重な修習の時間を使うわけですから、数年後の自分にとってプラスになるような、自己開拓プログラムを計画していただければと思います。

　②　「交渉は大変だが、それも法曹を目指すうえでの修習と考える」

　先述のように、いざ修習希望先が見つかったとしても、コネクションがない限り交渉は難しく、申込み締切（修習地によっては、事前に修習先の裁判所でのチェックがあるそうです。その場合締切はより早くなります）もあって心が折れてしまいがちです。しかし、弁護士をはじめ法曹関係者において「人との交渉」は避けて通れません。修習中はいい意味で迷惑をかけても直接責任を問われない、いわば〝透明人間〟ですから、将来に向けた練習と思って一生懸命交渉にも取り組んでほしいと思います。

　③　「修習先（またはその業界）の予習をして臨む」

　あらかじめ修習先やその業界を勉強することは、修習の充実にとって重要

だと思います。私の場合でいえば、新聞購読はもちろんのこと、現在のメディア業界を題材にした書籍を読むことで、修習中の講義や見学により積極的に取り組むことができました。この点についても、弁護士として「依頼者から相談の概要を聞いた後、関連する法制度をリサーチする」といった準備作業にも通じますので、修習中から習慣づけておくという意味でもぜひ実践していただきたいです。

　皆さんにとって自己開拓プログラムが充実したものになるとともに、皆さんが素晴らしい修習生活を送られることを心より願っております。

執筆者略歴 東京大学法学部卒業。神戸大学法科大学院修了。2013年司法試験合格(67期)。2014年弁護士登録。2015年徳永・松﨑・斉藤法律事務所に入所。2022年弁護士法人かなめにパートナー弁護士として参画。2023年MBA取得(University of Wales Saint David)。福岡市内の大手企業法務系事務所を経て、現在は福祉(介護・幼保・障がい)業界に特化した弁護士法人にて、専門分野である労働法務や不祥事対応などを中心としたサービスを提供するほか、セミナーや研修も多数実施している。また、福岡県弁護士会では広報室・対外広報委員会(委員長)に所属している。

選択修習の思い出

選択修習の選び方

　選択修習はその名のとおり、修習生が自らプログラムを選びます。研修所がさまざまなプログラムを用意してくれているので、その中から興味のある分野を選ぶこともできますし、中には新聞社や製薬会社など、研修所が用意していないプログラムを自ら開拓して飛び込んでいくアグレッシブな修習生もいます（これは「自己開拓プログラム」と呼ばれ、研修所の許可が必要です）。研修所が用意したプログラムの中にも、実務修習地で行われるもの、それ以外の場所で行われるもの（「全国プログラム」と呼ばれています）があります。

　以下では、実務修習地のプログラムを選択した方と、全国プログラムを選択した方の体験談をご紹介します。

Aさん・交通部修習体験記

　私は、選択修習のプログラムを選ぶ際には、実務に出てから活かすことができ、かつ、修習生の間でしか経験できないプログラム、という観点から決めました。実務修習での検察修習は「立場を体験できた」という意味で非常に勉強になったので、私は検察の交通部修習を選択することにしました。

　交通部修習の間の2週間は、実務修習地の検察庁に再び登庁します。2カ月弱毎日通っていたところなので、「戻ってきた」という少し懐かしい感覚がしました。選択修習初日に登庁すると、すでに修習生の人数分の在宅事件が用意されていました。事件の内容としては、主に飲酒運転、無免許運転、自動車運転過失致傷等の事件です。これらの中から、自分が担当したい事件を

選ばせてもらえました。その後の事件処理自体は、実務修習のときと基本的には同じですが、交通事故・交通事犯ならではの専門的な知識や先例などを検察官から教わることができます。私は、将来交通事犯の弁護人になったときのことを想定して、「こうした事案で検察官は弁護人に何を求めているのだろう」「自分が弁護人だったら何ができるのだろう」と考えながら事件処理にあたりました。実際に、指導担当の検察官から率直な意見も聞かせてもらうこともできました。弁護士になれば、検察官じきじきにざっくばらんな意見を聞くことはできませんから、こうした体験ができるのは、まさに司法修習生の特権だったと思います。

　わずか2週間ではありましたが、非常に有意義な時間を過ごすことができ、交通部修習を選んで良かったと思っています。

Bさん・児童相談所修習体験記

　私は、修習生にしかできない経験をしたいと思い、全国プログラムに応募しました。弁護士になったら、組織の内部を見る機会はなかなかないこと、また、検察修習中に未成年者が被害者となった事件や児童相談所との連携が必要な事件などを見学して子どもの虐待問題に強い関心があったことから、全国プログラムの中の児童相談所修習を選びました。

　私が選択修習の応募をした際は、名古屋市西部児童相談所の常勤弁護士でもある指導担当弁護士に対して、履歴書と決められたテーマに沿った小論文を提出しました。それらの書類を踏まえて、受け入れの可否が決められます。受け入れが決定した後は、上記の指導担当弁護士から、宿泊先の選択、事前に知っておくべき情報などの助言をいただきました。特に、私の場合、受け入れ先となる名古屋は土地勘がないため、指導担当弁護士から参考になる助言をたくさんいただけて助かりました。

　選択修習が始まるまでに、児童相談所の設置根拠となる法律を調べたり、児童相談所の働きなどを予習しました。事前の予習は、修習をより有意義にするためには必要不可欠です。しっかりと予習をすることをおすすめします。

私は、１週間、名古屋に滞在し、児童相談所で修習を行いました。１週間といっても、平日の５日間でしたが、大変内容の濃い、素晴らしい時間でした。毎日ある定例会議、児童相談所の一時保護所の見学、一時保護所で行われる授業への参加、関係者会議の参加、記録の検討、外部施設への見学、指導担当弁護士とともに外部講演会の参加......など、いろいろなものを見せていただきました。

　実際に修習を行うことで、児童相談所に対するイメージは大きく変わりました。児童相談所の果たす役割、課題について、考えさせられる日々でした。

これから修習を迎える皆さんへ

　この時期は任官・任検希望者以外も二回試験を意識し始める時期ですので、期間が短いプログラムや負担が少ないプログラムを選ぶ修習生もいます。

　しかし、選択修習の醍醐味は、実務に出てからでは見ることのできない世界を見ることができることです。本で得られる知識であれば、実務に出てからでも得ることができます。しかし、自分が選んだ進路以外の世界を実際に体験し、その体験を通じて得られる知識は司法修習生であるこの時期でしか得られません。

　また、二回試験という大きなハードルを越えた先に待ち構えているのは、長い法曹人生です。法曹の仕事は、職務内容も多種多様であり、悩むことも多くあると思います。それを打破する力をつけるためにも、修習生の間に、できる限り多様な経験をして、いろいろな景色を見て、皆さん自身がなりたい将来像をできるだけ具体的に描いてほしいと思います。

　そして、限りある選択修習の時間の中で、より多くのものを吸収するためには、選択修習を通じて獲得したい目標、知りたいことや学びたいことを明確にしてから修習に向かうことが必要不可欠です。有意義な時間を過ごすためには、貪欲に学ぶ姿勢が何よりも重要であることも心にとどめておいてください。

Part.6

第 **6** 部

二回試験

試験終了です。
ペンを置いてください

　ロースクールに入るまで、麗子は司法試験に合格してしまえば「試験」というものから解放されるとばかり思っていた。しかし、司法修習の最後には、「二回試験」という卒業試験が待ち構えていた。受験者の９割以上が受かる試験であり、普通に勉強して普通に受ければ落ちる試験ではないのだが、それでも毎年10人程度が落ちている。

　二回試験直前の修習生は２パターンに分かれる。「大失敗さえしなければ受かるでしょ」と気楽に構えている者。これは優秀層に多い。そして「多分大丈夫だとは思うけど、もしかしたらその10人に入るのは自分かも……？」と一抹の不安を感じる者。修習中の起案の成績が思わしくなかった者に多い。麗子は後者だった。二回試験の１週間前から、「失敗さえしなければ絶対大丈夫」というポジティブな気持ちと「私だけ覚えていない要件事実が出てきたらどうしよう……」というネガティブな気持ちが交互に押し寄せていた。

　麗子の不安が完全に払拭されることがないまま、とうとう二回試験が始まった。二回試験は司法試験の時よりもさらに試験会場での知り合いの密度が高い。麗子にとってそれがとても心強く、同期の顔を見ると修習中の楽しかった思い出がよみがえって、緊張が和らいでいった。導入修習での同期達との出会い。春には花見に行ったし、夏には教官も誘ってクラス旅行にも行った。集合修習では模擬裁判の準備のために夜遅くまで打合せをしたこともあった。学生でもなく、社会人とも言えない特別な身分での11カ月は勉強も遊びも忙しいとても濃い時間だった。

　しかし、麗子の感傷的な思いは二回試験という、想像していたよりも遥かに過酷な試験によって吹き飛ばされた。研修所以外の試験会場は一般の利用者もいることから、修習生はエレベーターの利用が禁止されていた。毎朝、ぞろぞろと憂鬱な顔の修習生が外階段を上って試験会場へ向かう。初冬の訪れを感じさせる冷

たい朝の風はからかうように麗子達修習生の髪の毛を時には撫でつけ、時にはくしゃくしゃにして去っていった。そして試験が始まれば、終了時間まで会場から出ることは許されない。トイレに立つときも試験監督がくっついてくるし、7時間25分もある試験時間の間に休憩時間も設けられていない。12時から13時まで昼食を取ることが許可されてはいるが、自分の座席から離れることも他の修習生と話すことも禁止されている。そんな過酷な日々が1週間続くのだ。

　二回試験が始まるまでは、「少しでも良い答案を書こう」と張り切っていた麗子だったが、最後の1日を迎えたときには「あと◯時間で終わる……頑張れ……」と自分を奮い立たせて答案用紙に向かっていた。周囲にいた同期達も、初日は互いに目配せしてクスクスと笑う余裕があったが、最終日にはどの顔にも疲れがにじみ出ていた。

　「試験終了です。ペンを置いてください」。試験監督の声が響くと、修習生達の間から「ようやく終わった」という安堵のため息が漏れていた。

● ● ● ● ● ●

　「二回試験お疲れー！」　加賀がビールの入ったグラスを掲げると、湊や上杉、他のクラスメイト達もそれに続く。あちこちでグラスがぶつかる軽快な音が響く。最終日は誰から言い出すわけでもなく、クラスの何人かが居酒屋へ集まっていた。1週間戦い抜いた修習生達は互いをねぎらい、任官・任検・弁護士登録の日までの約3週間をどうやって過ごすかという話に花を咲かせていた。

　一応、司法修習生という立場ではあるが、すべての修習課程を終えて二回試験期間中に修習生バッジも返却しており、みんなで集まる機会ももうほとんどない。誰も口には出さないが、修習が終わってしまった寂しさを感じていた。

　麗子はこれから始まる法曹としての日々への期待と、同期と離れ離れとなってしまう寂しさを噛みしめていた。

第 **1** 章 二回試験とは?

1 二回試験の名前の由来

　須磨麗子さんは、司法修習最後の関門である二回試験を受け終えました。司法修習のプログラムはこれですべて終了となります。麗子さんをはじめとする司法修習生達も肩の荷が降りたと思います。

　「二回試験」とは、正式には「司法修習生考試」という裁判所法67条1項に定められた国家試験で、司法研修所の卒業試験のようなものです。法曹になるためには、1回目の試験である司法試験だけでなく、2回目の試験である司法修習生考試に合格しなければならないことから、「二回試験」と呼ばれています。

　合格発表においては、不合格者数の少なさからか、「不合格者の受験番号」のみが貼り出されるため、「自分の番号がなかった」というのは、二回試験においては「合格」を意味します。ちなみに、残念ながら二回試験に不合格となった場合は、原則として連続して3回まで受験することができます。ただし、試験が受けられるのは1年に1度です。

　二回試験は、司法試験とは異なり、ほとんど不合格にならないと言われています。たしかに、直近5年(執筆当時)の二回試験の不合格者数を見てみると、72期：8人、73期：10人、74期：5人、75期：6人、76期：6人であり、合格率はいずれも99%を超えています。多いと思うか少ないと思うかは自由ですが、司法試験を突破する実力のある集団からも不合格者が出てしまうことは事実であり、油断は禁物です。任官・任検志望の人は、もちろん高得点・高順位を目指す必要があります。必ずしも高得点までは目指さない弁護士志望の人も、もし不合格になれば、事務所などの内定が取り消されるかもしれませんし、1年間の空白期間が生まれてしまいます。

こうしたことを聞くと、人によっては、人生最後のモラトリアムとなる合格発表までの期間は、合否の不安を抱きながらでは満喫できないかもしれません。この章を読んで、確実に二回試験に合格できるようにしっかり準備してください。

　なお、通常の起案の評価はAからEまでの５段階ですが、二回試験では優、良、可、不可の４段階です。一般に、優が約30％、良が約40％、可が約10％、不可が0.5％程度といわれています。そのため、二回試験で「優」の評価をとるのは、A評価を取るよりも簡単ではあります。

2 ｜ 合計試験時間はなんと37時間30分！

　二回試験は、２月末または３月の初旬頃に行われます（なお、12月に修習を終えていた76期までは11月のちょうど中頃に行われていました）。受験会場は、司法研修所（和光市）と大阪の会場があるようで、二回試験の直前に司法研修所で集合修習をしているＢ班と、ホームグラウンド修習・選択型修習の前に司法研修所で集合修習をしているＡ班のうち関東地域の修習生は司法研修所で、Ａ班のうち関西地域の修習生は大阪の会場で、それぞれ受験することになります。

　受験会場が司法研修所の場合、着席時間は午前９時45分厳守ですが、司法研修所への登庁は午前８時30分から、試験室への入室は午前９時30分から認められています。試験時間は、１科目あたり午前10時20分から午後５時50分までの合計７時間30分もあります。ただし、午後１時30分から午後５時30分までは途中退出が可能です。このハードな日程を土日を挟むとはいえ、５日間も実施することになります。

　「お昼ご飯はどうするんだ」と思った人もいるかと思いますが、試験時間中の午後０時から午後１時までは「昼食時間」として設定されています。この昼食時間とは「お昼休み」ではなく、「席でご飯を食べてもいいよ」という時間にすぎず、そのまま記録を読むことも起案をすることも可能です。逆に、席を立つことや私語をすることはできませんし、ましてや昼食を買いに行くこともできません。着席時刻までに、コンビニなどで昼食を買っておきましょう。試験会場内の自動販売機を使うことも禁止されているので、飲料水は多めに持っていくことをおすすめします。高ストレスな環境に身を置くことになるので、おやつを持っていって適宜

食べるのもよいでしょう。いずれにせよ、食べ物や飲み物は、試験日ごとにしっかり準備して会場に臨むようにしましょう。

3 ┃ 二回試験名物の「つづり」とは?

二回試験では、設問が記載されたA4サイズの紙、事件記録1冊、答案表紙、A4サイズの答案用紙（2穴）、付箋(7.5センチ×1.5センチ、緑・黄の2色)が配布されます。また、全科目で『デイリー六法』が貸与されるほか、検察科目では『検察講義案』の抜粋、民事弁護科目では『弁護士職務基本規程』がそれぞれ配布されます。

使用できる筆記用具は、答案作成用には黒インクのペン(ボールペン、サインペンおよび万年筆を含む。ただし、インクがプラスチック製消しゴムなどで消せないものに限る)、草稿など作成用には黒以外のペン類、鉛筆、色鉛筆、消しゴムおよび定規だけであり、私物の付箋を使うことはできません。

試験記入時間終了後に、試験時間とは別に、つづり紐を通すための専用の時間が5分設けられています。つづり紐とは、答案用紙に開いている穴に通す紐で、すべての答案用紙を「冊子」にするためのものです。かつては、つづり紐は試験開始時に配布されていたようですが、現在は、終了5分前に配られています。この5分間でつづり終えなければ試験答案が無効となってしまいますので、注意してください。途中で一部のページの綴り忘れやページ番号の入れ替わりに気づいて危ない思いをした人もおり、綴った後も何回か確認しましょう。

4 ┃ 答案用紙は無制限! 二回試験の答案用紙のカラクリ!

司法試験の答案用紙は最大8枚ですが、二回試験の答案用紙は無制限です。最初に30枚程度配布されますが、試験教室の前に予備が置いてあり、無制限に補充できます。受験生は大体、少ない人でも15枚程度、多い人では50枚以上の答案用紙を使います。この分量の多さに拒否反応を起こしてしまう人もいるかもしれません。しかし、二回試験の答案用紙の量には、実はカラクリがあります。実は二回試験には、司法試験などとは違い、1行ずつ空けて起案をするというルールが

あります。したがって、50枚という量を書いている人でも予備試験や司法試験の答案用紙で換算すると25枚を書いているに過ぎません。15枚程度しか書いていない人だと、7.5枚となり司法試験の8枚よりも少ないことになります。それでも二回試験には受かるのですから、二回試験の分量を過度におそれる必要はありません。このように、捉え方を変えることで、分量に対する拒否反応を克服することが二回試験攻略の第一歩と言ってもいいでしょう。

なお、分量については、先ほど触れたように10枚台から50枚以上書く人まで修習生によってさまざまです。あくまで目安ですが、10枚程度だと少なく、30枚以上書くとよく書けている印象になります。分量それ自体で合否が決まるわけではありませんが、書くべき要素を拾えば自然と分量は増えていきますので、分量と点数にはある程度の相関関係があるといえます。ただし、50枚以上の答案は逆に整理されていない、あるいは余事記載の多い読みにくい答案であることが少なくありませんので、量を書けばよいというわけではなさそうです。

5 ｜ 二回試験＝事実認定起案

二回試験は、全科目に共通している点が1点あります。それは、全科目が事実認定に関する起案であるということです。しかも、どの科目の事実認定も本質的には次の2種類しかありません。①証拠(複数)から認定した間接事実(複数)から要証事実(民事科目では主要事実、刑事科目では犯罪成立要件該当事実)を認定すること、もしくは、②直接証拠から要証事実を直接認定することです。この2種類を5科目それぞれについて行うのです。二回試験突破に必要なものは、この2種類に集約されていると言っても過言ではありません。

この①②は、①証拠(複数)⇨間接事実(複数)⇨要証事実、もしくは、②直接証拠⇨要証事実という図に変換できますが、実際の試験問題の証拠と間接事実をあてはめれば、起案に必要な立証構造の図が出来上がります(図1参照)。

とはいえ、証拠の構造化ができるのは問題文である事件記録の内容をある程度把握してからです。ですから、事件記録の内容を把握するための工夫も必要です。

前著で書かれていたやり方が有益なので、本書でも紹介します。ひとつは、事

図1　立証構造2種類

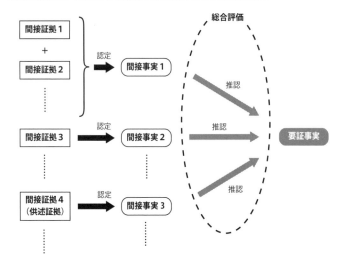

①証拠（複数）から認定した間接事実（複数）から要証事実を認定

②直接証拠から要証事実を直接認定

実と証拠を時系列で並べた時系列表を作成するというやり方です。時系列表を作成することで事件記録を物語式に把握することができます。もうひとつは、付箋を活用することです。事件記録は量が多いですから、付箋を貼らなければどこに何が書いてあったか忘れてしまいます。私は、事件記録に貼りつけているだけでしたが、前著では、ひとつの付箋に、日付、時間、関係人物、事実関係、証拠、事件記録の該当頁数をメモする方法が紹介されていました。この方法は、草稿用紙を3つのエリアに分けて、左側を「原告（検察官）の主張」、真ん中を「動かし難い事実」、右側を「被告（被告人）の主張」と区別し、付箋を時系列順に貼りつけるというものです（図2参照）。こうすることで、事案の把握の正確性と効率性を高めることができるでしょう。

図2　付箋の使用例

```
6/12　16：30　ＸＡ会う＠Ａ自宅（甲４）P.20
```

6 | 問題文の読み方

　「5　二回試験＝事実認定起案」では、全科目に共通する事実認定の構造を説明しました。この構造を把握しておけば、効率的な問題文の読み方も可能です。

　事実認定起案においては、ゴールから逆算することがとても大事です。したがって、問題文を読むときはゴールである「要証事実」が何なのかをまず特定してください。要証事実とは、争点となっている主要事実もしくは犯罪成立要件該当事実ですが、どの科目であっても、起案要領や事件記録を読めば特定することは難しくないはずです。

　要証事実を特定したあとは、これを立証するための証拠を探すことをメインに事件記録を読みます。直接証拠は要証事実さえわかっていれば探すことは難しくありませんが、間接証拠はどういう間接事実を立証できるのか、立証できた間接事実はどういう意味合いを持つのかを読み解く必要があり、これにはかなりの時間がかかります。ここを効率化するために、この事件ならどういう証拠があれば要証事実を立証できるのかについて、仮説を立てて問題文を読むといいでしょう。たとえば、検察科目で被害者の自宅マンション付近での強盗事案で被疑者の犯人性が争われている事案が出題されたとします。そのとき、問題文を読む前に、もしくは、読みながら、被疑者が犯行後近い日時場所で被害物品を所持していないか（近接所持）・犯人の用いた凶器などの遺留物があるか・被疑者がお金に困っていないか（動機の有無）・犯行の機会があったか・被疑者の人着や体格などが犯人の特徴と一致しているか・被疑者の自宅に犯行計画メモがあるかなど、ありそうな証拠の仮説を立てておくのです。そうすると、当たりをつけながら事件記録を読めるので、仮説が何もない状態と比べると、格段に正確で効率的に事件記録を読むことができます。ただし、誤った先入観にならないようにフラットな気持ちで事件記録を読むことも忘れないようにしてください。

第 2 章

二回試験対策

1 司法研修所の起案を復習する

　二回試験対策については、前著の頃から、配布される白表紙などの教材が変わっていたり、刑事弁護科目の司法修習の内容の変更に伴い出題傾向が変化していたりします。そこで、前著の内容を尊重しつつも、76期の司法修習の経験を踏まえ、大幅な加筆・修正を行いました。

（1）二回試験の出題範囲

　二回試験では、民事訴訟法や刑事訴訟法などの手続問題を除き、司法研修所の講義や起案でやっていないことはほとんど出題されません。76期は、民事裁判では通謀虚偽表示の有無、刑事裁判では覚醒剤であることの認識の有無、検察では特殊詐欺の共犯、民事弁護では契約不適合責任、刑事弁護では窃盗の犯人性が出題されました。いずれも、集合修習における「即日起案」を復習しておけばほとんど確実に解ける問題であったと感じています。

（2）最強の二回試験対策とは……

　最強の二回試験対策は、司法研修所の起案を復習することです。その中でも特に集合修習の即日起案は徹底的に復習してください。司法研修所や教官も修習生を二回試験で落としたいと思っているわけではありません。むしろ、きちんと突破してほしいと思っているはずです。二回試験の直前に行われる集合修習の即日起案は、二回試験の対策となるように作られているのではないかと感じています（76期の検察起案では、A班とB班双方で特殊詐欺の問題が出て、二回試験でも特殊詐欺が出題されました。他の班の問題を教えてもらうと出題範囲のヒントとなるかもしれ

ません)。

　教材については、司法研修所で配布されている教材以外をやる前に、まずは配布されたものをシッカリと理解するべきです。優秀とされる先輩修習生が残していった二回試験対策のための資料もあり、もちろん参考にはなります。しかし、一番参考になるのは、公式教材である白表紙や、集合修習の起案やその解説です。司法試験では(過去問の出題趣旨や採点実感はあるものの)公式教材がなかったことを考えれば、これらが非常にありがたい存在であることがわかります。やはり、これらを中心に勉強することが二回試験攻略の一番の近道です。

　司法修習中には、①導入修習における「導入起案」(全科目各1回)、②実務修習における「問研起案」(民裁＋刑裁のみ)と「全国一斉起案」(検察のみ)、③集合修習における「即日起案」(全科目各2回)が実施されます。つまり、弁護科目以外は二回試験前に各4回、弁護科目は各3回行われます(弁護科目の起案は1回分少ないですが、76期では、集合修習において成績のつかない起案が1回追加で行われ、結局4回の起案を行いました)。

　いずれの起案についても、教官による詳細な起案の解説や講評が行われます。公式の答案例が配布されることはありませんが、教官のパワーポイントや配布資料には、必ず「トピック」や「ナンバリング」が付されています。これらを参考にしつつ、そこで何が述べられているのかを検討すると、教官が目指している「起案」が見えてきます。

　これをベースに司法試験の出題趣旨ないし採点実感のようなまとめを作っておき、二回試験直前にこれらを読み込むと、効果的な復習が可能です。

(3) 教官にアドバイスをもらう

　自分の起案の成績評価が振るわなかったときは、思い切って教官にアポをとってみるといいでしょう。教官は、なぜそのような成績評価になったのか、今後はどうすればいいのかなどについて、親身になって相談に乗ってくださいます。

　また、できなかった問題をもう一度起案したうえで、教官に添削をお願いするという手段もあります。対応していただけるかはわかりませんが、少なくとも、有益なアドバイスをいただけることは間違いありません。また、即日起案の結果を見た教官から「これはヤバイ……」と思われた人の中には、呼び出しのうえ、ア

ドバイスや励ましの言葉をいただけた人もいるそうです。

(4) 起案の「型」を守る

　司法試験受験生の時に起案の「型」を指導された方もいると思いますが、二回試験の各科目にも、ある程度「型」があります（詳しくは以下の各科目の解説のところで述べます）。特に検察科目は起案のナンバリングまでがほとんど完全に決まっており、これに沿って書く必要があります。

　検察科目は、以下で紹介する白表紙に型および参考起案が載っていますが、その他の科目は司法試験とは異なり一定の型を入手しにくいという問題があります。そこで役立つのが、教官がA評価とした起案（A起案）です。前の期や同期のA起案を集めて、書き方の参考にするべきです。私もA起案を見て起案の質が劇的に改善しました。優秀な同期に教えてもらうというのもひとつです。私も優秀な同期を見つけて起案の書き方を教えてもらい非常に参考になりました。自主ゼミという形で勉強会をしている同期も一定数おり、学力も友情も深まったことでしょう。

　修習で学ぶ起案の型は、実務に出ても重要です。私は弁護士ですが、訴状や準備書面を書くときは、修習で学んだ型を参考にして起案しています。

　以下、各科目の特徴を簡単にまとめておきます。

---

2 ｜ 検察科目対策

(1) 検察科目の傾向と対策

　検察起案では、犯人性、構成要件該当性などを検討する終局処分起案と、刑事手続に関する小問が出題されます。

　小問は、二回試験当日の極限状態では、存在を忘れてしまったり、解く時間がなくなってしまう可能性があるので、終局処分起案よりも先に解き始めたほうがいいかもしれません。小問対策は、司法研修所から配布される白表紙に『検察演習問題』があるほか、条文で解決できるものや、司法試験で問われるような知識ばかりですから、これまでの復習をしておけば足りるはずです。

他方、終局処分起案については、白表紙として配布される『検察終局処分起案の考え方』(以下、「考え方」)を熟読するべきです。というか、それ以外をやる必要性はほとんどありません。

　また、起訴状記載の公訴事実の記載については、末永秀夫＝絹川信博＝坂井靖＝大仲土和＝長野哲生＝室井和弘＝中村芳生『犯罪事実記載の実務　刑法犯［7訂版］』(実務法規、2018年)などを参考に訓練しておくことも有益ですが、試験当日は配布される『検察講義案』の抜粋を参考にすることができますので、これらを参考にして書けるようにする訓練をしておけば足りるでしょう。

　「刑事系科目の中で、基本となるのは検察起案である」といわれていることもあります。なぜなら、刑事弁護起案は検察官の立証構造を把握したうえでこれに対して反論をする必要がありますし刑事裁判も検察起案の考え方や起案技術を参考にして書くことができるからです。なので、検察起案の型を最初に身につけておくと、他の刑事系科目攻略のカギとなってくれるでしょう。しかも、型は覚えるだけなので非常にコスパがいいです。実は、本書が検察科目から解説しているのはそういう意図もあります。

（2）　「考え方」を外れる起案は即アウト

　「考え方」には、犯人性や犯罪の成否を起案するにあたって検討すべき項目がこと細かに指定されています。たとえば、答案構成は、次頁の図3のように指定されていました。

　ある教官曰く、「考え方」の型を守っていなければ内容が書いてあっても「点が入らない」そうです。したがって、これらは暗唱できるレベルに仕上げておくべきです。ただし、毎回すべて起案しなければならないというわけではなく、共犯性、違法、責任のように、問題にならない場合には省略するものもあります。

　また、「考え方」や教官の解説資料に記載してある構成要件の定義は、これまで学習していた基本書のものと異なる可能性があります。当然ですが、「考え方」に準拠した構成要件の定義をキチンと暗記しておくべきです。

　検察起案では、これらの形式面を押さえておけば、通常の法律家であれば考えないであろう罰条で起訴する、犯人性の検討を忘れるといった例外的な場合でない限り、不合格にはなりにくいと思います。

図3　検察起案の構成例

第1　公訴事実等
1　公訴事実
2　罪名及び罰条
第2　犯人性
1　間接事実
　(1)　被害品の近接所持
　　ア　認定した間接事実
　　イ　認定プロセス
　　ウ　意味付け
　(2)(※(1)と同様に重要な間接事実を記載する)
2　直接証拠
　(1)　直接証拠となる証拠
　(2)　直接証拠であることの理由
　(3)　信用性
3　共犯者供述
　(1)　認否
　(2)　信用性
4　被疑者供述
　(1)　認否
　(2)　信用性
5　結論

第3　犯罪の成否等
1　客観面
　(1)　構成要件要素
　(2)　恐喝行為
　　ア　意義
　　イ　事実認定
　　ウ　あてはめ
　(3)　畏怖
　(4)　財物の交付
2　主観面
　(1)　故意
　(2)　不法領得の意思
3　共犯性
　(1)　共謀の成否
　(2)　実行行為が共謀に基づくものであること
4　違法
5　責任
6　罪数
第4　情状
1　不利な情状
　(1)　当該犯罪事実固有の又はこれに密接に関連する事情
　(2)　一般予防の見地から考慮すべき要素
　(3)　特別予防の見地から考慮すべき要素
2　有利な情状

　ただし、検察官にとって不利な事実から目を背けず、キチンと反論をしておくことも重要です。たとえば、共犯者供述の場合、共犯者が自分の罪を軽くするために、無関係の者に責任を転嫁しようとする「引き込みの危険」があります。

　また、被告人供述についても、犯人しか知りえない事情を供述しているかどうか(いわゆる、「秘密の暴露」の有無)は、信用性の検討において重要な事情となります。さらに、供述に変遷が認められる場合、変遷前の供述をした理由や変遷することに合理的な理由があるかも検討すべきです。このあたりは、実務修習においても、取調べで聞き取っておくべきポイントですから、キチンと修習をしていた

方ならば問題なくできるでしょう。

（3）間接事実ごとの認定プロセス・反対仮説を検討する

　検察起案において、犯人性の検討は、二回試験で最も重視される事実認定の能力が問われるためとても重要です。もちろん、犯罪の成否も重要なのですが、犯人性の検討をした後に書くので、時間が足りない中で書く人も少なくありません。

　犯人性の検討においては、まず認定した間接事実を記載し、「認定プロセス」として証拠や証拠から認定した再間接事実から、その間接事実を認定した過程を具体的に記載します。

　そして、「意味づけ」としてその間接事実の犯人性に対する推認力の強さを評価するのですが、この強さは被疑者以外による犯行が可能かという反対仮説を具体的に検討することで決まります。もし、反対仮説が成り立ちがたいのなら、その間接事実は犯人性に対する推認力が強いと評価しますし、逆もまた然りです。推認力の評価は、「強く推認させる」「相当程度推認させる」「推認力は限定的である」などの表現があります。

　これらを各間接事実について行ったあとに犯人目撃識別供述などの直接証拠の信用性の検討、共犯者供述の信用性・被疑者供述の信用性の検討を行い、最後にこれらを踏まえた総合評価を行い被疑者が犯人かどうかの認定を行います。

　なお、間接事実を記載する際は、推認力が強くて決定的なものから順番に書くと説得力が出ていいでしょう。また、推認力があまりに弱い間接事実は記載しなくてもよいでしょうが、原則的に加点方式なので書くべきか迷ったら書く方を選ぶべきでしょう。

（4）反対仮説は具体的に想定して検討する

　どの起案にも共通することではありますが、事実認定をするためには、ざっくりと認定するのではなく、間接証拠に基づき確実に認定できる「間接事実」から、経験則を用いて、証明するべき事実である「要証事実」を丁寧に推認するべきです。詳しくは刑事裁判科目対策で触れますが、推認過程が雑な起案や、経験則を書いていない起案は、低い評価となるでしょう。優秀な起案というのは、きちん

と反対仮説を想定するなど、反論に耐えうることが論じられているものです。とりわけ、犯人性の検討において、第三者の犯行可能性という反対仮説を具体的に想定して、それらの可能性をひとつひとつ丁寧に潰していくことが、A起案へのカギとなります。

　たとえば、住居侵入窃盗の犯人性が問題となっている事案において、被害者のマンションの部屋の入口は、オートロックされた玄関ドアとベランダに面した窓があるところ、侵入経路はその2つのどちらかといえます。窓からの侵入は、その部屋が5階であれば、通常5階までよじ登ることは困難であるという経験則があるため、電柱やはしご、周囲の建物からベランダに飛び移ることなどがない限り、困難だといえるでしょう。しかし、ベランダが隣室とつながっており、単に仕切りで仕切られているにすぎない場合には、隣室のベランダから、被害者の部屋のベランダに到達することは不可能ではありません。その窓が施錠されていたこと、窓が割られた形跡がないこと、窓のカギの周辺から被害者以外の指紋が検出されていないことなどの事情があれば、それらを記載して、犯人が手袋をしていた可能性に留保しつつも、窓からの侵入可能性は低いと認定するべきでしょう。

　玄関ドアからの侵入については、被告人以外の第三者が玄関ドアから侵入する可能性は十分考えられます。この場合、監視カメラに被告人が映っていたとしても、監視カメラに映らないところから第三者が侵入する可能性もあります。そのため、すべての出入り口に監視カメラが設置されていることなどから、監視カメラの死角から被害者のマンションに侵入することができないことを認定する必要があります。そして、監視カメラに映っている被告人以外の人物がすべて住人であることも重要となります。

　もっとも、そうであるとしても、他の住人による犯行の可能性を潰さなければなりません。たとえば、被害者の居室内に被告人の指紋があったことや、犯行推定時刻から数時間後に被告人が被害品を所持していたことなどを検討することになるでしょう。

　反対仮説の検討は、以上のように具体的に想定して行うとよいでしょう。もっとも、反対仮説の検討の思考過程をすべて書くと時間が足りなくなってしまうので、実際の試験では、もう少し端的にまとめる必要があります。

（5）証拠構造の図を描く

　これらを起案するにあたっては、証拠構造の図を描くとよいでしょう。被告人の犯人性ならば、左側に犯人を、右側に被告人を描き、それらをつなぐための証拠を配置します。目撃者が犯人を見ておらず、犯人と思われる不審な男を目撃したという事例では、犯人と被告人との間に「不審な男」を配置し、犯人と不審な男、被告人と不審な男の共通点について、それぞれをまとめたうえで、証拠を配置するとよいでしょう。

　本文の事例とは異なりますが、平成27年予備試験の法律実務基礎科目（刑事）を題材に描くと、次のようになります。問題文は法務省のウェブサイトからダウンロードすることができますので、ぜひとも検討してみてください。

図4　平成27年予備試験法律実務基礎科目（刑事）における証拠関係図

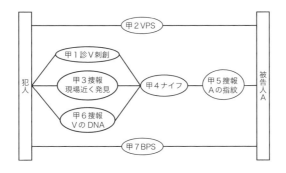

---

3 ｜ 刑事弁護科目対策

（1）刑事弁護科目の傾向と対策

　刑事弁護起案では、想定弁論起案というものが出題されます。研修所では、公判前整理手続終結段階で、あらかじめ公判での証拠調べの結果を想定して作成する最終弁論のことを想定弁論と呼んでいます。かつては、最終弁論の直前、つまり証拠調べ手続終了後に最終弁論を起案する問題が出ていました。

　しかし、実際の刑事裁判で弁護人が無罪判決などを求める判決を勝ち取るには、公判手続の前に想定弁論を作成するべきという考え方のもと出題方式が変更

されました。この出題変更には、想定弁論を作成することで、求める判決を得るために必要な弁論を想定し、その弁論をするために必要な事実や証拠を明らかにするという発想があります。こうしたカリキュラム変更は、司法研修所が、神山啓史弁護士を刑弁教官に採用したことが大きく影響したと言われています。これまで、神山弁護士は、弁護士会から4回も推薦されていたものの、司法研修所の考え方と異なるのか、当時は採用されませんでした。このあたりの裏話については、神山啓史編著『五・七・五で伝える刑事弁護―その原点と伝承』(現代人文社、2019年)に書かれていますので、一読することをおすすめします。

　刑事弁護起案では、検察起案とは対照的に、多くの場合は被告人が無罪であることの想定弁論をする必要があります(より軽い罪にとどまるという想定弁論の場合もありえます)。といっても、弁護人は、わざわざ検察官の主張とは別に、無罪であることを積極的に主張・立証する必要はなく、検察官の主張・立証に対してツッコミを入れて、検察官の立証に「合理的な疑い」を抱かせれば、「疑わしきは罰せず」という無罪推定原則により、無罪を勝ち取ることができます。つまり、検察官の主張の間違い探しをすればよいのです。

　また、最近の刑事弁護起案ではケースセオリーを意識することが重要と指導されます。ケースセオリーとは、被告人側の主張に説得力を持たせる論拠となる事件の説明のことをいいますが、被告人側からの「アナザーストーリー」というとわかりやすいでしょう。ケースセオリーは、常識に合致していて、すべての証拠と矛盾なく事件を論理的に説明できるものである必要があります。このアナザーストーリーを被告人側が積極的に立証する必要はありませんが、これを意識することで説得的な弁護活動を行うことができるのです。逆に、ケースセオリーがないと裁判官を説得できず、目標とした判決を獲得することは難しいでしょう。起案をするときも、このケースセオリーを意識するようにしてください。

　刑事弁護起案の対策としては、白表紙として『刑事弁護の手引き』という薄いものが配布されますが、刑事弁護起案には検察官立証の弾劾という性質があるので、検察官起案の型を習得することも有効です。また、白表紙の『刑事事実認定ガイド』も参考となります。ケースセオリーに関しては、白表紙の『みんなでつくるケース・セオリー』も参考になります。二回試験には直結するわけではありませんが、刑事弁護の入門書として最もおすすめなのは、岡慎一＝神山啓史『刑事

弁護の基礎知識［第2版］』（有斐閣、2018年）です。公判前整理手続をより学びたい方は、宮村啓太『事例に学ぶ刑事弁護入門—弁護方針完結の思考と実務［補訂版］』（民事法研究会、2018年）がおすすめです。なぜ民事法研究会が刑事弁護の書籍を出しているのかという疑問はさておき、とても役立つ書籍です。

　ちなみに、『刑事弁護ビギナーズver.2.1』（現代人文社、2019年）や『情状弁護アドバンス』（現代人文社、2019）、『少年事件ビギナーズver2.1』（現代人文社、2023年）、『外国人事件ビギナーズver.2』（現代人文社、2020年）は、二回試験に直結するとまではいえませんが、実務修習中には威力を発揮するうえ、実務に出てからは必携の書籍です。

　なお、比較的若手（私たちからすると中堅かもしれませんが）の弁護士による「K-Ben Next Gen」という団体のYouTubeや研修、セミナーも参考になります。

（2）目的は検察官の立証を崩すこと

　初歩的なことですが、刑事弁護起案では争点と弁護目標をしっかり確認することがまず重要です。たとえば、窃盗罪の事案で被告人が無罪を主張しているのに、「占有離脱物横領罪にとどまる」という起案をしてしまえば、不合格となってしまう危険性が非常に高いです。予定主張記載書面や被告人の接見メモなどで犯人性を否定すべきなのか、犯罪の成否を否定すべきなのかなどの弁護目標をしっかりと確認しましょう。また、研修所起案では、公判前整理手続の結果が顕出される場合が多いので、そこで争点を確認できます。

　争点を把握した後、弁護人として真っ先にすべき重要なことは、検察官の証拠構造を把握することです。そして、検察官立証のうち、「弱く」かつ「重要」なところはどこかといった間違い探しをするのです。たとえば、他の証拠と矛盾する証拠、供述証拠しかないところ、推認過程に飛躍があるところ、証拠能力を欠くために証拠排除（刑事訴訟規則207条）の主張をできるところが、主たる攻撃対象となりえます。

　証拠排除については、司法試験受験の頃は、端的に捜査の「違法性」を検討すれば足りましたが、二回試験や実務では、それが訴訟上でどのような意味を持つのかを検討しなければなりません。たとえば、「この捜査は違法じゃないか？」と考えても、単にそれを主張するだけでは足りず、「この捜査は違法だから、この証

拠は違法収集証拠排除法則により証拠排除するべきだ」と述べなければならないのです。

（3）検察官の立証構造の把握

　検察官の立証構造を把握するには、検察官の証明予定事実記載書面を見ることが鉄則です。なぜなら、証明予定事実記載書面には、要証事実を立証するための間接事実や直接証拠がしっかり項目立てて記載されていることが多いからです。証明予定事実記載書面とは、「公判期日において証拠により証明しようとする事実」を記載したもの（刑事訴訟法316条の13第1項）ですから、証明予定事実記載書面を見れば、検察官がどの間接事実や直接証拠から公訴事実を立証しようとしているかがわかります。また、それぞれの事実を立証するのに必要な証拠番号が付されているので、どの証拠からどの事実を立証しようとしているかも書いてあります。ですから、証明予定事実記載書面を見れば検察官の立証構造はかなり容易に把握できます。それを見て検察官の立証構造をどう潰すかを考えて記述していくことが刑事弁護起案のセオリーです。このとき、検察科目と同様に図を描くことを強く推奨します。

（4）具体的な論じ方

　刑事弁護の弁論を起案するにあたっては、「被告人は無罪である」「被告人の言い分はすべて真実である」という心構えで臨まなければなりません。これは、不合格となる場合はこれらが守られていない場合が多いといわれるくらい重要なことです。先ほども書いたとおり、記録には被告人の言い分や予定主張記載書面が掲載されている場合が多く、これらと証拠を精査しながらケースセオリーを立てていきます。

　具体的な論じ方としては、主に間接事実を証拠から推認することを否定すること、間接事実の推認力を弾劾すること、供述証拠（直接証拠、間接証拠）の信用性を弾劾すること、間接証拠の証拠能力を否定することが挙げられます。ここで注意すべきは、証拠能力⇨信用性の順を守る必要があるということです。なぜなら、証拠能力がなければ、そもそも証拠とすることができないからです。たとえば、自白ならば、任意性⇨信用性の順に検討することになります。

また、全体としては、検察官の証拠のうち強いものから弾劾するべきですから、客観証拠の弾劾⇨供述証拠の弾劾⇨自白の弾劾⇨アリバイの主張(一部無罪や有罪弁論ならば⇨情状)の順で論じるとよいでしょう。

4 | 刑事裁判科目対策

(1) 刑事裁判科目の傾向と対策

刑事裁判科目では、検察科目と同様に、事実認定起案と小問が出題されています。

事実認定起案については、検察科目や刑事弁護科目と基本的には共通していますので、そこまで難しくはないでしょう。ただし、刑事裁判起案は検察起案ほど決まった型があるわけではないので、ある程度は自由に書くことができます。ただし、この型がはっきりと決まっていないことが刑事裁判起案の難しさともいえます。ですから、以下ではできるだけ事実認定の際に論じる内容や順序を示したいと思います。

対策としては、『刑事事実認定ガイド』などの白表紙を熟読することで、刑事裁判科目特有の考え方をマスターしておけば足ります。刑法各論において必要な経験則を学びたい方には、石井一正『刑事事実認定入門[第３版]』(判例タイムズ社、2015年)もおすすめです。もっと知りたい方には、小林充＝植村立郎編『刑事事実認定重要判決50選[第３版](上・下)』(立花書房、2020年)もありますが、必須とまではいえないでしょう。

小問については、裁判員裁判を意識しているのか、公判前整理手続に関する出題が見られるようになりました。この傾向は、平成28年司法試験や76期の起案にも見られるものです。そのため、公判前整理手続については、実務修習や模擬裁判で勉強をしたうえで、最新判例などもおさえておくべきでしょう。万全な対策を講じたい方は、松尾浩也＝岩瀬徹『実例刑事訴訟法(1)〜(3)』(青林書院、2012年)を一読しておくとよいでしょう。また、小問においても勾留決定の要件該当性や接見禁止の要件該当性などの事実認定が問われることもあります。

なお、最近はあまり出題されないようですが、量刑が問われても対応できるよ

うに、実務修習やニュース報道を手がかりに、量刑相場の感覚を養っておくとよいでしょう。参考図書としては、原田國男『量刑判断の実際［第３版］』（立花書房、2008年）を挙げておきます。

（2）争点の的確な把握

　事実認定起案では、検察官の立証が成功しているのかについて、中立的な視点から判断することとなります。刑事裁判科目において重要となるのは、「争点」と「証拠構造の把握」です。

　刑事裁判では、メリハリをつけて、争点に即した必要十分な限度での事実認定をすれば足りるため、まずは「争点」を把握することが重要になります。争点には、①訴因レベルの要証事実に関する問題、②法的解釈に関する問題、③量刑面における情状事実に関する問題がありますが、二回試験では、主として①の問題が争点となります。

　①については、被告人と犯人の同一性と犯罪の成立の２つに大別できます。「争点」の特定は抽象的にするべきではなく、犯罪の成立ならば、どの構成要件ないし違法性阻却事由の要件に関する事実の有無が争点なのかといったように、具体的に特定しなければなりません。たとえば、「共同正犯の成否」とするのではなく、「謀議の有無」または「正犯性」のレベルまで特定してほしいということです。争点は、記録の公判前整理手続の結果や問題文の中で特定される場合も少なくないので、しっかりと目を通しましょう。

（3）証拠構造の把握

　争点を把握したら、これらを認定するための「証拠構造の把握」をすることになります。このとき、検察科目と同様に、証拠構造の図を描くことが重要になることはいうまでもありません。ここでは、まず、要証事実を推認の過程を経ずに直接的に認めることができる「直接証拠」の有無を検討することになります（ここは間接事実から検討する検察起案とは異なります）。直接証拠の有無の検討では、当該証拠からどのような事実が認められるのかについて、冷静かつ厳格に判断しなければなりません。たとえば、「被告人が犯行時刻頃に被害者方の近くを歩いていた」や「被告人は犯人に似ている」というだけの供述は、間接事実を推認する供述

証拠に過ぎないので直接証拠ではありません。

　直接証拠があるのであれば、直接証拠の信用性判断をすることになり、他の証拠は補助事実として位置づけられます。他方、直接証拠がないのであれば、間接証拠から間接事実を認定したうえで、次いで、間接事実の推認力を評価するという2段階で検討することになります。

　なお、刑事裁判において第一に検討すべきは、検察官の積極方向の立証が成功しているか否かです。消極方向の間接事実や被告人供述の検討は、その後に行うべきです。とりわけ、被告人供述の取扱いについては注意しなければなりません。「被告人の供述が信用できないから有罪」であると認定することは、刑事裁判にとっては自殺行為とされていますし、「被告人は自己の刑事責任を逃れるために虚偽の供述をする利益がある」という認定もやってはいけません。そのような誤りを防止するためにも、被告人の弁解は最後に検討するようにしてください。

（4）証拠の信用性

　供述証拠の信用性については、真実である供述、意図的な虚偽供述のほかにも、供述者は真実だと思っているものの客観的には間違っている供述という3類型があることを念頭に検討しましょう。

　そのうえで、刑事裁判科目では、まず、供述者の利害関係から虚偽供述の動機があるのかを検討し、信用性検討を慎重に行うべきか否かを検討するとよいでしょう。知覚や記憶の条件、供述の変遷、他の証拠の裏付け・符号も重要な点です。次いで、供述内容、供述経過、供述態度も踏まえて、全体的・総合的に評価することになります。証拠の裏付けについては、客観的証拠を中心に検討しつつ、供述証拠については口裏合わせの危険についても検討することになります。

　総合評価においては、要証事実を認定するための供述の核心部分の信用性について、周辺部分の供述の信用性の影響の有無を論じることになります。たとえば、ある供述のうち裏付けのある部分が核心部分でない場合や、他方で、一部の供述について信用性に疑問が生じた場合には、当該一部の供述が核心部分に与える影響の有無を検討しなければなりません。

（5）間接事実からの推認力の評価

　直接証拠がない場合は、証拠から間接事実を認定し、そこから推認力を評価することで、要証事実を認定することになります。

　推認力の評価は、証拠の信用性と混同されがちですが、両者は特に峻別しなければなりません。たとえば、目撃者Wの「犯人は白ブリーフを履いていました」という証言と、「被告人方から白ブリーフが任意提出された」旨の任意提出書があった場合、この任意提出書によって、目撃者Wの証言の信用性が高められることはありません。なぜなら、目撃者Wの証言は「犯人」側の特徴であって被告人側の特徴ではないため、被告人側の特徴に関する任意提出書は、Wの証言の推認力の評価で意味を持つものの信用性判断とは無関係だからです。

　推認力の評価においては、反対仮説を具体的に想定したうえで、その可能性を逐一排除することが必要となるのは、検察科目と同様です。

　また、証拠からストレートに認定できる事実と、その事実を基礎として経験則に基づき推認した事実とを明確に区別することが重要になります。意外と見落としがちなのが、経験則の具体的な中身です。経験的に「そうだな」と思えるような当たり前なことでも、単なる経験的な感覚ではなく、なぜ「そうだな」と思えるのかについて、当たり前の日本語で推論過程を丁寧に論じることがポイントになります。

　なお、「殺意」などの法律概念の該当性については、事実認定に次いで、法的評価が必要となります。法的評価は、当該要件の趣旨に立ちかえって検討すべきであり、たとえば、殺意の場合は「反対動機を形成する機会」があったか否かを検討するとよいでしょう。

5 ｜ 民事裁判科目対策

（1）民事裁判科目の傾向と対策

　民事裁判科目では、訴訟物とその個数、併合態様、要件事実の記載とその説明、争点整理、裁判所の釈明の理由、訴訟上の手続、事実認定など、幅広い範囲から出題されます。しかし、基本的には、刑事裁判と同様に、争点整理能力と事

実認定能力が中心となります。

　争点整理問題については、要件事実の基本的な部分さえ理解していれば十分であり、細かな所にはこだわらない傾向にあります。そのため、白表紙として配布される『新問題研究 要件事実』(通称「新問研」)をマスターしておくことが重要です。法科大学院などで学習したことを忘れてしまった方には、岡口基一『要件事実入門』(創耕舎、2014年)、同『要件事実入門 初級者編』(創耕舎、2022年)が非常に参考になりますので、一読をおすすめします。新問研をクリアした人は、司法研修所編『4訂 紛争類型別の要件事実―民事訴訟における攻撃防御の構造』(法曹会、2023年)レベルの要件事実まで押さえておいてもいいでしょう。ちなみに、岡口基一『要件事実マニュアル』シリーズ(ぎょうせい)は、二回試験との関係では必須ではなく、同書に否定的な裁判官がいることも事実ではありますが、実務修習や実務に出てからは非常に役立つ書籍ですから、購入しておいてもよいでしょう。

　他方、事実認定については、白表紙として配布される司法研修所編『改訂 事例で考える民事事実認定』(法曹会、2023年)で十分です。市販の書籍としては、土屋文昭＝林道晴編『ステップアップ民事事実認定［第2版］』(有斐閣、2019年)も有用ですが、処分証書について「意思表示その他の法律行為が文書によってされた場合のその文書」と定義する『事例で考える民事事実認定』と異なり、「意思表示その他の法律行為が記載された文書」と定義している点には注意が必要です。

(2) 争点整理

　争点整理問題については、とにかく、要件事実論の知識に基づき、六法全書から条文を探して、「請求原因⇨抗弁⇨再抗弁⇨……」と、当事者の主張を要件事実に沿って整理をすることが重要になります。とはいっても、細かい要件事実まで必ずしも覚えておく必要はなく、事件記録の訴状や答弁書がヒントになる場合もあります。要件事実は民法の規定がもとになっているので、万が一覚えていない要件事実が試験で出たら、民法の規定をヒントに自分なりに整理することをおすすめします。こういうときは他の修習生も覚えていない可能性が高いので、諦めないことが大切です。訴訟物については、「請負契約による会場輸送債務の不履行に基づく損害賠償請求権」などのように、債務不履行の場合は不履行原因を示

すことや、単に「本件契約」とせずに「請負契約」というように法的性質を特定することなど、いくつかのポイントを押さえておくと便利です。附帯請求についての指摘は忘れてはなりませんが、起案要領で記載対象から外されていることもあります。

　争点の特定においては、争いのある主要事実を特定しなければなりませんが、当事者の主張を要件事実に沿って整理した後に認否を書いていけばおのずから明らかとなります。ちなみに、主張自体失当の主張があるならば、記載しなかった理由に言及しておくとよいでしょう。

（3）事実認定の判断枠組み

　事実認定においては、争点である主要事実について、①直接証拠である類型的信用文書があり、その成立に争いがない場合、②直接証拠である類型的信用文書があり、その成立に争いがある場合、③直接証拠である類型的信用文書はないが、直接証拠である供述証拠がある場合、④直接証拠である類型的信用文書も直接証拠である供述証拠もない場合の4類型のどれに当たるか（これを研修所では「判断枠組み」といいます）を意識して検討することが重要です。最近の研修所起案では、本件がどの判断枠組みの類型に当たるかについて特定するように指示されます。

　類型的信用文書とは、契約書や手形、領収証などのように、通常は、それに記載された事実が存在しなければ作成されない文書であり、その記載および体裁から、類型的にみて信用性が高いと考えられる文書をいいます。

　類型的信用文書がある場合は、その形式的証拠力と実質的証拠力が争点となります。具体的には、類型①では、その書証の記載内容どおりの事実を認定すべきでない「特別の事情」の有無が争点になります。

（4）二段の推定

　他方、類型②では、挙証者が書証の成立の真正について立証すべきことになりますが（民訴法228条1項）、いわゆる「二段の推定」があるため、その成否が争点となります。

　「二段の推定」とは、我が国では自己の印章は厳重に保管・管理し、理由もなく

図5　事実認定の判断枠組み（民事裁判）

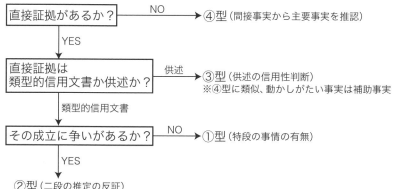

他人に使用させることはないという経験則があるため、文書上の印影が本人の印章によって顕出されたものであるときは、反証のない限り、その印影は本人の意思に基づいて顕出されたものと事実上推定する「一段目の推定」（最判昭39・5・12民集18巻4号597頁）と、「本人の意思に基づく押印があるとき」には、民訴法228条4項により、その文書全体が同人の意思に基づいて作成されたものと事実上推定する「二段目の推定」の総称です。

　「二段の推定」をめぐっては、一段目の推定に対する反証として、印章の盗用ないし冒用、押印が困難ないし不自然であることが、二段目の推定に対する反証として、白紙を悪用された、文書作成後に改ざんされたことなどの主張がなされますので、これらの成否を中心に検討することになります。

（5）間接事実による事実認定

　これに対し、類型的信用文書がない類型③では、直接証拠である供述証拠の信用性（実質的証拠力）の判断が中心となります。また、直接証拠のない類型④では、もっぱら間接事実を積み上げることによって、要証事実の存在を推認することができるかが争点となります。ただし、類型③は、本人の供述の信用性を間接事実や証拠との符合から検討する場合が多いため、実質的には、類型④に類似してい

るとも指摘されています。

　これらの場合、間接事実を証拠から認定して挙げていくことになりますが、当事者に争いのない事実、当事者双方の供述などが一致する事実、成立の真正が認められ信用性が高い書証に記載された事実、不利益事実の自認といった「動かしがたい事実」を認定することが最も重要となります。そのうえで、原告ないし被告の主張するストーリーのうち、どちらが「動かしがたい事実」と整合するかを検討することになるのです。このとき、事実や証拠の全体を俯瞰する視点も忘れてはなりません。

　さらに、最近の民事裁判起案では、間接事実を挙げていくときに、ただたくさん列挙するのではなく「視点」を設定して一定のまとまりごとにグルーピングして論じるように指導されます。たとえば、1000万円の金銭交付が貸金か贈与かが争われている貸金返還請求事例において、「資金繰り」や「贈与と当事者の関係」に関する間接事実が複数あれば、それを「視点」として設定してそれに該当する間接事実はひとまとまりとして論じるべきです。視点設定をすることで各間接事実が有機的に関連し、全体として説得的な事実認定ができます。もし、良い視点設定が思いつかないなら、「事前の事情」「当時の事情」「事後の事情」という時制を基準に視点設定するという安全策を紹介しておきます。

　事実認定においては、㋐事実認定と㋑事実評価を明確に区別するべきです。そのためには、㋐事実認定として、「動かしがたい事実」を確定し、反対方向の間接事実を排斥したうえで、㋑事実評価として、具体的な反対仮説を指摘して排斥し、反対方向の事実について合理的な説明をしなければなりません。このように、事実認定は、「仮説の構築とその検証」を続けることになりますが、反対仮説を具体的に特定して排除するということは、検察や刑事裁判科目と同様です。複眼的思考を持って、自分の仮説が正しいのかを絶えず検証し、その思考過程を起案に記載することが重要なのです。とりわけ、自分の結論が「動かしがたい事実」と矛盾したり、合理的な説明ができなかったりした場合には、結論を変えることも考えておかなければなりません。

6 民事弁護科目対策

(1) 民事弁護科目の傾向と対策

　民事弁護科目においては、最終準備書面起案と小問として保全や執行、弁護士倫理、和解条項作成などが出題される傾向にあります。

　最終準備書面起案については、民事裁判のような中立的な主張ではなく、原告（ないし被告）となっている依頼者の立場から、最大限有利な主張をしなければなりません。とはいえ、複眼的思考が重要であり、依頼者にとって不利益な事実から目を背けずに、きちんと説得的な反論をしなければなりません。

　小問については、白表紙として配布される『民事弁護の手引き』『民事弁護教材 改訂 民事保全［補正版］』『民事弁護教材 改訂 民事執行［補正版］』が役に立ちます。民事保全や民事執行については、和田吉弘『基礎からわかる民事執行法・民事保全法［第3版］』（弘文堂、2021年）もありますが、基礎的な知識しか問われない二回試験との関係では、ややオーバースペックでしょう。

(2) 民事弁護起案は党派的主張をする

　まず、最終準備書面なのであれば、指示がない限り、すべての要件事実を論じる必要があります。特に争点となる要件事実については厚く書く必要がありメリハリも重要です。民事弁護科目であっても、要件事実論による争点整理、要証事実とその推認方法、推認過程の説得的論証といった点は、他の科目と変わりません。

　民事裁判科目との最大の違いは、依頼者の立場から最大限有利な主張をする点です。そのため、見出しについても、「金銭の返還合意について」といった中立的な記載ではなく、「金銭の返還合意があったこと」といった記載にすることになります。

　事実に関する主張については、まずは要証事実となる直接証拠があれば冒頭で指摘しましょう。被告側の場合は、自分の言いたいことを書くのではなく、原告の主張をきちんと分析して弾劾することが重要になるのは刑事弁護と同様ですが、間接事実について論じるにあたっては、これらを淡々と記載するのではな

く、法的文書の体裁を残しつつも、依頼者側のストーリーを積極的に論じるべきであるという点は、民事弁護の特徴かもしれません。

　民事弁護起案では、読み手の読みやすさのために、結論を先に書くことを特に意識しましょう。たとえば、貸金の返還合意があったことを主張するときは、先にその結論を書き、その後に理由を書きましょう。また、特に最終準備書面では、「総論」として最初に主張のまとめや結論を書き、最後にも「結語」として結論を書きましょう。こうすることで締まりのある文章の体裁になります。形式を整えることも大切です。

　なお、訴状起案では、修習を通して教官から指導されると思いますが、請求原因と関連事実は分けて書くようにしましょう。関連事実では、相手方から予想される抗弁や反論に対してあらかじめ反論することも必要です。また、請求の趣旨は訴訟費用を被告の負担とすることや、仮執行の宣言を求めることなどを忘れないようにしましょう。

　答弁書については、他の書面と大きな違いはありませんが、認否については、安易に自白を成立させないよう、相手の主張する事実を認めるときは範囲を明確にすること（「その余は否認する」はOKですが、「その余は認める」は原則NGです）、否認するときは理由を書くことなど基本的なところを守りましょう。

（3）証拠に基づく主張をする

　事実を論じるにあたっては、細かく、豊富に、重複を恐れずに、証拠に基づいて記載することが重要になります。

　たとえば、貸付ではなく贈与であるとの主張をする場合には、「令和7年8月頃原告が被告宛に作成した『祝』と題する書簡（乙4）に、『お祝いの意味を込めて』、『自由に使いなさい』とあり、また、被告から原告への電子メール（甲5の2）に、『いただいて』、（金銭ではなく）『仕事でお返しします』とあるのも、貸付ではなく贈与であることを端的に示している」というように記載するべきでしょう。

　また、読みやすさを確保するためにも、間接事実はある程度グルーピングする必要があります。論じ方の順序は、自己の主張が成り立つことの後に、相手方の主張の不合理なポイントの指摘、自己の主張の弱い部分の合理的説明をするとよいでしょう。

また、私の印象では、民事弁護起案では決定的な証拠があるなど明らかな勝ち筋の事件は少ないと感じます。そのような厳しい状況でも、地道に証拠と間接事実を積み上げて主張・立証していく粘り強さが問われていると思います。自分に不利な相手方の主張や証拠を弾劾していくことも忘れないようにしましょう。

（4）小問について

民事保全と民事執行は、主に、条文などの基本的な知識が穴埋め形式で問われる傾向があるので、難しい論点などを勉強することは必ずしも重要ではありません。対策としては、条文をよく読んで基本的な用語を把握しておくことと、集合修習の即日起案の小問が二回試験でそのまま出ることがあるので、よく復習しておくことが大切です。弁護士倫理やその他の問題についても、弁護士職務基本規程や集合修習で取り扱われたところをよく確認しておきましょう。

7 ｜ おわりに

以上、二回試験対策について述べてきました。

私は「自分なら修習の起案はできるでしょ！」と思っていました。予備試験に合格し、司法試験もオールＡで合格しており法律の試験には自信があったからです。任官や任検も志望しておらず、はっきり言って起案についてはほとんど対策していませんでした。ところが、修習に行くと起案の成績はいまいちだったわけです（笑）。かといって、対策しようにも、司法試験とは違い、司法修習の情報は本やネットにたくさんあるわけではないため、受け身の状態では起案の対策は難しいところです。私は、修習後半からは徹底的に情報収集を行い、集合修習では成績も持ち直し、二回試験も難なく突破できました。この章では、二回試験オール「優」の前著者の記述も反映させつつ、自分の反省を活かして、誰でも起案ができるようになるための最新の情報を詰め込んだつもりです。

任官・任検志望の人はともかくとして、多くの人は「優」を狙うのではなく、とりあえず合格すればよいという考え方だと思います。しかし、どの道に進むにしても、起案ができるに越したことはありません。先にも述べましたが、弁護起案をするには裁判起案や検察起案を理解していることがとても役立ちます。５科目

はそれぞれ有機的に関連しているのです。

　修習給付金については議論があるところですが、修習が1年間生活費を保障されて勉強ができる貴重な機会であることは間違いありません。せっかくの機会を得たのですから、5科目すべての起案技術をしっかり習得して実務家としての礎を築いてほしいと思います。

　なお、「優」を取りたい人も、天才的な閃きを思いついたときこそ、一歩引いて冷静になってください。「優」の起案は、基礎的な記述を積み上げることによって完成するものであって、独創性を積み重ねるものではありません。突飛な考え方は「この修習生を実務家にすると危ない」などと採点官に思われて致命傷になりかねません。

　いずれにせよ、本稿を参考にして、ご自身なりの対策をしっかりとしていただければ幸いです。みなさんの二回試験合格と充実した司法修習を心からお祈り申し上げます。

エピローグ

麗子の選んだ進路は?

「みんな合格おめでとー!」

　加賀がビールの入ったグラスを乾杯よろしく掲げてみせた。

　午後7時を過ぎて仕事帰りと思われる客で賑わい始めた店内に、麗子、湊、加賀、上杉といういつもの4人が揃っていた。

　この日は二回試験の不合格発表日（二回試験で発表されるのは合格者の受験番号ではなく、「不合格者」の受験番号なのである）だった。翌々日には弁護士の一斉登録が控えており、そのすぐ後には裁判官・検察官の内定も出る予定である。修習生達が「実務家」としてそれぞれの就職地に散っていく日が近づいている。麗子達は、その前に最後に4人で会おうと約束していたのだった。実務に出てしまえばこれまでのように、いつでも集まることはできなくなる。検察官や裁判官になれば、赴任先だってどこになるのかわからないのだ。弁護士になったとしても、最初は仕事を覚えることで精一杯で、同期と集まる余裕がないかもしれない。事務所によっては登録直後から夜遅くまで働かせられるところもあると聞いている。そうした事情を考えると、二回試験発表後に集まれるのはこのタイミングしかなかったのだ。

「ようやく実務に出れるんだな」

　店の看板メニューであるこぶし大の大きな唐揚げにかじりつきながら湊が3人の顔を見回した。

「でも、みんなバラバラになっちゃうね……」

麗子が寂しそうに目を伏せる。

　加賀は、こうした場面で素直に感情表現ができる麗子が好きだった。修習が始まった当初は、いつもどこか自信なさげで、迷子になった子どものように自分の居場所を探し求めている麗子を放っておくことができず、あれこれと世話を焼いていた。

　実務修習に入ってほどなくして、加賀は麗子から半泣きで「目指すべき法曹像がわからない」と相談されたこともあった。加賀だってどうしたら麗子が目指すべき法曹像が見つけられるかはわからなかったが、

　「私はさ、父がお世話になった弁護士さんの仕事ぶりを見て、自分がその弁護士さんみたいに働いているイメージがぱーっと広がったの。『これだ』って思って、なんだか居ても立ってもいられなくって、走り出したいくらいの衝動を感じたんだよね。だから麗子も実務修習で自分が働いている姿がイメージできるかどうかで考えてみたらどうかな」

とアドバイスしたのだった。

　麗子が加賀のアドバイスをどのように受け止めたかはわからないが、実務修習を経ていくにしたがって、麗子の自信なさげだった目つきが徐々に変わっていき、生き生きと輝きだしていた。そんな麗子を加賀は喜ばしく見守っていたのだった。

　「でも、まさか須磨さんが法曹三者の中でもそっちを選ぶなんてね」

　上杉が穏やかなほほ笑みを浮かべた。
　麗子は少し照れたように上杉にほほ笑み返していた。

　「進路はギリギリまで悩んだんだけどね。実務修習でいろいろ現場を見させてもらっているうちに走り出したくなっちゃったの」

麗子は加賀を見て意味ありげににっこりと笑った。

「走り出す……？」

上杉は麗子の発言の趣旨をつかみ切れず、同じように困惑した様子の湊と顔を見合わせた。

「須磨さんって陸上部だった……の？」

麗子と加賀は上杉の発言にケラケラと楽しそうに笑いだした。店の大きな窓からは冬の日差しが差し込んでいた。麗子は少し濃いめのレモンサワーを美味しそうに飲み干した。

麗子の選んだ進路は？

1 | まだ何者でもないあなたへ

　本書を通じて、修習生の過ごす1年間を追体験できたのではないでしょうか。司法修習は、1年間があっという間に感じるほど、実にたくさんの分野を広く深く凝縮したカリキュラムとなっており、本書では書ききれていないこともたくさんあります。そんな司法修習を終えたあとは、一回りも二回りも成長したような気持ちになっていることでしょう。

　何となく法科大学院に進み、司法試験を目指し、いざ司法修習が始まるにあたっても何者になるかも決めきれておらず、自己紹介も苦手で半泣きで加賀さんに「目指すべき法曹像がわからない」と相談していた須磨麗子さんも、大きな成長を遂げ、頼もしく未来に向かって走り出していきました。何となく違和感を抱えていた彼氏の島津さんにもきっぱり自分の意見を伝えて……。前著の主人公、神戸恭子さんもすっかり頼もしい弁護士に、恭子さんの同期の烏丸都子裁判官もテキパキしたかっこいい裁判官になっていましたね。

　さて、ここでひとつ種明かしを。

　本書の始めではまだ何者になるかもわからずに右往左往していた須磨麗子さんは、実は本書を読んでくださった読者の「あなた」です！　もちろん、読者の皆さんの中には、検察官志望の湊さん、裁判官志望の上杉さん、弁護士志望の加賀さんのように何者になりたいかを決めている方もいらっしゃるでしょう。一方で、麗子さんのように、何となく弁護士かな……、裁判官かな……、検察官かな……、どうしようかな……、と思い悩んでる方も多いのではないでしょうか。

　私たち編集委員は、そんな読者の皆さんを想像しながら、メインテーマとして、司法修習でどのようなことが学べるのか、司法修習をどのように過ごせば実りあるものにできるのか、という情報やヒントを盛り込みつつ、裏のテーマとして、司法修習を通じてまだ何者でもないある一人の修習生が一人の法曹へと成長していく姿も追体験できるよう、本書を組み立てました。

　あわせて、いろいろなバックグラウンドをもつ法曹がいること、法曹と一口にいっても活躍には広大なフィールドが広がっていることをお伝えするため、多くの実務家からコラムを寄せていただき、読者の皆さんへのエールを目いっぱい詰め込みました。

まだ何者でもない状態は、言い方を変えれば、何者にでもなれるということです。司法修習では、可能性の塊である修習生として過ごす貴重な時間をぜひ大切にしていただきたいと思います。まだ何になるか決めかねている方は、麗子さんが最後にどのような選択をしたのか、司法修習を経てご自身で答え合わせをしてみてください。本書の湊さん、上杉さん、加賀さんのように確固たる志望がある方も、ご自身が目指している以外の法曹の活躍する裏側を見ることのできる機会を大事にしてほしいと思います。法曹一元制をとっていないこの国では、なかなか法曹三者が互いの仕事を知る機会はなく、司法修習は自身の選択しなかった道を間近で見る希少な(もしかしたら最後の)機会となるでしょうから。

2 ｜ 司法修習を終えたら

(1) 1日目から一人の専門職！

　せっかくなので、司法修習の少し先の未来のお話をしましょう。司法修習を終えて法曹三者として働き始めると、1日目から1人の専門職(！)です。一人前かはともかく、法曹ではない方々の前では1人の専門職として仕事をこなしてみせなければなりません。

　弁護士の多くは1年目から法律相談や刑事事件に1人で繰り出すことがあるでしょうし、裁判官も基本は合議体の左陪席として過ごしつつ、令状審査は1人でこなしますし、検察官も軽微な事件からではあるものの1人でいくつもの事件を抱えることになるでしょう。

　私自身、弁護士登録後、事務所に初めて出勤した際、事務局さんに「〇〇先生」と声をかけられて、すぐには自分のこととも思えず、自分が呼ばれたと気づいてもむずがゆい気持ちになったことを覚えています。また、私の所属する弁護士会では、1件国選弁護事件を受任する研修があり、比較的軽微な事件が配点されるのですが、事件を担当した検察官も同じ1年目で、単独事件の担当裁判官に生暖かい目で見守られながら被告人質問や弁論をしました。

（2）初めての少年事件！

　思い出話をいくつか。

　私にとって初めての刑事事件は、窃盗で逮捕された少年の認め事件でした。この事件は先輩弁護士と２人で対応しましたが、接見は私１人で通うことも多く、被害者との示談交渉も任せてもらったこともあり、初めて１人で当事者対応をした事件でした。アクリル板越しに不安そうな顔をした少年からすれば、そこにいるのが１年目の弁護士か、10年目の弁護士かは関係ありません。彼・彼女にとって私が外界との唯一の接点であり、警察官・検察官からの追及を受ける中での唯一の味方であるわけです。非常に緊張し自分のアドバイスが間違っていないか不安を感じながらも、もともと少年事件がやりたくて弁護士になったのもあり、自分にできる限りのことをしようと心が奮い立ったことを今でも覚えています。川崎拓也さんの「刑事弁護人になるということ」[→129頁]にあるように、刑事弁護は人の人生に触れることであり、やりがいとともに厳しい局面にも立ち向かうことになるのだということを、身をもって知ることになりました。

　事件を遂行するうえでは、司法修習での経験がとても役に立ちました。連日の接見の中で少年にどのような声をかければいいのか、どのようなアドバイスをすればわかりやすいかといった点は、弁護修習中に刑事弁護修習の里子に出してもらった先生の話ぶりが参考に。どのような事件として意見書を組み立てればいいかは刑事弁護修習で学んだブレストをしながらケースセオリーの考え方を駆使して。少年審判の実際の進め方は家裁修習中に見学した流れを思い返しながら。その結果、家裁送致段階で観護措置をとられず少年が一時帰宅でき、審判結果も不処分を得ることができました。何より、少年自身がみずからの課題に真摯に向き合った姿を裁判官が認めてくれたこと、そのお手伝いができたことが嬉しかったです。

（3）初めての法律相談＆個人受任事件！

　私にとって初めての法律相談デビューは、無料法律相談会でした。１枠30分でいくつかの相談を受ける中で、自己破産事件を受任することになりました。私にとっては、初めての個人受任事件でもありました。

　依頼者は少しコミュニケーションに特性がありました。聞かれたことにだけ答

える（＝「実はこの点も気になって」というフォローが発生しない、問いかけが適当でないと回答が出てこない）、言われたことだけやる（たまにそれすらもやらない……）、ご自身で判断して物事を処理するなど、新米弁護士の私はなかなかに振り回されました。たくさんの聴取不足が発覚し、いろいろな軌道修正が必要となりました。結果としては、無事に事件を終えることができましたが、中村真さんの「コラム4 法律相談入門」[→72頁]にもあるように、相談者が話していない事実をどのように聞き出すのかなどの「視点」を意識して、指導担当弁護士の法律相談を見ておけばよかったと後悔しました。起案は自分で手を動かして添削を受けられるので軌道修正ができるのですが、法律相談は横でボーッと見ていると、法律の知識だけはあるので「うんうん、そうだよね」で終わってしまいがちです。本当は、その結論を導く情報収集や、その結論をどう相談者に伝えるかが非常に大事かつ見ておかねばならないポイントだったと今では思います。

（4）司法修習がなかったら

　結果として、いずれの事件もなんとかこなしきることができ、司法修習で学んだことに感謝したり、司法修習でもっと心がけておけばよかったと後悔したりしました。こうした経験を積み重ねていきながら、今も仕事をしています。

　振り返れば司法修習を過ごす中で、司法試験の勉強だけでは身につかない実践的な知識や、実際の事件の流れを間近で見たことで、なんとか1年目からの実務についていくことができました。もしも修習を経ていなければ、1年目はまったく使い物にならなかったでしょう。ロースクールでも実務科目はありましたが、生の事件に触れる機会はほとんどない一方で、修習の間はすべて実際の生きた事件が教材です。修習も経ずにいきなり事件を担当するとなれば、どうしたらよいかわからなかったと思いますし、事件処理の中で致命的な見落としや深刻な処理不能が発生していたかもしれません。

　また、司法修習の座学で学んだ基本的なものの考え方も、今の仕事の基礎となっています。たとえば、刑事弁護のケースセオリーの考え方は、もちろん上にあげたような実際の刑事事件でも役に立ちますが、南川学さんの「教官から伝えたいこと」[→101頁]にも述べられているように、「ケース・セオリーに基づいて一貫した弁護活動を行う」ことを学ぶことそれ自体が、法曹実務家にとって基本的

かつ普遍的な技能や思考方法を習得するプロセスとなっています。1年目で初めてやった民事事件の尋問でも獲得目標を考えるうえでケースセオリーの考え方を使うことができましたし、実際の尋問も刑事弁護で学んだ尋問技術が役に立ちました。

3 ｜ 司法修習の過ごし方

(1) 苦労は買ってでもせよ

　私自身の反省も踏まえながら、司法修習を過ごすうえで、心がけるとより充実した司法修習が送れるだろうことをお伝えします。

　まずは、「苦労は買ってでもせよ」ということです。前著のエピローグにも同じ言葉がありましたが、これ以上に最適な言葉が思いつきません。

　司法修習は、例えるなら自動車運転免許の教習所内のコースのようなものだと思います。私たち法曹は、いずれの道に進むにせよ、誰かの人生の大きな節目に接し、その結果に影響を与えうる立場にあります。ちょっとしたミスが大きな事故につながりかねません。ですので、いきなり公道を走りだすのではなくまずは教習所のコース内を練習するように、いきなり生の事件を自分自身で担当するのではなく、まずは見て学び、見様見真似で練習してみることが必要です。

　司法修習で指導を受ける研修所の教官や実務修習地の指導担当はとても優秀な法曹が多いです。その指導の下で、実際の生きた事件を教材に実務に向かう練習ができます。練習だから失敗してもいいですし、むしろたくさん練習してたくさん失敗して学ぶ機会を得るくらいの勢いでいいと思います。それぞれの実務修習の中で任意参加の勉強会やプラスアルファの里子修習などにも挑戦してみるとよいでしょう。

　私自身は、弁護修習先で司法修習の時間外に接見に同行したり委員会傍聴したりしたこと、検察修習先で里親検事の取調べ見学を何回かお願いしたり他の修習生の取調べ時の立会いに積極的に入るようにしたこと、裁判修習で記録を読み込んでできる限りたくさんの事件に触れてみたことなどは、やってよかったと感じています。一方で、「書きすぎて間違っていたら恥ずかしいから、堅いところだ

け書いておこう」という気持ちで起案の際にセーブをかけてしまったり、「志望ではないから少し控えめにした方がいいか」などと思って過ごしてしまったりした場面もあり、もったいないことをしたと反省しています。

これから司法修習に向かう読者の皆さんには、ぜひ、失敗を恐れずに起案してコメントをもらう、事件の見立てについて指導担当と議論してみる、時間外の活動もできる限り参加してみるといったことを心がけてみてほしいです。

ちなみに、教習所内のコースで練習を積んで仮免許を取得して公道を走れるようになっても、しばらくは隣に教官を乗せて危なくなったらブレーキを踏んでもらうように、実務に出た後もしばらくは先輩の指導を受けながらOJTで学んでいくことになります。法曹人生の道はとても長く、私自身もまだまだ仮免許です。

（2）自身の志望ではない分野こそ積極的に

本書の湊さん、上杉さん、加賀さんのようにすでに志望を固めていらっしゃる読者の方も、だからこそ他の分野の修習に力を入れてみるのはいかがでしょうか。

司法修習は法曹三者が他者理解を深める場でもあると思います。最初に少し触れたとおり、日本では法曹一元制が採用されておらず、法曹三者がそれぞれの立場を理解するのは難しいようにも思います。そうした中で、司法修習では数カ月をそれぞれの懐の中に入り込んで研修生として過ごすため、自然とそれぞれの法曹がどのような心持ちで事件に取り組んでいるかを知ることができます。懇親会で裁判所や検察庁の上の方とざっくばらんにお話ししたことも、今となってはなかなかできない経験だったと思います。私は、研修所の教官や実務修習地での指導担当などに恵まれたのもあり、法曹三者がそれぞれの立場に立ちながらも、日々より良い司法の実現のために切磋琢磨していること、一つひとつの事件に虚心坦懐に向かい合っていることを感じることができました。私自身は修習が始まる前に弁護士事務所の内定をもらっており、最終的には弁護士になりましたが、麗子さんのように「こっちもいいな」を真剣に悩んだこともあります。修習をしてみたら志望が変わった人というのは意外に少なくありません。

また、「敵を知り、己を知れば百戦危うからず」という言葉もあるように、事件処理にあたり、反対当事者や判断者の思考を知っていることは非常に有益です。

私自身、起案の中で事実認定や終局処分の考え方を学んだことや実務修習の中で他の法曹の仕事を見たことが今でも普段の業務に活きています。「検察官だったら、裁判官だったらどのポイントを気にするだろうか？」を考える際に、検察庁や裁判所で過ごした時間を思い出します。もっと起案を見てもらって、もっと議論させてもらえばよかった、と思うこともたびたびです。

　分野という意味では、弁護士の中でもさまざまな専門分野やさまざまな生き方があります。本書でも、今までに紹介した以外の弁護士志望者へのコラムのキーワードだけあげると企業内弁護士・社会人を経た後の司法修習（吉田成希さん[→163頁]）、町弁・妊娠出産（坂本知可さん[→141頁]）、弁護士×プロレスラー（川邉賢一郎さん[→135頁]）、ファッションロー（海老澤美幸さん[→105頁]）、公共訴訟（亀石倫子さん[→123頁]）、スクールロイヤー（岡田常志さん[→111頁]）など多くの寄稿をいただきました。いずれも法曹という仕事の裾野の広さを知ることができるものばかりで、編集委員をしている私自身も非常に勉強になりました。修習の中でも、少し目を向ければ指導担当弁護士やその同僚弁護士の取り組んでいる分野、弁護士会の提供するさまざまなプログラムなど、視野を広める機会がたくさんありますから、ぜひ積極的にチャレンジしてみてください。

（3）修習生特権を存分に、でも感謝を忘れずに

　法曹三者は同じ世界に入ってくれる期の若い人を歓迎するのが好きなようで、修習生はどこにいってもかわいがってもらえるでしょう。基本的には、疑問に思ったことはどんどん聞いてみると快く教えてくれますし、見たいもの、聞きたいことがあれば伝えてみてください。仮にその方自身は知らない分野でも詳しい方を紹介してくれたり里子に出してくれたりします。修習はアフターファイブの時間もありますから、勉強会や講演会などに積極的に顔を出すのもいいでしょう。気になる方にお話を聞く際のハードルを下げるTipsとしてベロスルドヴァ・オリガさんの「世界に躍る仲間、募集中！」[→117頁]が教えてくださった「Coffee Meeting」は私も修習生時代に知っておきたかったくらいです。とはいえ、特に弁護士は司法修習生にご馳走するのが好きな方も多いですから、美味しくご馳走していただけるときは、ありがたくいただきましょう！

　アフターファイブという意味では、やや余談ですが、人権問題や社会問題に関

心がある方は、司法修習生フォーラム[→223頁]に参加してみるのもよいでしょう。私が修習生の頃は、7月集会という名前でしたが、私自身がこの司法修習生限定の活動に参加した際には、講師依頼をした先生方に親切にしていただけましたし、他の修習地の司法修習生とも仲良くなることができました。

　また、修習生特権は存分に活用してほしいですが、一方で司法修習に関わってくださる関係者への感謝の気持ちは忘れないようにしてほしいです。法曹三者だけでなく、検察庁であれば検察事務官、裁判所であれば裁判所書記官、調査官、調停委員、弁護士事務所であれば事務員など、本当にさまざまな人が司法修習を支えてくれています。民事弁護修習、民事裁判修習の章でも触れてあるとおり、司法修習生という身分であることをわきまえず、横柄な態度をとることがないようにしましょう。司法修習生の身分やどこまで何ができるのかということは実は難しい問題で、検察修習の章で触れた、司法修習生が取調べをすることに関する相島六原則の考え方にも表れるとおり[→239頁]、司法修習生が当然に何かを行う権限があるわけではないこともあります。

　今までの司法修習生達が築き上げてきたものの結果、今日のような充実した司法修習を受けることができています。仮に司法修習生が問題を起こせば、その司法修習生自身が学ぶ機会を失う結果にもなりますし、後輩たちから学ぶ機会を奪うことにもなりかねません。

4 ｜ 司法修習のその先へ

　まだ何者でもないあなたへ、ということでまだ見ぬ読者の皆様を想像して編集委員一同、新版を作り上げました。

　実を言えば、私自身は本書の前著である『司法試験に受かったら―司法修習って何だろう?』に目を通すことなく司法修習を終えてしまいました。前著も司法修習に向けた心構えや知っておきたい有益な情報が盛りだくさんで、司法修習に行く前に読んでおけばと後悔しました。ちなみに、本書は前著とは別のコラム・体験談を用意したり、本文にもいろいろな修正が加わっていますから、本書を読んだうえでぜひ前著も読んでいただければ、より司法修習のリアルがわかるのではないかと思います。

司法修習について学ばんと本書を手にとって、さらに本書の最後まで真面目に読んでくださるあなたは、（少なくとも私よりは）しっかり充実した司法修習を送り、麗子さんと同じように魅力的な法曹の一人として走り出していくことでしょう。ここまで先輩面した文章をつづってきましたが、私たち編集委員も皆さんより少しだけ先に法曹の道を走り始めた駆け出しの若手ばかりです。うかうかしていると、追い抜かれてしまいますね。

　いつか本書を読んでくださった皆さんとご一緒できることを楽しみにしています。法曹人生の道はとても長く、その可能性は無限に広がっています。ぜひ、一緒に走り抜けていきましょう！

［弁護士業務全般］

［民事弁護］

［刑事弁護］

編集後記

編著者

藤井智紗子（ふじい・ちさこ　73期　早稲田リーガルコモンズ法律事務所）
とても素敵な企画に参加できたことに感謝しています。私自身は73期ですが、73期の修習はコロナ禍の修習となり、なかなか思うような学びができない場面もたくさんありました。だからこそ、これからを担う皆様に充実した司法修習を送ってほしいという思いを本書に詰め込みました。本書が一人でも多くの皆様の道しるべとなること、本書を通じて辛くもあり、楽しくもある魅力的な法曹の仕事をご一緒できる仲間が増えることを願ってやみません。

南里俊毅（なんり・としき　74期　弁護士法人ルミナス法律事務所）
本書を通じて、私が一番伝えたかったことは、皆さんがこれから修習で見る実務は正解ではないということです。本書の読者のなかから、現状の実務に囚われず、これからの実務を変えていく実務家が、1人でも生まれてくれることを願っています。

松本亜土（まつもと・あど　74期　関西合同法律事務所）
本書の編集委員として、関わる機会に恵まれたことを大変感謝しております。本書は、司法修習が終わってまだ間がないメンバーが編集委員となり、メンバー全員で司法修習を振り返りながら執筆しました。私は、司法修習生、そして未来の司法修習生の方に、この1冊で司法修習とは何かを提供し、そしてより有意義な修習生活にしていただきたいという思いを込めて仕上げました。皆様の実りある修習生活の一助にしていただければ幸いです。

森本智子（もりもと・さとこ　74期　TMG法律事務所）
まずは、本書の編集委員として、本書の改訂に携わることができたことに感謝しています。そして、本書ができる限り多くの方に届き、本書のメッセージが伝わることを祈っています。私は、「10人いれば、10通りの法曹人生がある」と思っています。本書には、自分だけの法曹人生を切り開くために必要なヒントが随所にちりばめられていますので、ぜひ最後まで読んでいただけると幸いです。本書を読まれた皆様が有意義な法曹人生を歩まれることを切に願います。

李 樹（リ・すん　76期　法律事務所Z）
小学校から高校までと司法修習は一度きりです。もっとも、「もう一度高校生になりたい」と思っても「もう一度修習生になりたい」とは思う人は少ないでしょう。実務でいくらでも挽回できるからです。本書は、最初の導入修習から最後の二回試験まで導いてくれる案内人です。修習は懐の深いプログラムで、ネタバレ禁止で修習に挑んだ私も成長できました。法曹というプロフェッションへのプロローグを本書とともにお楽しみください！

監修者

伊藤 建（いとう・たける　66期　法律事務所Z）
気づけば弁護士11年目。いまでも若手弁護士だと思いたいのですが、さすがに無理がある年齢になりました。前著の編集代表として、名ばかり監修をさせていただきましたが、（本当の）若手弁護士の新しい感性からの原稿に刺激を受けました。編集委員のみならず、本書を手に取ったみなさんの将来が楽しみです。

國富さとみ（くにとみ・さとみ　68期　西宮さくら法律事務所）
前著を出版した際に、「この新版を作成してくれる後輩が出てきてくれるとイイね」と編集委員みんなで話していましたが、それが実現することになりました。前著の編集委員として大変嬉しく思っています。前著よりさらにパワーアップしたこの本が、学部生や受験生などの法曹を目指す皆さんにとってモチベーションとなるように、合格者や司法修習生にとって修習に役立つ本となるように願っています。

前著編著者

橋本祐樹(はしもと・ゆうき　64期　北海道合同法律事務所)／**清洲真理**(きよす・まり　65期　弁護士法人こまつ総合法律事務所大阪事務所)／**伊藤 建**(いとう・たける　66期　法律事務所Z)／**野条健人**(のじょう・けんと　66期　弁護士法人かがりび綜合法律事務所)／**荻埜敬大**(おぎの・けいた　67期　西神中央法律事務所)／**國富さとみ**(くにとみ・さとみ　68期　西宮さくら法律事務所)／**西田陽子**(にしだ・ようこ　68期　西田陽子法律事務所)

新版 司法試験に受かったら
司法修習って何だろう?

2024年7月30日　第1版第1刷発行

監　修	伊藤 建、國富さとみ
編著者	藤井智紗子、南里俊毅、松本亜土、森本智子、李 㮋
発行人	成澤壽信
編集人	齋藤拓哉
発行所	株式会社 現代人文社
	160-0004 東京都新宿区四谷2-10八ッ橋ビル7階
	Tel：03-5379-0307　Fax：03-5379-5388
	E-mai：henshu@genjin.jp（編集）hanbai@genjin.jp（販売）
	Web：www.genjin.jp
発売所	株式会社 大学図書
印刷所	株式会社 シナノ書籍印刷
装　画	新倉サチヨ
ブックデザイン	渡邉雄哉(LIKE A DESIGN)